新世纪普通高校工商管理类统编教材
总主编　王性玉

运营管理

Operations Management

主　编　宋雅杰
副主编　葛枫呐　宋树伟

河南大学出版社
·郑州·

图书在版编目(CIP)数据

运营管理/宋雅杰主编. —郑州:河南大学出版社,2014.2
(新世纪普通高校工商管理类统编教材　总主编　王性玉)
ISBN 978-7-5649-0835-5

Ⅰ.①运…　Ⅱ.①宋…　Ⅲ.①企业管理—运营管理—高等学校—教材
Ⅳ.①F273

中国版本图书馆 CIP 数据核字(2014)第 029248 号

责任编辑　李利敏　陈　巧
责任校对　何　新　付会娟
封面设计　郭　灿

出版发行　河南大学出版社
地址:郑州市郑东新区商务外环中华大厦 2401 号　　邮编:450046
电话:0371-86059712(高等教育出版分社)
0371-86059713(营销部)　　网址:www.hupress.com

排　版　郑州市今日文教印制有限公司
印　刷　郑州市今日文教印制有限公司
版　次　2014 年 2 月第 1 版　　**印　次**　2014 年 2 月第 1 次印刷
开　本　787mm×1092mm　1/16　　**印　张**　16.5
字　数　391 千字　　**印　数**　1—3000 册
定　价　30.00 元

(本书如有印装质量问题,请与河南大学出版社营销部联系调换)

总　序

始于18世纪英国的工业革命(Industrial Revolution)对管理学产生了极为重要的影响。工业革命带来了生产方式的巨大变革,计划、组织、领导和控制等职能成为管理工厂和企业生产运营的主要手段。以“科学管理”为代表的一系列管理理论,为工商管理(Business Administration)学科的建立奠定了坚实的理论基础。而管理学和商学的标准化教育由美国开始,以1881年宾夕法尼亚大学沃顿商学院(The Wharton School of the University of Pennsylvania)的建立为标志,产生了现代意义上的商学院。第二次世界大战结束后,由于企业对管理人才的需求迅速膨胀,管理教育开始蓬勃发展。工商管理教育至20世纪90年代趋于成熟,并向国际化、综合化和现代化的方向迈进。

中国的工商管理随着洋务运动由西方引入。1839年,洋务运动的倡导者张之洞在武昌创立了湖北自强学堂,其下设的商务门堪称我国最早的商科专业。1912年中华民国成立后,商科被单列为独立学科,保证了它的自由发展。1949年中华人民共和国成立后,院系进行调整,由综合性大学与财经院校共同培养财经类人才。国家教委在1997年颁布了新的《普通高等学校本科专业目录》,把管理学设置为独立的学科门类,工商管理划归为管理学门类下的一级学科。

经初步统计,目前,全国1200多所本科院校中,有85%的学校设置了工商管理或相近的专业,它们已成为我国十大热门招生和就业的专业,培养出了一批经济建设人才。与资本主义市场经济相比,中国社会主义市场经济有其独特的性质,中国的工商管理学科的发展不仅要向西方的同类学科理论学习,更要结合中国国情,形成适合中国社会主义经济建设的理论方法和知识体系。

从我国普通高校工商管理类教材的情况来看,经过改革开放30多年的建设,商科教育知识体系已逐步完善,如国内教材在知识点宽度指标上普遍高于国外教材,但还存在若干需要解决和创新的问题。一是国内教材比较侧重于对理论框架的介绍,即“是什么、为什么”,而对具体方法“怎么做”介绍较少。二是国内教材一般在书后不列或列出为数不多的参考文献,且多以同类教材和相关专著为主,对学术期刊、原版书参考较少;主要理论来源于同类教材,导致内容和结构趋同,难以体现出特色。三是国内教材有的缺乏案例,即使有相应案例,其篇幅很短,基本为文字描述,没有详尽的背景资料和数据;编写案例的目的主要是为了加深对某些知识点的理解,而不是通过案例分析提高操作的实际能力。四是很多国内教材对教材的适用人群进行说明时,教材的定位过于宽泛,不少教材的使用范围不仅涉及相关专业的本科生、研究生、MBA以及管理培训,还可以作为实际工作者的参考资料。这样定位过于宽泛,必然导致失去特色。

鉴于此,我们根据作者多年的教育经验和教学体会,按照教育部《关于积极推进"高等教育面向21世纪教学内容和课程体系改革计划"》的要求,组织编写了这套"新世纪普通高校工商管理类统编教材"。为解决或部分解决上述国内教材存在的若干问题,达到编写目的,我们认真组织编写力量,单本教材的主编和副主编,均具有博士学位或副教授以上职称,并长期坚持在教学第一线,就该门课程课堂讲授过五遍以上。我们还聘请知名专家担任主审,与主编共同定稿。

本套教材在编写过程中力求体现以下五点特色。

一、内容系统全面

根据工商管理类专业人才培养目标及其对知识体系的要求,本套教材内容系统全面,涵盖了工商管理类各主要专业,如工商管理、会计学、财务管理、市场营销、人力资源管理、供应链管理、电子商务等,较大限度地满足了这些专业课程的教学需要。

二、定位明确,编写理念特色化

工商管理各个层次的教学目的和要求不同,必然要求其教材的侧重点不同。本套教材基于这样的编写理念,主要面向大学本科生的专业教学,为学生搭建一个专业学习平台。本套教材的编写者除大学教师外,还邀请了有丰富实践经验的业界管理人员、咨询专家和研究人员等参与教材的编写,他们为教材注入许多新的理念和观点,突破了传统单本教材"大而全"的结构体系。

三、反映前沿,力求创新

工商管理的理论和实践发展十分迅速,一本教材如不能及时地跟上理论与实践的发展,必然会在几年后被其他同类教材所取代,因此,优秀的工商管理教材应该不断地更新内容,体现与时俱进的思想。本套教材在编写过程中,力求既能够反映已经成熟或公认的理论与学术思想,又能够反映具有代表性的工商管理各专业领域最新理论、技术和方法。

四、采用本土化案例,提高案例质量

案例教学是工商管理的学科特色。在国外,尤其是美国的工商管理教材对案例十分重视。本套教材在案例编写过程中,立足于国情,采用了大量的真实案例,包括经典案例和最新案例,以及实际咨询工作中的经验总结,并对背景资料和各种数据作了比较详尽的介绍。通过对这些来自业界的真实案例进行分析讨论,有助于学生识别问题、分析问题和解决问题能力的提高。

五、理论联系实际,做到学以致用

本套教材在编写过程中,不仅对"是什么、为什么"等概念、原理等进行阐述,而且还注重介绍"怎么做",设计了大量的方法讲解和过程分析,使学生在接触新知识的同时了解相关理论在现实社会中如何运用。

本套教材在编写过程中,得到了河南大学出版社、许多高校和研究机构的专家学者的大力支持,在此一并致谢。由于编者想局部突破并有所创新,各方面对这套教材的期望与要求都很高,这无疑加大了编写的难度,加之水平有限和时间紧促,书中难免还存在一些缺点和疏漏,恳请专家和广大读者提出宝贵意见,以期日臻完善。

王性玉

2012年教师节于河南大学

前　言

在企业的日常经营过程中，诸如选址、设施布置、产品与服务设计、作业计划以及质量保证等运营活动，是最核心的部分之一，直接影响着企业的生存与发展。因此，把握运营活动的规律，做好运营管理工作，对每一个企业来说都至关重要，也是正在或将要从事这些工作或相关工作的读者所关心的问题。

一、本书内容

本着既能够系统地介绍运营管理的基本知识，又便于阅读对象理解和接受的初衷，我们尝试着编写了这部教材，将我们长期在一线运营管理课程教学中的思考和体会融入到对运营管理经典内容的编写中，力求做到理论上系统、完整，叙述上简单明了、贴合实际。全书的体系框架如下：第一部分绪论，分两章介绍了运营活动、运营系统的概念，运营管理的基本体系，运营战略的基本构成及对企业竞争优势构建的重要作用；第二部分运营系统设计，从选址、设施布置、产品与服务设计、运营能力规划和工作设计等方面对运营系统设计的经典内容进行了介绍；第三部分运营活动计划与控制，在介绍生产计划与作业排序基本知识的基础上，根据计划与控制对象的差异，分别介绍了以独立需求控制为主的库存管理理论、以相关需求控制为主的物料需求计划、以项目类运营活动控制为主的项目管理理论以及以生产现场实时控制为主的准时化生产系统等知识；第四部分运营改善，结合当今运营管理领域的热点问题，对计算机集成制造系统、敏捷制造系统、大规模定制化生产等新型运营方式进行了介绍。

二、本书特色

本书的特色主要体现在以下几个方面。

(1) 系统性。全书以运营管理的主要内容为框架，编排了四部分共十四章内容，比较全面、系统地介绍了运营管理的基本理论和方法体系。

(2) 前沿性。本书尽量将近年来国内外对运营管理领域内前沿问题研究的新成果引入教材，为相关问题的处理提供新的视角。

(3) 深入浅出。对于每一章的内容，本书采取先讲清目标与重点，然后介绍原理，接着提供示例的方式谋篇布局，借助简洁的文字，帮助读者理清思路，掌握相关知识。每一章最后附有关键名词，便于读者把握重点。

(4) 实用性。本书每一章课后都附有复习思考题，便于学生在课前预习和课后复习。大部分章节还配备了精心挑选的案例，供学生思考、讨论，在巩固所学知识的同时，提高学生对运营管理知识的感性认识与兴趣，有助于学生对所学知识的活学活用。

三、读者对象

本书主要面向大学本科生的专业教学，也可作为MBA、企业管理人员等的参考用书。

本书由宋雅杰担任主编，葛枫呐、宋树伟担任副主编。宋雅杰编写了第一、二、三、五、六、八、十章。葛枫呐编写了第四、七、九、十三章。宋树伟编写了第十一、十二、十四章。全书由宋雅杰统稿，负责制订编写计划、编写思路，统一全书的文字表述等。

在本书的撰写过程中，编者参考了大量的国内外文献，主要参考文献附于书后，在此谨向所有作者表示真诚的谢意。由于编者水平有限，难免有错误和疏漏之处，敬请各位同行及读者多提宝贵意见，批评指正。

宋雅杰

2013年10月于河南大学

目　录

第一部分　绪　论

第二部分　运营系统设计

第三部分 运营活动计划与控制

第四部分 运营改善

第一部分　绪　论

第一章 运营管理概述

【学习目的与要求】

了解运营活动、运营系统、运营管理的概念及运营活动的分类，掌握运营管理的主要内容，了解运营管理的历史演变及发展趋势。

【教学重点与难点】

教学重点：运营活动的分类以及运营管理的主要内容。教学难点：几种主要的运营活动的类型及其特征。

第一节 运营活动与运营系统

一、运营活动

组织是指为达成一定目标而结合在一起、具有正式关系的一群人，任何一个组织都是由有形要素和无形要素共同构成的。其中，有形要素包括人员、职务、职位、关系和必要的物质条件等，无形要素则包括组织成员共同的目标、相互协作的意愿以及信息沟通等要素。世界上存在形形色色的组织，如企业、军队、宗教团体、体育明星俱乐部等。虽然这些组织的特性不同，但组织所具有的基本职能是相似的，即都具备运营、理财和营销三大基本职能。比如一家汽车制造企业要实现自身的生存与发展，必须生产适销对路的汽车，这其中：财务部门需要负责筹集资金、进行预算、分析投资方案、将资金在组织内部进行分配，以支持组织的运营；制造部门负责将投入的原材料进行加工、制造，生产出质量合格的汽车，创造价值；营销部门则负责预测顾客需求，并将组织的输出物（汽车）提供给顾客。一个宗教组织，要形成、推广自己的宗教理念，同样存在思想转换、资金运动与营销活动。此外，组织还有一些其他的辅助职能，如人力资源、公共关系等。

一个组织目标的实现，离不开各种职能之间的相互配合。其中，运营活动作为实现组织创造价值目标的重要过程，与组织的其他职能之间有着直接或间接的联系，因而在组织的各项职能中处于核心地位。

我们日常生活中接触的各种产品和服务，从吃的食物、穿的衣服，到住的房子、出行用的交通工具等，都涉及一个组织或更多组织的运营活动。那么，什么是组织的运营活动呢？组织的运营活动是指组织的投入—转换—产出过程，即一个组织将投入的相关资源进行转化，并形成有用产出的一系列活动。比如，一家家具厂投入木材（投入），通过切割、打磨、组装、喷漆等加工环节（转换），将木材加工成各式的家具（产出），这一过程就属于家具厂的运营活动过程。无论组织的规模大小、性质如何，都存在投入—转换—产出的运营活动过程，该过程具有以下三个特征。

（1）需要投入一定的资源，经过一定的变换过程才能得以实现。

（2）在变换过程中需要投入一定的劳动，实现价值增值。

（3）能够满足人们某种需要，即具有一定的使用价值。

二、运营系统

（一）运营系统的概念

从系统的角度来看，组织作为一个系统，存在于更大的社会系统之中，需要从组织系统外部获取、输入必要的资源，对其实施加工处理等转换活动，并将转换活动的结果作为组织系统的产出提供给外部系统，在满足社会系统需求的同时，实现自身的生存与发展。

运营系统是指由人、机器等各类资源构成，能将一定输入转化为特定有用输出的有机整体。运营系统有广义与狭义之分：狭义的运营系统是指企业内部的生产/运作系统；广义的运营系统则是指由供应链上的供应商、制造商、分销商等组成的投入—转换—产出系统，如图 1—1 所示。

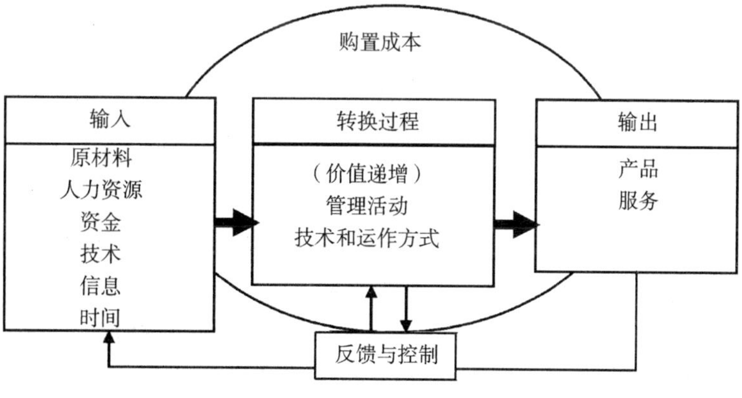

图 1—1　运营系统示意图

（二）运营系统的基本构成要素

1. 输入

在组织的运营活动中，可以将投入环节涉及的资源分为待转换资源和转换资源。其中待转换资源指的是组织准备进行生产、加工或对其提供服务的对象，比如生产中用于加工制造产品的原材料、半成品，准备接受服务的顾客等；转换资源指的是组织在进行转换活动过程中需要借助的各类资源，组织要利用这些资源作用于待转换资源，从而形成有效的产出，比如组织的设备、厂房、资金、员工、知识、技术、时间等。

2. 转换过程

转换过程是实现组织价值增值的重要过程，这一过程包括两个方面。

(1) 业务过程。通过业务过程，实现了对待转换资源的物理、化学、位置移动等转化活动，形成了组织的产出。比如，医院的业务转化过程是对病人的治疗、护理；工厂的业务转换过程是对原材料的加工、生产；快递公司的业务转化过程是对邮寄包裹的位置移动，将其顺利送达目的地；仓储部门则通过提供存储服务来实现业务转换。组织通过业务过程的转换活动，在创造使用价值的同时，实现了价值增值。

(2) 管理过程。通过管理过程，实现对组织投入资源（包括转换资源和待转换资源）的合理配置，以及对转换过程空间、时间上的合理安排，从而提高组织运营活动的效率，更好地达成组织的运营目标。

3. 输出

组织的输出可以分为两类，即有形的产品与无形的服务，其区别可通过表1—1加以比较。

表1—1 产品与服务的区别

制造业（有形产品）	服务业（无形服务）
产品是有形的、耐久的	产品无形、不可触、不耐久
产品可储存	产出不可存储
顾客与生产系统极少接触	顾客与服务系统接触频繁
响应顾客需要周期较长	响应顾客需求周期很短
可服务于地区、全国乃至国际市场	主要服务于有限区域范围内
设施规模较大	设施规模较小
质量易于度量	质量不宜度量

通过上述比较可以看出，输出物的性质不同，决定了企业在进行运营系统设计与运营活动计划、控制方面存在很大的差异。总之，通过产出，实现了组织存在的意义，在服务于社会、满足社会需求的同时，实现了价值增值，促进了组织自身的发展。

4. 反馈与控制

运营活动进行过程中信息的反馈，可以使组织系统及时发现问题，这对于运营活动目标的顺利实现非常关键。因此，从整个运营活动的构成上来看，有必要增加反馈与控制环节，及时把握运营过程，并在必要时修正系统或采取纠偏措施。

综上所述，关于组织运营系统的构成，可参见表1—2中的举例。

表1—2 运营系统构成举例

系统	输入		主要功能（转换过程）	产出	控制
	待转换资源	转换资源			
汽车工厂	原材料	劳动者、设备、厂房、技术等	汽车加工装配	整辆汽车	投入、转换过程中的物流、信息流等
邮局	邮件	劳动力、设备、卡车等	运输	邮件送达	天气、邮件量、分拣、差错等
大学	高中生	教师、教材、教室、教学设备等	传授知识和技能	受过专业教育的人	人口构成状况、抱怨等

三、运营活动的分类

运营活动是指一个组织投入—转换—产出的活动，因此，按照组织输出物的性质，可以将组织的运营活动分为两种基本类型，即制造型运营活动和服务型运营活动。

（一）制造型运营活动

制造型运营活动是指通过物理的或化学的作用将有形输入转化为有形输出的活动过程。日常生活中使用的家具、电器、汽车，生产中使用的机器设备，各种药品等，都是制造型运营活动产出的结果。为了便于把握制造型运营活动的特征，可以将其进一步分类。如根据满足需求的方式，将制造型运营活动分成备货型生产与订货型生产；根据工艺流程的不同，将制造型运营活动分为连续型生产与离散型生产等。

1. 备货型生产与订货型生产

备货型生产是指在市场预测的基础上，按已有的标准产品或产品系列有计划地进行生产，以满足市场需求的共同性，并以实物产品的形式进行储存的生产形式。生产的目的是为了补充库存，并通过成品库存随时满足用户需求，迅速将产品从实物库中送到顾客手中。家用电器、标准件、汽车等的生产，都属于备货型生产。

订货型生产是指按用户订单进行的生产。用户提出各种各样的要求，如产品性能、数量等，经过协商确定出价格和交货期等要素，然后组织设计和生产。由于只对现实订单作出反应，因此库存（正在制作过程中的和已经制作完的）被限定在最小范围内。船舶、大型工业锅炉等，都属于订货型生产的类型。

2. 连续型生产与离散型生产

连续型生产又称流程式生产，其生产工艺的特点是，原料由工厂的一端投入，顺序而下，经过连续的工艺作业和固定的程序而成为产品，在整个加工过程中很少间断，且不能加入其他成品，例如纺织、造纸、冶金、制糖等。

离散型生产又称为加工—装配式生产，其生产工艺特点是，先制造出产品的一部分（零部件），然后再组装成成品，生产过程在空间上可以分离，在时间上可以中断，例如机械、电子、服装、制鞋等的生产。离散型生产又可以进一步划分为大量生产、成批生产和单件生产三种类型，这三种类型的特点如表1—3所示。

表1—3　大量生产、成批生产与单件生产的比较

类型 项目	大量生产	成批生产	单件生产
品种	少	较多	很多
产量	大	中	小
设备	专用	部分通用	通用
生产周期	短	长短不一	长
成本	低	中	高
追求目标	连续性	均衡性	柔性

（1）大量生产。大量生产，例如汽车、自行车、电视机等，产量大，品种少，经常不断地

重复制造某一种或少数几种相同的产品，生产条件稳定。因此，大量生产的工作地专业化程度较高，可以配备高效率的专用设备及工艺装备，在市场需求稳定充分的条件下，企业生产效率高，经济效益好。

(2) 成批生产。成批生产，例如机床、电机等，在数量上较大量生产少，但品种较多，每种产品在计划期间是成批、轮流生产的，生产条件有一定的稳定及重复性。由于一个工作地需轮流生产若干道工序，因此只能根据加工对象的特点，部分采用专用设备及工艺装备，这使得成批生产的效率和经济性都比大量生产低，管理工作也相对复杂。

(3) 单件生产。单件生产，例如采矿设备、船舶等，品种繁多，每种产品仅生产一个或几个，生产重复性小，稳定性和专业化程度很低。由于大多数设备或工作地需要担负很多道工序，所以通常采用通用设备和工艺装备，对工人的技术水平要求亦较高，以适应多品种生产的要求。

(二) 服务型运营活动

服务型运营活动又称非制造型生产，其基本特征是不制造有形产品，但有时服务的提供必须借助有形产品来实现。按照我国的分类，服务业主要包括交通运输、仓储和邮政业，信息传输、计算机服务和软件业，批发和零售业，住宿和餐饮业，金融业，房地产业，租赁和商务服务业，科学研究、技术服务和地质勘查业，水利、环境和公共设施管理业，居民服务和其他服务业，教育、卫生、社会保障和社会福利业，文化、体育和娱乐业，公共管理和社会组织，国际组织等。

服务业又可以根据不同的标准，划分为不同的类型。

1. 根据是否提供有形产品划分

根据是否提供有形产品，服务型运营活动可划分为纯服务与一般服务。其中，纯服务是指不需要借助有形产品就可以提供的服务，比如管理咨询、法庭辩护、指导和讲课等。一般服务通常是指需要借助一定的有形产品来实现的服务，比如批发、零售、邮政、运输等。

2. 根据顾客是否参与服务过程划分

根据顾客是否参与服务过程，服务型运营活动可划分为高接触度服务与低接触度服务。其中，高接触度服务是指需要顾客直接参与才能够完成的服务，比如理发、旅游、客运、学校等；低接触度服务是指顾客较少参与服务过程的服务，比如修理、洗衣、邮政、货运等。

以上关于制造业与服务业的分类，可通过图1－2加以总结。

- 运营活动
  - 制造型运营活动
    - 按工艺流程
      - 连续型(流程式)
      - 离散型(加工—装配式)
    - 按满足需求的方式
      - 备货型(共性)
      - 订货型(个性)
  - 服务型运营活动
    - 按是否提供有形产品
      - 纯服务
      - 一般服务
    - 按是否参与服务过程
      - 高接触度服务
      - 低接触度服务

图1－2　运营活动分类图

第二节　运营管理的概念及主要内容

一、运营管理的概念

运营管理是指对制造产品或提供服务的运营过程以及运营系统进行的管理。组织通过有效的运营管理，一方面可以满足顾客对产品和服务特定的需求，另一方面可以在技术可行、经济合理基础上实现资源的高度集成，提高运营系统增值转换过程的效率。

二、运营管理的主要内容

不同的组织投入资源不同、转换过程不同，产出的产品也不同。那么，进行组织运营管理需要做哪些工作？这涉及对运营管理的范围，也就是运营管理的内容进行界定的问题。

所谓运营管理的内容，是指运营管理活动的内容，也就是组织对制造产品或提供服务的运营过程以及运营系统进行管理的过程中所做的各项管理工作。它主要包括四个方面的内容。

（一）运营战略

运营战略与营销战略、财务战略一样，是组织的基本职能战略之一。运营战略要以组织的总体战略为指导，结合组织在运营管理方面的优势与劣势，对组织的运营系统设计、运营活动计划与控制以及运营系统改善进行长期规划，从而构建组织的核心运营能力，帮助组织获得竞争优势。

运营战略部分要解决的基本问题在于：

(1) 运营战略与组织总战略、其他基本职能战略之间的关系如何？

(2) 运营战略的基本战略要素有哪些？

(3) 运营战略的基本战略要素与企业的运营能力以及企业的竞争力之间的关系如何？

(4) 如何制定和实施运营战略？

（二）运营系统的设计

对于任何一家企业而言，要实现运营，都需要进行产品的开发、设计，需要配备相应的生产（服务）能力，需要选择生产（服务）的场所并对其进行内部的布置，需要对生产（服务）工作进行设计以建立相关标准。这些工作，属于运营系统设计部分的主要工作。

1. 产品开发与流程设计

产品开发与流程设计部分主要解决企业需要开发设计出什么样的产品（提供什么样的服务）以满足客户的需求，以及开发设计的产品采用什么样的流程进行生产（服务）的问题。具体包括:什么是新产品?新产品开发的意义、动力模式及风险是什么?如何结合顾客需求进行新产品的开发?开发过程中可以应用哪些新的开发理念?开发的结果如何体现?采用什么样的流程生产所开发的产品?如何分析开发流程是否合理?

2. 运营能力规划

运营能力规划部分主要解决进行生产(服务)需要提供多大的运营能力的问题。具体包括:长期来看安排多大的能力?短期如何调整以实现能力与需求的平衡?在能力规划时有哪些方法技术可以应用?

3. 选址规划

选址规划部分主要解决厂房(服务场所)建在哪里,产品在哪里生产,服务在哪里提供的问题。具体包括:选址规划及其意义是什么?影响制造业与服务业选址的因素分别是什么?有哪些方法与技术可以用于选址规划的决策?

4. 设施布置

设施布置部分主要解决在选定厂址的范围内如何进行生产单元的合理安排与设备的优化布置问题。具体包括:常见的设施布置类型有哪些?进行设施布置常用的方法与技术是什么?

5. 工作设计

工作设计部分主要解决保证运营系统运行应该建立什么样的工作标准的问题。具体包括:工作设计的基本理论有哪些?常用的工作设计的方法与技术有哪些?如何应用学习效应改进组织的工作设计?

(三) 运营活动的计划与控制

为了顺利实施运营活动,达成组织的运营目标,需要对组织的运营活动进行计划与控制。运营活动的计划与控制包括:制订生产运营计划,进行作业排序,对各类运营活动做出合理安排,以实现各类资源的合理配置,做到能力与需求相平衡;管好各类库存,以降低成本,提高资源的利用效率;进行质量管理,保证生产(服务)的质量,提高企业的竞争力;进行合理的进度安排,提高运营时间的利用效率。

1. 生产计划与作业排序

生产计划与作业排序部分主要解决一定时期内企业应该生产哪些产品,生产多少,如何对其生产活动进行计划安排的问题。具体包括:组织的生产计划按时间可以分为几个层次?综合计划主要关注组织哪个层面的生产问题?制订综合计划的常见策略和方法有哪些?生产作业计划主要关注组织哪个层面的生产问题?如何将综合计划细化为生产作业计划?作业排序应关注什么问题?如何通过作业排序更好地进行生产计划的进度安排与控制?

2. 库存管理

库存管理部分主要解决如何对组织存储于生产各个环节的有形物资进行计划与控制,在保证使用的同时,不断降低相关成本的问题。具体包括:库存是什么?库存的利弊有哪些?库存管理追求的目标是什么?库存管理与控制的方法有哪些?

3. 物料需求计划及其发展

物料需求计划及其发展部分主要解决组织内相关需求的计划与控制问题。具体包括:物料需求计划的产生背景是什么?物料需求计划的基本原理及运行逻辑是什么?它可以解决什么问题?如何制订物料需求计划?物料需求计划有哪些发展及功能扩展?

4. 质量管理

质量管理部分主要解决如何有效控制产出质量,不断提升组织竞争力的问题。具体包括:质量是什么?质量管理的对象是谁?有哪些质量管理的新理念?常用的质量管理方法与技术有哪些?

5. 项目管理

项目管理部分主要解决如何对组织内特殊项目的实施进行有效的质量、费用与进度计划和控制问题。具体包括:项目是什么?项目管理的主要内容有哪些?网络计划技术是什么?如何借助网络计划技术对项目做出有效的计划安排与控制?如何借助网络计划技术进行项目计划的优化?

6. 准时化生产

准时化生产部分主要解决生产现场的适时计划与控制问题。具体包括:准时化生产系统的目标是什么?实现准时化生产系统目标的主要手段是什么?

(四)运营改善

运营改善是指对运营系统和运营活动控制方法的改善。通过运营改善,组织可以借鉴新的运营方式,以增强自身对新的环境变化的应对能力,新的运营方式包括计算机集成制造、敏捷制造以及大规模定制等。

以上四部分内容,构成了运营管理的主要内容,它们与组织环境以及竞争状况之间的相互关系,可以通过图1—3来表示。

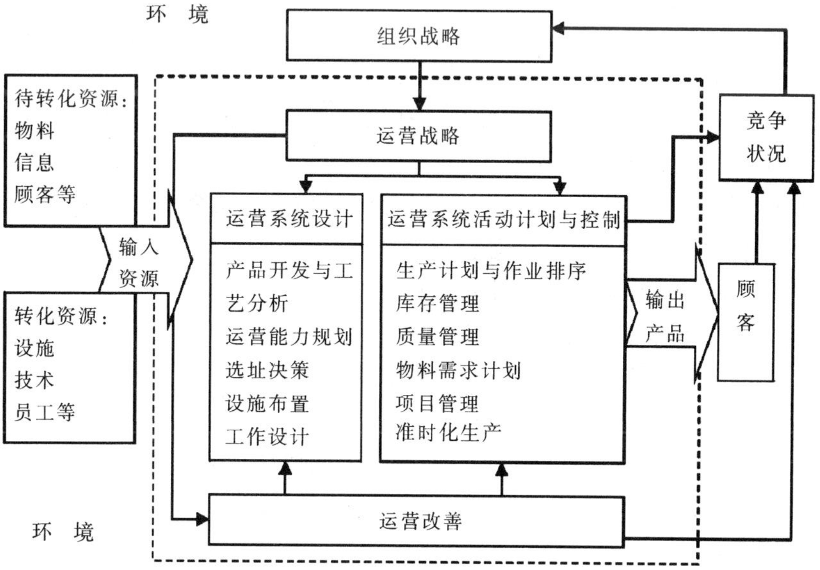

图1—3　运营管理的主要内容及其与组织环境、竞争状况的关系

如图1—3所示,运营系统设计、运营活动计划与控制以及运营改善是组织运营管理的主要内容,其管理效率的高低,决定了组织的输出是否能够很好地满足顾客(市场)的需求，进而影响组织的竞争状况；组织的竞争状况会影响组织的战略选择，进而影响组织的运营战略；组织的运营战略则指导组织的运营系统设计思路，影响组织的运营活动计划与控制方式并影响组织运营改善的思路。

基于对上述运营管理内容的认识，本教材的课程体系框架安排如下。

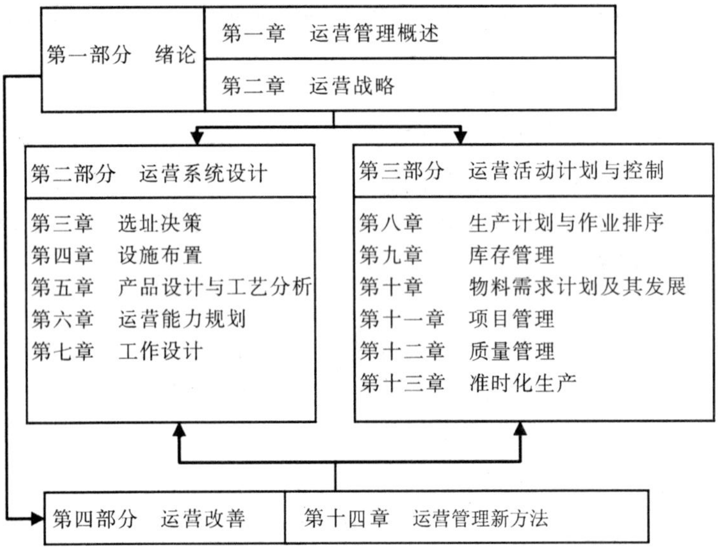

图 1－4　运营管理框架

三、运营经理的职责

一个组织运营活动效率的高低，离不开运营管理者的管理。那么，作为运营部门的管理者，需要做好哪些工作，在哪些方面发挥作用呢？简单来说，运营经理经常需要对下述问题进行决策或参与决策。

(1) 什么：做什么（生产什么或提供什么服务）？需要什么资源？需要多少？

(2) 何时：何时需要各类资源？如何配置资源（一项工作应该何时做出安排？物料和其他物资应该何时定购？何时采取纠正措施？）？

(3) 哪里：工作在哪里进行（选址、布局）？

(4) 如何：产品或服务如何设计？工作如何来做（组织、方法、设备等）？

(5) 谁：谁来做这项工作？

为此，运营经理需要掌握正确决策的各类方法，理清决策的思路。这些方法包括以下四个方面。

1. 权衡分析法

例如，在决定存货数量时，运营经理必须在增加存货带来的顾客服务水平提高与成本增加之间进行权衡；在安排加班以增加产出时，运营经理必须衡量产出增加的价值与较高的加班成本（加班费、低效率、较低的质量、较大的事故风险等）。

2. 系统分析方法

运营经理在安排一项工作时，需要考虑到系统中所有部分的影响。例如，要增加原有产品的功能，改进产品设计，运营经理不仅仅要考虑技术上如何改进、如何生产，还必须考虑顾客将怎样看待这一变化（市场）、新产品的生产成本（财务）、工人的培训问题（人力资源）、生产进度安排可能要进行的调整、库存程序是否改变、质量标准要不要重新修订（生产）等。

3. 确立优先次序

在生产管理中，总有一些要素比其他要素更重要，运营经理应抓住重点，避免在一些不重要的枝节上浪费时间和精力。比如，要保证运输，需重点维护与修理的要素是汽车的发动机、传动系统、方向盘、车闸、轮胎等，油漆剥落、座罩破旧、小的凹痕等则是次要的因素。

4. 定性、定量的分析方法

比如，要做出长期在哪里选址、如何制定运营战略，短期生产什么、生产多少、如何安排生产等决策，需要用到包括战略分析、线性规划、排队论、库存模型、网络计划技术等在内的多种定量、定性分析方法。

第三节　运营管理演变历史及发展趋势

一、运营管理的产生与发展

（一）产业革命（18 世纪 60 年代到 20 世纪初）

在 18 世纪工业革命之前，产品制造采取的是家庭手工作坊式的生产，熟练的工匠和他们的徒弟们在自家的工作室里为客户制作商品。每一件产品都是独一无二、完全手工制作完成的。18 世纪 60 年代以后，蒸汽机的发明、劳动分工理论的提出以及标准化生产方式的应用，为生产从手工作坊走进工厂，进而实现大规模生产打下了基础。

1. 蒸汽机的发明

18 世纪 60 年代蒸汽机的发明以及煤炭和铁矿的开采使生产方式发生了革命性变化，机器取代了人力成为第一生产要素，工人们开始接受监督者的指示，在工厂里集中地进行工作。

2. 劳动分工理论的提出

1776 年亚当·斯密在《国富论》中对分工进行阐述，将生产流程分解为一系列的任务，每个任务由不同的工人负责，有限的重复性工作提高了工人劳动的熟练程度，进一步推动了专业化机器的发展。

3. 标准化生产方式的提出

1801 年艾里·惠特尼的标准化生产思想提出，零件可从一次一件的定制生产到标准化的批量生产，这为后来的大批量生产方式的提出奠定了基础。

在这之后的整个19世纪，生产技术不断进步，但管理理论和实践仍无从谈起。

（二）关注效率与成本的大规模生产（20世纪初到20世纪70年代）

到了20世纪初，以泰勒的科学管理原理为开端，管理理论进入系统化研究阶段，关注产量、效率与成本的大规模生产方式开始逐渐拉开序幕。

1. 泰勒的科学管理原理

20世纪初，泰勒围绕着“如何提高工人的生产效率”问题，在长期工厂实践、观察、测量、分析的基础上，提出了科学管理的思想。科学管理理论的核心在于：通过对现有工作方法的观测、分析和重新设计，确定实施每项工作的最佳方法；将这些方法确定下来，形成标准，要求所有工人按照标准实施作业；对工人培训以提高其作业能力，并通过物质奖励（差别计件工资制）来鼓励工人遵循这些标准；方法的研究与标准的制定以及业绩考核等工作由专门的计划部门执行。

2. 福特的流水生产

泰勒的科学管理理论一经提出，得到包括弗兰克·吉尔布雷斯夫妇和亨利·福特等在内的众多效率专家的支持和推广，其中最大的支持者是亨利·福特。1913年，亨利·福特将科学管理应用于T型车的生产，开发出了世界上第一条汽车生产流水线，将一个重复的生产过程分为若干个子过程，每个子过程可以和其他子过程并行运作，同时他花费大量的精力研究如何提高劳动生产率，使组装一部汽车的时间从728小时缩短到1.5小时。T型车的底盘缓慢地从传送带上移下，两侧跟着五个工人，他们从地板上按顺序整齐放置的零件堆中取出零件安装到汽车底盘上。每辆车较短的装配时间使T型车可以较大规模的生产，从而产生了“大规模生产”这一名词。

在接下来的50年里，美国制造商对大规模生产十分精通，他们轻而易举地占领了全球制造领域。

3. 霍桑实验与行为科学

1930年，在结束了长达八年的霍桑实验之后，梅奥及其研究团队提出了除工作技术之外，工人的动机也是影响生产力的重要因素的论断，指出组织和社会对工人的尊重与关心是提高劳动生产率的重要条件，从而使管理的重点开始由物转向人。此后，以马斯洛、奥尔德弗、赫茨伯格等人为代表的诸多学者逐步创建了激励理论，大大推动了行为科学理论的发展。

4. 数量学派的管理科学

第二次世界大战期间，基于战争中物资合理调配的需要，包括运筹学等在内的各类以定量优化方法为主要内容的量化模型和技术迅速发展，并在战后成功应用于制造业等领域，使生产与运作管理发展到一个新的阶段。

5. 独立的运营管理学科的产生

到20世纪50年代至60年代初，随着对运营管理活动实践和认识的不断加深，专家们开始意识到把生产作为一个独立系统的重要性，强调将包括排队论、线性规划等在内的诸多研究成果应用于运营管理，以解决生产系统中普遍面临的一些问题。这一时期，爱德华·鲍曼以及埃尔伍德·布法分别出版了《生产与运作管理分析》、《现代生产管理》等著作，运营管理开始逐渐发展成为一门独立的学科。

6. 计算机技术与 MRP

20 世纪 60 年代到 70 年代，计算机技术在运作管理中的广泛应用，引领了又一个运营领域的技术进步高潮。其中，MRP（物料需求计划）管理方法被用于生产计划与控制是一个重大的突破。借助于物料需求计划，管理人员可以根据最终产品的需求（独立需求）精确地推导出各类组成最终产品的零部件（相关需求）的需求以及生产时间与数量，并根据最终产品需求的变化，迅速地对生产作业计划和库存采购计划进行调整，从而把一个结构复杂的产品的全部零部件统一管理，大大提高了生产的适应性。

可以说，从工业革命到 20 世纪 70 年代，美国都是世界最大的商品和服务提供者，也是管理方法和专业技术方面的引领者。它所采取的大规模生产管理方式，可以快速生产出大量产品，大大提高了生产效率和产量，降低了产品成本，满足了公众对共性产品的需求。

（三）关注质量与柔性的多品种小批量生产（20 世纪 70 年代末到 90 年代初）

尽管大规模生产具有高产量、高效率、低成本的优势，但随着市场需求的变化，越来越多的消费者开始关注个性化需求的满足，企业日益面临市场不断细分、产品线扩散、生产周期缩短、产品开发时间缩短、技术革新不断的现实。大规模生产显然不能适应这种新的环境。此时，以丰田公司为代表的日本制造商，推出了精益生产方式。这种以关注柔性和质量为特色的管理哲学和技术，适应了新的环境变化，逐渐成为企业的运营重点。

1. JIT（准时化生产）

JIT 是由日本丰田汽车公司从 20 世纪 50 年代开始，经过 20 余年的努力，不断发展完善所形成的一种新的生产管理方式。它以“彻底消除无效劳动与浪费”为出发点，将包括 TQC（全面质量管理）在内的诸多管理思想和方法融合成一个有机的体系，实现了用最少的库存生产最多的产品以及零缺陷生产。这一生产管理方式在 20 世纪 80 年代至 90 年代受到发达国家的普遍重视。

2. 工厂自动化的发展

20 世纪 50 年代开始出现的工厂自动化，在这一时期得到迅速发展，包括 CMIS（计算机集成制造系统）、FMS（柔性制造系统）等多种生产方式得以广泛应用，促进了生产与运营管理的发展。

3. TQM（全面质量管理）与质量保证体系

20 世纪 80 年代至 90 年代初，对质量问题的关注促进了质量管理实践和理论的新发展。这一时期，以全部工作、全部过程和全员参与为特点的 TQM，凭借其发现并消除问题、服务于顾客和系统持续改进的优势，开始得到许多公司的认可，并逐渐被应用于诸多企业的生产管理过程。同时，国际标准化组织提出了关于企业质量管理和质量保证体系的 ISO 9000 标准，该标准成为企业在质量方面走向国际市场需要共同遵守的准则。

总体来说，20 世纪 70 年代末至 90 年代初，以柔性和质量为竞争重点的日本制造业脱颖而出，满足了消费市场对产品多品种、小批量的需求，这种生产方式成为解决这一时期生产问题的新途径。

(四) 关注大规模与柔性结合的大规模定制化生产(20 世纪 90 年代以来)

大规模生产带来了高效率与低成本，却只能满足共性化的需求，难以适应环境的变化；多品种小批量生产柔性高，灵活性强，却难以获得大规模生产的高效率与低成本。进入 20 世纪 90 年代以后，随着企业面临环境的日趋复杂，如何高质量、低成本地满足顾客多样化的个性需求，以提升企业的竞争力，成为摆在许多企业面前亟需解决的问题。此时，大规模定制化生产应运而生。大规模定制化生产结合了大量生产的高效率、低成本与精益生产的高柔性、高质量的特点，其实现得益于以现代信息技术为支撑的电子商务，以价值链为核心的供应链管理，以流程再造为基础的精益六西格玛，以及以模块化、延迟策略为核心的关键技术的应用。

1. 流程再造

20 世纪 90 年代，全球经济出现了衰退，企业需要寻找新的管理理论和方法以提高竞争力，这使企业面临着变革的巨大压力。为此，以 M. 哈默为代表的学者提出了“流程再造”的概念，主张从管理的全过程出发，对现有流程进行分析，找出问题所在，去掉多余环节，简化过程，设计出新的企业流程，并采用计算机管理，以达到预想的产出。流程再造的核心是使现有企业流程得到重大改善。

2. 模块化技术与延迟策略

模块化技术最早被应用于机械产品的开发上，是一种通过设计一系列产品功能模块，将模块进行选择和组合，以构成不同产品，满足市场不同需求的方法。在 20 世纪 90 年代，模块化思想开始被广泛应用于欧美国家包括飞机制造、汽车制造、发动机制造、家用电器制造等在内的一些典型制造业领域，以及包括金融行业等在内的服务业产品的开发，甚至被应用于企业的战略资源经营。该方法可以系统地将产品部件及其组合过程融入产品设计和加工制造过程，从而大大提高产品创新的效率，是有效实现大规模定制化生产的基本手段之一。

延迟策略指的是重新设计产品和工艺，以使流程中形成多个产品的差异点尽可能向后延迟的策略。延迟策略在最大限度满足顾客定制化需求、改进顾客服务水平的同时，可以降低成本，提高效益，因此是有效实现大规模定制化生产的另外一个基本手段。

这两项技术使得本来相互对立的大规模生产与满足顾客的个性化需求统一起来，为大规模定制化生产奠定了基础。

3. 供应链管理

供应链最早来源于彼得 · 德鲁克提出的“经济链”，后经由迈克尔 · 波特发展成为“价值链”，最终演变为“供应链”，它是将供应商、制造商、分销商、零售商直到最终用户连成一个整体的“功能网链模式”。

应用供应链思想，借助信息网络与组织网络，通过供应链管理，可以把一条供应链上包括供应商、生产厂家、分销商、零售商等在内的所有节点企业联系起来，实现物流、信息流、资金流的合理流动，从而降低成本，减少社会库存，使社会资源得到优化配置。因此，供应链管理的实现，使运营管理从企业内扩展到企业外，大大促进了运营管理理论与实践的发展。

4. 互联网与电子商务

进入 20 世纪 90 年代后，伴随着互联网技术的不断完善，电子商务开始蓬勃发展。电子商务（Electronic Commerce，简称 EC）是商业企业、生产企业与消费者个人利用计算机网络进行的商务活动，在信息技术的支撑下，它能够打破地理位置和时间的限制，实时实地为用户提供各类商品和服务关于供求量、发展状况等方面的信息，从而使企业能够更方便准确地研究、了解和把握市场，极大地改变了企业的信息获取、传递方式，客户关系管理方式以及运营方式。借助计算机管理系统与电子商务平台，企业可以实现与用户、供应商的零距离，将电子商务平台上获得的信息迅速转化为内部信息，以信息代替库存，达到零运营资本的目的，同时，实现物流过程的精细化管理，达到零质量缺陷的目标。

二、运营管理发展的新趋势

（一）强调运营管理的战略性与运营战略的重要性

今天，信息技术的不断进步使得竞争加剧，老公司推陈出新，新公司发展壮大，企业需要在全球范围内为争夺市场准入和生产资源而竞争。在这样一个充满不确定性的全新的商业环境中，能否把握企业发展的方向，作出正确的战略选择，无疑成为企业取胜的关键。

运营活动作为企业的基本职能之一，是维持企业生存与发展，构建企业竞争优势的重要环节，现代企业必须认识到运营管理的战略性意义，把握变化趋势，使运营系统与环境变化相适应。

（二）制造业与服务业的融合

在当前经济发展中，随着制造业中间投入服务的增加，服务业和制造业的关系变得日益密切，传统意义上的服务业与制造业的边界越来越模糊，两者之间出现了融合发展的势头。这种融合一是表现为企业内部的融合，即企业内部的制造与服务功能的融合，加入到基础生产中的服务越来越多，在制造业工作的 65％和 76％的员工也正在从事服务工作，如研发、维修、设计等，这使得企业的作业管理从制造领域延伸到了服务领域，服务在企业产值和利润中所占比重越来越高，很难判断这样一个企业是制造业企业还是服务业企业；二是表现为产业链上制造业与服务业的融合发展，产业链条的运转除了生产制造环节以外，更多地依靠生产性服务业，比如研发、采购、储存、运营、销售、售后服务等，服务业的效率对整个链条的效率影响很大；三是表现为区域内的融合发展，也就是制造业和服务业在一个特定的地域的集群化发展，比如我国的珠三角、长三角和其他一些地区，通过将金融、保险、物流、教育培训等生产性服务业与制造业紧密结合，构成了产业集群的服务支撑体系，推动了产业集群的健康发展。

（三）企业对社会责任问题日益关注

环境污染、资源浪费、商业欺诈、不安全的食品、个人信息被随意泄露等问题都属于社会责任问题。随着这些问题的日益严重，它们已经招致了公众越来越多的关注与不满。按照利益相关者理论的观点，企业的生产经营活动会影响到包括股东、员工、顾客、社区、政府等在内的诸多利益相关者，并受这些利益相关者的影响，因此，企业要想长期持续、健康地发展，必须认识到关注公众和社会利益的重要性，承担起必要的社会责任。这种观念的变化，必然会影响到企业的运营活动。以环境问题为例，环境污染已经成为世界各国所共同关注的一个严重问题，有关环保问题的规章越来越多、内容越来越细，对污染和废物控制不力的企业将受到严厉的处罚，因此，污染控制和废物处理就成为企业管理者必须关心的重要问题，企业需要在运营活动中通过减少废物排放、使用毒性较小的化学制品以及设计出使顾客更容易再处理及再利用的产品和部件等举措来减少环境污染，实现绿色运营。

关键名词

运营活动　运营系统　运营管理

复习思考题

1. 如何理解运营职能在企业组织中的核心作用？
2. 什么是运营系统？其基本构成要素有哪些？
3. 什么是运营管理？谈谈你对运营管理框架的理解。
4. 简述运营管理的发展历程。

案例分析

空中客车公司的运营管理

近年来，空中客车公司凭借其务实的管理、惊人的效率、一流的质量和人性化的服务实现了自身的快速发展，并在民用客机制造领域对波音公司发出了史无前例的挑战。那么，空中客车快速发展的秘密是什么呢？

一、每生产一架飞机比同行节省35%人力

空中客车公司每生产一架飞机所需要的人数比同行要少35%。在当今竞争如此激烈的环境中，能够达到这样高的劳动生产率是令人吃惊的，这为空客公司带来了强劲的竞争力，使其在行业中处于领先的地位。

以空客的总装厂为例。位于汉堡的A320系列总装厂的厂房是一座长314米、宽120米的巨大建筑，在这里，能够看到的工作人员总共不超过20人。据总装线负责人曼弗雷德·波拉特介绍，20世纪90年代初，这里每月只能生产1～2架飞机，但2001年他们已经创下了月生产飞机13架的历史最高纪录。自1993年以来，该生产线共向客户交付A321飞机220多架和A319飞机400多架。而位于图卢兹的A330/340总装线的厂房同样巨大，其高度完全可以容纳美国自由女神像竖立当中，其建筑所耗钢材多达7000吨，比埃菲尔铁塔还要多，而在这样的厂房内，能够见到的工作人员同样也很少。在这里，上百万个部件经过5个阶段、20天左右就可组装成一架高技术集成的客机。

像汉堡和图卢兹一样，空中客车公司分布在世界各地的制造基地都保持了较高的生产效率，平均下来整个公司生产一架飞机的时间是1.8天。秘诀主要有以下三方面。

一是尽量减轻总装线上的压力。总装是空中客车公司最早在飞机制造领域提出的概念，他们要求飞机各主要部件的生产尽量分散到其他基地，并且尽量做到模块化，这样在总装期间所消耗的劳动时间只占到飞机生产全过程的4%。

二是客舱内装饰与系统安装同时进行。这种被称作“综合总装”的工作方式，不仅减少了大量工作时间，而且节约成本近30%。

三是大量使用自动机械设备，包括机器人。凭借这些高科技设备，在空中客车公司的总装线上，只需两个人在前方控制方向、两个人在后方提供动力，就可以将一架飞机从一个工作平台移向另一个工作平台，而一个重达52千克的轮胎也只需一个工人即可搬动。

二、1.7万颗铆钉与0.01毫米误差

质量是企业的生命，这在飞机制造业中尤为突出。

据说，将一架飞机的前、中、后三段以及机翼拼装在一起，也就是整个总装过程，竟然需要1.7万颗铆钉。在空中客车位于汉堡的总装厂内，可以看到这些被固定在一块展示板上，下面还注有其型号和采购成本的铆钉。这样做是为了让工人们认识到，即使浪费一颗铆钉也会增加企业的成本。但空客不会因为工人们损坏一颗铆钉而惩罚他们，否则他们会为了逃避惩罚而将已经损坏的铆钉装上飞机。这就是空中客车的质量管理方式。

为了提高产品质量，空中客车公司提出了“能力中心”的概念，将飞机各个部件的制造权分配给欧洲各地，然后在总装线上加以组装，以集中欧洲最强的航空制造水平。因此，空中客车的一架飞机，其机身往往是由德国和法国制造的，而机翼来自英国，水平尾翼则来自西班牙，这些部件从欧洲各地运往德国或法国，在总装线上加以组装。每一处生产基地要想获得订单，在制造质量上都需符合其严格的要求。16个制造场所中，汉堡总装厂是规模最大的一个。事实证明，“能力中心”的理念带来了极高的产品质量。

此外，为了保证产品质量，空中客车公司还将生产过程充分细化，并对每一个步骤实行严密监控。其中，仅总装过程就被细分为10万个检测步骤，在总装的机翼与前部机身合并阶段，其对接误差要求不能超过0.01毫米。

三、“五星级”服务不只是在头等舱

空中客车公司一直把舒适性作为其产品，特别是远程和超远程飞机的主要设计因素，通过不间断地改进和重新设计，为乘客提供最安静、最舒适和心情舒畅的空中旅行。

以空中客车远程飞机A340—600为例。走进其头等舱，高高的中央顶板和立式壁橱为乘客提供了极为宽松的空间；灯光是通过位于飞机不同区域的局部环境控制系统来调节的，并有60多个调节方案和0～100%的亮度范围供客户选择；空调系统可以按每个座椅的特点调节到最舒适的程度，产生一种无风力的通风环境，噪声远低于同类机型，其过滤器可以去除99.9%的有害物质，舱内空气质量堪比手术室的空气质量水平。在经济舱中，空间仍然相当充裕，一排8个座椅的布局让每位乘客前往过道的距离都不会超过一个座椅，头顶的行李箱可以容纳更大的轮式手提箱。此外，经济舱的灯光和空调完全可以与头等舱媲美。

不仅是远程飞机，目前空客家族中最畅销的民用客机 A320 系列的舒适性，在近年来的历次调查中也一直居于榜首。

空中客车公司提供的人性化服务，从头等舱延伸到经济舱，进而延伸到了整个客户服务的理念当中。为了满足客户的个性化需求，空中客车公司承诺，任何客户都可以参与到飞机的总装过程中来。

在汉堡，有一个空中客车公司的配件中心，这里负责空客的全球备件支援，可以为客户提供 24 小时高效仓储式服务，同时提供其他材料和维修工具等。客户可通过电子邮件、传真、电话等 5 种方式与中心联系，提出自己的需求。中心则以极高的效率，平均每月处理着近 6 万份订单。

基于电传操纵技术的通用性是空中客车公司为客户提供的最大实惠。从 100 座级的 A318 到 555 座的 A380 共计 10 种机型，真正实现了相同的驾驶舱、相同的系统和相似的操纵特性。例如，整个单通道 A320 系列飞机内的相同部件达到了 95%，而且享有相同的飞行员型别等级，这样，飞行员只需获得单一执照便可驾驶这一系列中的任何机型。通用性无疑将为用户带来许多便利，比如可以缩短飞行员和工程师从一种机型到另外机型的培训时间，可以为排班计划提供前所未有的灵活性，可以通过改进维修程序和减少备件库存节省大量成本。

（资料来源：张晓松. 揭开“航空巨人”空中客车公司的神秘面纱[N]，新华网，http://www.xinhuanet.com/fortune，2002）

讨论题

1. 在空客的运营中，给你印象最深的是什么？
2. 简述空中客车公司的投入—转换—产出关系。
3. 你认为一家企业运营成功的关键因素有哪些？

第二章　运营战略

【学习目的与要求】

了解运营战略在组织中的地位，掌握运营战略的战略要素构成，理解运营战略要素之间的关系，了解运营战略的战略内容、战略制定与实施。

【教学重点与难点】

教学重点：运营战略要素及其关系，运营战略的主要内容。教学难点：运营战略要素之间的关系及对企业竞争优势构建的作用。

第一节　组织战略与运营战略

一、组织经营战略及其构成

（一）组织经营战略

现代信息技术的不断进步使得越来越多的企业需要在全球范围内为争夺市场准入和生产资源而进行激烈的竞争，在这样一个充满不确定性的全新商业环境中，能否把握自身的发展方向，作出正确的战略选择，无疑成为企业取胜的关键。因此，战略的重要性日益突出。在组织中，所谓经营战略，是组织为了能在其所处的市场竞争中获胜而制定的一套长期的目标、计划与方针，它明确了一个组织的竞争优势是什么，以及如何实现并保持这种优势。

（二）组织经营战略构成

组织的战略一般可以分为三个层次，即组织战略、业务战略和职能战略，如图 2－1 所示。

1. 组织战略

组织战略又称总体战略，一般由组织最高管理层制定，它关注组织的整体目标与活动范围，界定组织将参与的业务，并在各业务部门间进行资源分配。比如，某企业正在策划进军生物制药领域，这属于组织的总体战略。

2. 业务战略

业务战略也称业务单位战略，是指在组织总体战略指导下，为经营某一特定经营单位(SBU)所制定的战略规划，一般由业务单位负责人制定。它确定了在组织选定的每一个业务领域内如何进行竞争，怎样以最佳的竞争优势出现在这些市场中，以改进组织在这些领域内的竞争地位。比如大公司中各事业部所制定的战略就属于业务层战略。对于小公司来说，由于规模小，业务少，因此，其组织战略和业务战略往往是一致的。

3. 职能战略

职能战略是针对组织各职能部门或专项工作所制定的具体实施战略，如运营战略、营销战略、财务战略、人力资源战略、研发战略等，通过发挥各项职能的作用，促进资源利用效率的最大化，以支持特定业务战略、进而总体战略的实现。职能战略通常由职能管理部门的负责人制定。可见，运营战略是组织的基本职能战略之一。

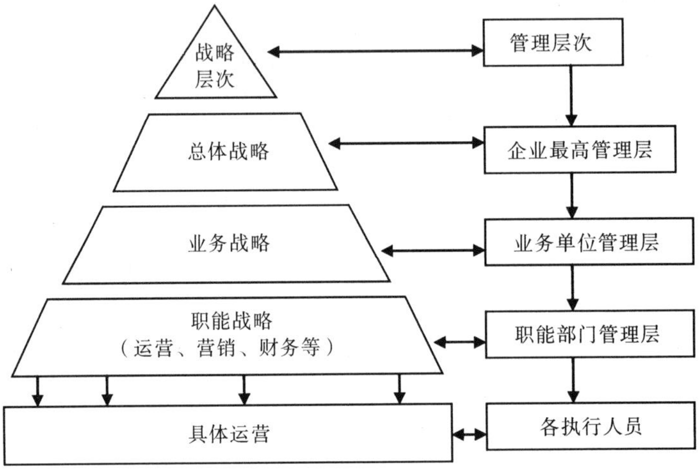

图 2－1　组织战略的结构层次

二、运营战略及其地位

传统企业并未从战略的高度考虑运营管理问题，因为在产品匮乏、需求旺盛的年代，企业能够以相当高的价格出售它们生产的任何产品，企业管理者只关心大量生产产品以供应市场。但是在今天，在不确定性越来越大的环境下，如果不重视运营战略，不能用一种长期的战略眼光去开发企业的运营活动与进行运营管理，企业将会失去长期的竞争力。因此，企业的运营战略具有越来越重要的作用和意义。

所谓运营战略，是指在企业经营战略的总体规划下，对如何通过运营活动来达到企业的整体经营目标所提出的指导思想，以及所作的一系列决策规划、内容和程序。与营销战略、财务战略一样，运营战略是组织整体战略体系中的基本职能战略之一，是运营管理中最重要的一部分，主要解决在运营管理职能领域内如何支持和配合企业在市场中获得竞争优势的问题。运营战略是为支持和完成企业的总体战略目标服务的，其研究对象是生产运营过程和生产运营系统的基本问题，比如产品选择与流程设计、设施选址与运营能力规划、竞争优势要素确定等。为此，运营战略要以组织的总体战略为指导，结合组织在运营管理方面的优势与劣势，对组织的运营系统设计、运营活动计划与控制以及运营系统改善进行长期规划，从而构建组织的核心运营能力，帮助组织获得竞争优势。

第二节　运营战略与企业竞争优势

一、企业竞争力与竞争优势要素

所谓竞争力，从短期来看是指用市场份额或盈利能力等来衡量的一个企业超过其竞争者的能力，从长期来看是指企业能够长期地以比其他企业（或竞争对手）更有效的方式提供市场所需要的产品和服务的能力，是企业的长期生存能力。对任何一个企业而言，竞争力都是决定其生存、发展、壮大的重要因素，是企业取得竞争优势的保证条件。

竞争力由竞争优势要素构成，随着需求、技术、观念等的变化，不同时期、不同国家的企业有着不同的竞争优势要素。按照斯金纳等人的观点，现代企业之间进行竞争，与其竞争力相关的、基于顾客需求的基本竞争优势要素主要有四类，即成本/价格、质量、时间和柔性。

价格是顾客必须对产品或服务支付的金额，在质量、功能等条件相同的情况下，顾客将更愿意选择价格较低的产品或服务。因此，像沃尔玛、格兰仕一样，许多企业通过提供大量的产品或服务，同时通过低价格来吸引顾客，从而构建自身的竞争优势，低价格也就成为影响企业竞争力的重要因素之一。而低价格的背后需要低成本作支撑，通过系统的改进和各项措施的实施来降低成本，在行业中获取成本优势是实现低价格竞争优势的重要手段。质量意味着提供优质的产品，顾客通常根据产品满足其目的的程度来评价质量的一般情况，并愿意为高质量的产品付出更高的价格。因此，"满足顾客需求，为顾客创造更多的价值"已成为企业赢得顾客和市场、赢得竞争的重要手段之一。时间是指顾客对交付产品或提供服务在时间上的要求，在很多市场上，企业的交货时间是竞争的重要条件，甚至是首要条件。除了满足顾客对时间的要求外，对企业而言，交货时间缩短意味着更快的资金回笼和更快的资金周转速度，这将会给企业带来更高的效益，提高企业的市场竞争力。柔性是指应对环境变化的灵活性，这一点对处于复杂多变环境下的现代企业来说尤为重要。

今天，没有任何一家企业会仅仅关注竞争优势要素中的某一种，而完全忽视其他要素。例如，企业不会简单地通过牺牲质量来达到降低成本的目的，也不会为了保证质量而无限期地拖延交货时间。此外，随着时间的推移、环境的改变，还将有更多新的要素用于构建企业的竞争优势，比如服务、创新与环保等。

二、运营战略要素与企业竞争力

(一) 运营战略与企业竞争力

一个企业竞争成功的关键在于:明确顾客需要什么(价格、质量、交货期还是柔性,哪些对他们来说更为重要);如何将顾客的需要付诸实施,满足甚至超过顾客的期望。对于企业而言,明确与竞争有关的问题将有助于管理者制定成功的战略。

从运营角度来看,企业要想在竞争中获胜,必须结合与顾客需求相关的企业竞争优势要素,制定正确的运营战略,重点关注成本、质量、交货速度、柔性等战略要素,并将这些战略要素转化为具体的运营活动。这对企业保持竞争优势至关重要。

(二) 运营战略要素构成

企业如果想在运营战略的指导下,将顾客的需求转化为具体的运营活动,其运营战略必须突出以下几个重点,如表 2—1 所示。

表 2—1 企业的运营战略要素构成

项目	内容
成本	低成本(高自动化设备,改变工作方式,减少浪费等)
质量	高设计质量——产品质量(卓越的使用性、可操作性、耐久性等)
	恒定的质量——过程质量
时间	交货速度——响应时间短,更快交货
	交货可靠性——在规定的时间交货
	新产品开发速度
柔性	品种柔性
	产量柔性

1. 成本

对企业而言,降低成本可以使利润更高,或者使产品在市场上能够以更低的价格出售,从而使企业更具有市场竞争力,因此,低成本通常是企业不懈的追求。从运营角度来说,这就要求企业必须通过改进生产设备效率、严格控制库存、加强生产管理等手段,实现低成本生产,否则,企业就很难生存,更谈不上发展壮大。

2. 质量

质量是企业的生命线,因此,企业在运营活动中必须关注质量问题。生产运营中的质量可以分为两个方面。

(1) 产品质量,体现为产品卓越的使用性、可操作性、耐久性等。

(2) 恒定的质量,即过程质量,它反映了企业能够稳定地生产没有质量缺陷产品的能力。

过程决定产出,产出引导过程,只有将质量问题的两个方面在运营活动中结合起来,才能形成顾客满意的产出,从而构建企业的竞争优势。

3. 时间

运营环节对时间问题的关注主要体现在三个方面。

(1) 交货快速。交货快速是指在企业接到订单后能够迅速组织生产,尽快将产品交付给客户,响应顾客需求的周期较短。

(2) 交货可靠。交货可靠是指准时交货,即企业必须在合同规定的时间交货。因为对追求零库存的客户而言,过早交货意味着客户需要库存来存放货物,导致其库存成本增加,交货延迟则会导致客户没有存货而影响生产,企业很可能因此失掉该客户。

(3) 新产品的开发速度快。缩短新产品开发时间,快速将新产品投放市场则是企业保持持续竞争优势的重要环节。

4. 柔性

柔性是指企业应对环境变化的能力。从运营角度来看,企业生产或服务的柔性体现在品种柔性与产量柔性两个方面。

(1) 品种柔性。品种柔性要求企业做到顾客化的产品与服务,能够根据客户需求的变化改变产品设计特性或提供不同的产品组合,满足顾客多样化的需求。

(2) 产量柔性。产量柔性要求企业能够随着客户需求量的增减来调整其产出量,做到当客户需求快速上升时,通过规模经济促使成本递减,在客户需求下降时,则能够及时减小规模,或减少资产、减员,以适应市场环境变化。

毋庸置疑,柔性强的企业更具有竞争优势。

(三) 运营战略要素的权衡

企业要想在竞争中获胜,必须在运营战略的指导下,通过运营进行竞争,从而培养自己的竞争能力。由于企业不可能同时在每一方面都做到最优,而且,在这些运营战略要素之间还可能存在矛盾,比如,低成本与快速交货就很难同时实现,柔性与大批量低成本之间存在矛盾,因此,企业必须了解顾客的需求,按照市场信号,采用权衡的方法,确定企业的竞争重点,从而确定生产系统的主导目标,然后集中企业资源去实施目标。

在这一权衡过程中,可以将运营战略要素划分为订单资格要素和订单赢得要素。其中,订单资格要素是指允许一家企业的产品参与客户采购竞争的资格筛选标准,即企业进入市场的起码标准;订单赢得要素则是指企业的产品区别于其他企业的评价标准,即使企业区别于竞争对手、帮助企业争取到订单的要素。企业首先要保证具备订单资格要素,在此基础上,通过重点关注订单赢得要素以实现在竞争中胜出。应该看到,由于不同时期顾客关注的竞争重点有可能发生变化,因此,在企业的运营战略要素中,产品的成本、质量、交货快速、交货的可靠性、柔性等都可能是订单赢得要素,也可能是订单资格要素,它会随着时间和顾客需求的变化而变化。比如,质量要素在某些时候是订单资格要素,而在另一些时候会变成订单赢得要素。因此,营销部门必须把属于订单赢得要素与订单资格要素的因素分析清楚,并且明确传达给运营部门,以保证运营战略的有效性。

此外,企业在进行运营战略要素权衡时,也可以参考 QDC 原则。其中,Q(Quality)是指质量,这是企业生存与发展的最基本要求。D(Delivery)指按期交货,在保证质量的前提下按期交货将使用户的生产不受影响,有利于降低用户库存。Q、D 是企业对外生存的基础,不能保证这两点,在与其他企业进行交往的过程中就没有信誉,企业自身无法生存。当然,保证 Q、D 并非一件容易的事情,需要相当好的企业管理水平。C(Cost)指成本,办企业的目的就是为了盈利,成本因素非常重要,但保证 Q、D 是大前提,因此,企业应该在满足 Q、D 的前提下研究如何降低成本,提高效益。

三、运营战略的组成

企业需要在总体战略的指导下,通过制定运营战略来指导自身的运营活动,以解决生产什么(产品战略)、如何生产(流程战略、选址战略、布局战略、能力发展战略)以及如何获取竞争优势(竞争战略)的问题。因此,企业运营战略的内容主要包括竞争战略、产品战略、能力发展战略、技术发展战略以及纵向一体化与外包战略。

(一) 竞争战略

企业的基本竞争战略包括总成本领先战略、差异化战略与聚焦战略三种,它解决企业以何种姿态与其他企业进行竞争的问题。

1. 总成本领先战略

总成本领先战略是一种销售规模求大、成本求低的战略,追求的是产品或服务成本(价格)优势,适用于大量生产、大量消费的产品和服务。制造业中的格兰仕(苦行僧文化,厉行节约),服务业中的沃尔玛(Wal-Mart)等,都属于应用该战略取得成功的典型代表。

2. 差异化战略

差异化战略是一种品种求新、功能求异、质量求优的战略,追求的是产品或服务的差别优势。实现差别化战略可以有许多方式,如设计名牌形象、技术上的独特、性能特点、顾客服务、商业网络及其他方面的独特性等。最理想的情况是公司在几个方面都有其差别化的特点。

3. 聚焦战略

聚焦战略是一种将企业资源和能力集中于某一特定市场和特定产品的战略,强调充分把握顾客需求特点,追求独特优势。该战略包括产品或服务聚焦、地域聚焦以及顾客聚焦三种类型。比如专注于生产收音机的企业德生电器。

(二) 产品战略

企业的产品战略主要是指产品或服务的选择战略,包括新产品的选择以及原有产品的整顿和组合,它解决企业将以何种产品(服务)来满足市场需求,实现企业发展的问题。

1. 新产品的选择

企业在做出新产品的选择时,通常会关注三个基本条件。

(1) 市场条件。市场需求具有不确定性,市场条件的好坏会影响企业未来的营业额,对市场条件的分析主要包括新产品对市场需求的响应程度、售后服务需要、流通销售渠道、市场竞争能力等方面。

(2) 生产运作条件。生产运作条件的好坏会影响企业未来的产品成本,对生产运作条件的分析主要包括新产品的技术可行性分析、与现有工艺的相似性分析、企业的人员及设备能力分析、物料供应商分析等。

(3) 财务条件。财务条件的好坏会对企业造成综合影响，对财务条件的分析主要包括新产品开发、生产所需要的投资、投资风险程度、预计的销售额及利润、产品寿命周期的长短等。

企业可以在上述三类条件分析的基础上，借助成本效益分析法，通过计算并比较产品价值指数来作出选择。其公式如下：

$$V_1=(T_s \cdot C_s \cdot Q \cdot P \cdot \sqrt{L})/T_c \quad \text{(公式 2－1)}$$

其中，V_1 代表产品价值指数，T_s 代表技术成功的机会(0～10 的适当等级)，C_s 代表商业成功的机会(0～10 的适当等级)，Q 代表年销售量，P 代表单位产品的利润，L 代表产品寿命(年)，T_c 代表产品总成本。

2. 原有产品的整顿和组合

原有产品的整顿和组合是指在适当的时候淘汰过时的产品、投入新产品或相应地进行转产、增产或减产。按照产品生命周期理论，产品从最初进入市场到最终退出，会经历一个投入、成长、成熟、衰退的过程，对原有产品进行整顿和组合时，应根据产品的市场生命周期，确定在其整个寿命周期的哪一阶段进入和退出该产品的生产。为此，企业可以采取以下三种策略，如图 2－2 所示。

(1) 早进晚出。早进晚出是指从产品的寿命周期开始直至终了一直生产。很多具有大批量、低成本生产系统的企业，往往采用这种产品进出策略，以便使其系统优势得到充分发挥。一些进入壁垒和退出壁垒均较高的行业，例如汽车、手机这样的高科技行业、资本密集行业，也通常采取这种策略。

(2) 早进早出。早进早出是指只在产品的投入期和成长期进行生产。一些产品开发能力较强、市场开拓能力也较强且具有较灵活的生产系统的企业，往往采用这种策略。

(3) 晚进晚出。晚进晚出是指在一种产品的市场已经被开发、产品已进入成长期、市场前景已经看得较明显以后，才开始进行生产，这样可以避免进行新产品开发的风险。采取这种策略的企业通常技术革新能力与研究开发能力较弱，但是有较优越的制造能力、生产应变能力和销售能力。

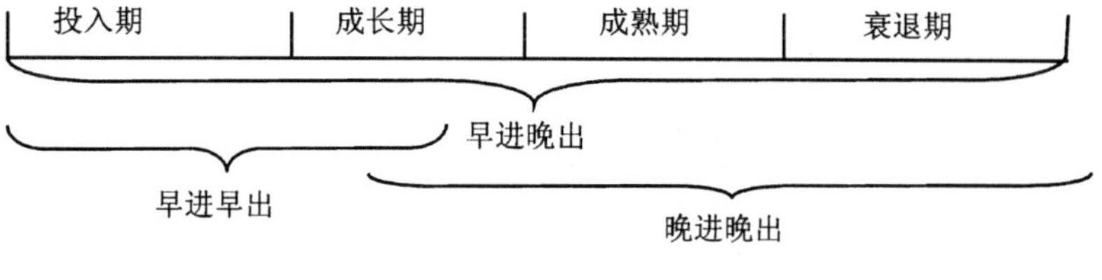

图 2－2 产品寿命周期与生产进出策略

(三) 能力发展战略

能力发展战略包括能力水平选择战略与能力增长模式选择战略，主要解决从能力上如何满足生产需求的问题。

1. 能力水平选择战略

能力水平选择战略关注企业需要建立多大能力以及建成何种类型的能力的问题。为此，根据能力规划的不同，可以考虑需求低值能力策略、需求高值能力策略和需求平均值能力策略等三种策略类型。

2. 能力增长模式选择战略

能力增长模式选择战略关注如何处理生产运作能力与市场需求之间的不平衡问题。由于需求波动的连续性和能力变化的阶段性之间存在矛盾，因此，如何使生产能力增长跟上市场需求的发展，同时尽可能避免能力过剩带来的投资风险就成为能力增长模式选择战略要解决的关键问题。

（四）技术发展战略

技术发展战略主要指产品或服务的开发与设计战略，是企业为了获取竞争优势进行的与技术相关的重大决策，其核心是企业如何构建和提升自己的核心技术能力。技术发展战略主要包括技术领先战略、模仿创新战略与跟随创新战略三种类型。

1. 技术领先战略

技术领先战略强调率先开发新技术，率先推向市场，通过独立的内部研发来获得持续发展，保持企业在行业内甚至全球的技术领先地位，以获得市场领导者的地位。

2. 模仿创新战略

模仿创新战略是指企业自己不搞新产品研发，技术的获取主要来自外部，通过购买专利来改进自己的产品。如果企业没有条件进行独立研究开发，或者研发成本、风险过大时，就会考虑外购先进的技术或专利，借助企业外部的研发力量，增强企业自身的技术实力。因此，如何快速、低成本地获取所需要的技术就成为这类企业的技术发展战略重点。

3. 跟随创新战略

跟随创新战略是指企业在市场进入时间上滞后于技术领先者，但其注重研发，采取了跟随态度，并最终实现"后发制人"。具体来说，跟随创新战略包括创新防御战略、创新改进战略和市场拓展战略。

（1）创新防御战略。采用创新防御战略的企业通常将资源集中于有限的市场领域，注重研发，快速跟进，将新技术应用于自己的产品，以维持现有产品的领先地位。

（2）创新改进战略。采用创新改进战略的企业通常注重发现潜在的产品市场和市场机会，通过对领先产品、领先技术的改进、完善，降低成本、完善质量，获取自己的竞争优势。

（3）市场拓展战略。采用市场拓展战略的企业通常通过寻求市场缝隙，有选择性地抓住关键技术来获取局部细分市场上的领先，实现产品的差异化。

（五）纵向一体化与外包战略

纵向一体化又叫垂直一体化，是指企业将生产与原材料供应，或者生产与产品销售联合在一起，通过将企业的经营活动向后扩展到原材料供应或向前扩展到销售终端来实现向经营领域深度发展的一种战略形式。通过纵向一体化，可以加强核心企业对原材料供应、产品制造、分销和销售全过程的控制，使企业能在市场竞争中掌握主动，从而达到增加各个业务活动阶段利润的目的。

外包是指企业把原先由自己生产的一部分零部件或由自己完成的一部分活动外包给其他企业去做，企业把人、财、物集中在自己的核心业务上面，以提升其核心竞争力、降低成本、提高效益的一种战略形式。

企业制定运营战略的一个重要方面就是要解决业务(或零部件)是一体化(自制)还是外包(外购)的问题,以整合生产、销售、购买、控制和其他领域,从而获得更好的经济效益或节约费用,巩固、发展自身长期的竞争优势。

需要注意的是,通常,明智的企业只外包那些非战略性的、简单的、相对标准化的零部件,如螺母、螺钉这些不值得企业花时间生产的东西,那些能赋予产品市场优势的、复杂而专有的零部件则由企业自己生产。如果企业将这类零部件也外包出去的话,其工程技术人才很快也会随着这些零部件而流失,随着生产活动流向供应商,产品与转化系统也会随之流出,从而将企业最终变为其供应商产品的分销商。日本企业从最初学习制造黑白电视机,到设计黑白电视机,到彩色电视机的制造与设计,再到尝试推出自己的品牌并最终实际上控制了电视机行业,就是一个典型的例子。

第三节　运营战略的制定与实施

一、运营战略的制定

运营战略的制定框架如图 2－3 所示,企业应在环境信息与自身信息收集的基础上,借助战略分析工具,进行运营战略的制定。

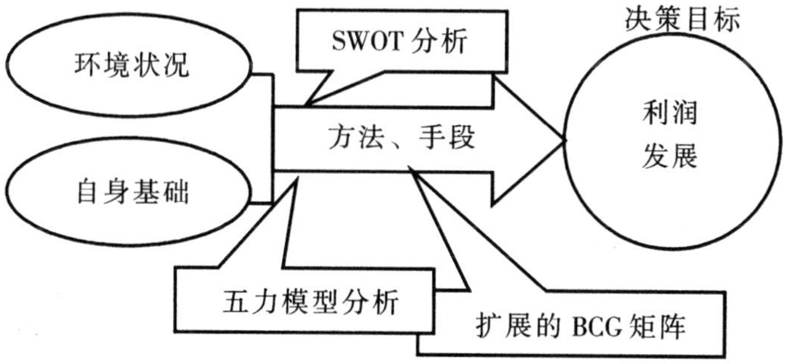

图 2－3　运营战略制定框架

(一) 战略环境分析

1. 外部环境分析

外部环境分析主要涉及对企业外部的宏观环境与行业环境的分析。其中,宏观环境分析通常考虑经济环境、政治环境、社会文化环境、技术环境以及自然环境等因素;行业环境分析则考虑潜在入侵者,替代品生产商、供应商、销售商以及行业内的现有主要竞争者等因素。

从运营管理角度来看,现代企业面临着许多新的外部环境变化,在制定运营战略时需要关注。主要表现在以下几个方面。

(1) 产品向多品种、小批量发展。这表现为产品更新换代速度加快，寿命周期缩短，趋向小批量、多品种的特点。统计数据表明，从产品构思、设计、试制到商业性投产，19世纪平均需70年，第二次世界大战时期需40年，20世纪60年代中期需20年，20世纪70年代需5～10年，现在平均只需要几个月。

(2) 市场竞争向多元化发展。现代企业的竞争，已不仅仅是单一竞争要素的比较，而是包括质量、交货期、价格、服务、产品设计的不断更新，较宽的产品档次，更加紧密的供应链等在内的综合竞争，表现出国际化、集团化、高层次、重人才等特点。

(3) 经济向全球化发展。目前，一些地区性经济组织为促进贸易的开展向其成员国开放了各自的边境，世界贸易组织成员国则在更大的范围内开放各自的国内市场，减少关税和补贴，扩大知识产权保护，全球性的跨国公司不断发展，这些变化使得企业的生产经营活动早已跨越了国界的限制，各类生产要素的跨国、跨地区流动大大增加，企业的生产运作不可避免地要受到这一趋势的影响。

(4) 组织形式向多样化发展。随着企业核心能力外扩战略的实施，现代企业的组织形式日趋多样化，包括企业集团、供应链、虚拟企业等在内的组织形式逐步出现，从而对企业的信息、资源流动方式以及竞争方式等造成影响。

(5) 先进制造技术的发展和信息手段的根本变化。现代企业正面临着各类应用技术迅速发展的变化，并在技术上呈现出实用、集成、广泛、动态、优质高效、绿色等特点。同时，随着计算机等技术的发展，企业的信息收集、分析、处理、应用手段也发生了根本性的变化。

(6) 管理思想、手段的变化。随着环境的变化，新的情况不断出现，企业面临的管理环境日趋复杂，这对企业包括运营管理在内的各项管理活动在管理思想、方法、手段方面提出了新的要求，使得新的管理理念、方法等不断产生。而技术的发展与信息手段的变化，也为新的管理方法的应用提供了必要的支持。

2. 企业自身环境分析

企业在了解外部环境变化的同时，还需要分析自身的情况，这样才能在与其他企业的竞争过程中做到知己知彼，从而制定正确的运营战略。为此，企业需要从技术、人力等方面分析自身的运营系统及其能够提供的运营能力，这是企业制定并实施运营战略的基础。如果从广义的运营系统来看，企业还需要对其供应商的运营能力进行分析，通过各方合作构建共同的竞争优势。此外，企业还需要考虑包括研发、信息、财务、销售等在内的支持系统的能力，从而对以运营能力为核心的企业能力进行全面分析。

(二) 制定运营战略的工具

企业在制定运营战略的过程中，需要掌握、运用一些制定战略的工具。在此，主要介绍几类最常用的运营战略制定、分析的工具。

1. SWOT 分析法

SWOT 分析法是一种用来确定企业本身的竞争优势（strength）、竞争劣势（weakness）、机会（opportunity）和威胁（threat），从而将企业战略与企业内部资源、外部环境有机结合的战略分析方法，如图 2—4 所示。对企业而言，清楚地确定自身的资源优势和缺陷，了解企业所面临的机会和挑战，对于制定企业未来的发展战略有着至关重要的意义。为此，企业需要以营销部门为主导，分析企业所处的外部运营环境，了解其可能给本企业带来的机会和造成的威胁；同时，以运营部门为主导，分析评估自身的优势和劣势；在此基础上，构造 SWOT 矩阵，根据内外环境分析的结果制定相应的运营战略，从而做到知己知彼，扬长避短。

内部优势与劣势 外部机会与威胁	内部优势(S) 1. 2. 3.	内部劣势(W) 1. 2. 3.
外部机会(O) 1. 2. 3.	SO 战略(发展型战略)用优势去抓住机遇，发挥内部优势，利用外部机会	WO 战略(扭转型战略)用机会去弥补劣势，利用外部机会，克服内部劣势
外部威胁(T) 1. 2. 3.	ST 战略(防御型战略)用优势去克服劣势，利用内部优势，回避外部威胁	WT 战略(退却型战略)克服内部劣势，回避外部威胁

图 2－4 SWOT 分析矩阵

2. 波特的五力模型

迈克尔·波特的五力分析模型是一种用于企业竞争战略分析的重要工具，如图2－5所示。其中，五种力量分别是供应商的讨价还价能力、购买者的讨价还价能力、潜在竞争者进入的能力、替代品的替代能力、行业内竞争者现在的竞争能力。通过对五种竞争力量的分析，企业可以采取尽可能地将自身的经营与竞争力量隔绝开来、努力从自身利益需要出发影响行业竞争规则、先占领有利的市场地位再发起进攻性竞争行动等手段来对付这五种竞争力量，以增强自己的市场地位与竞争实力。

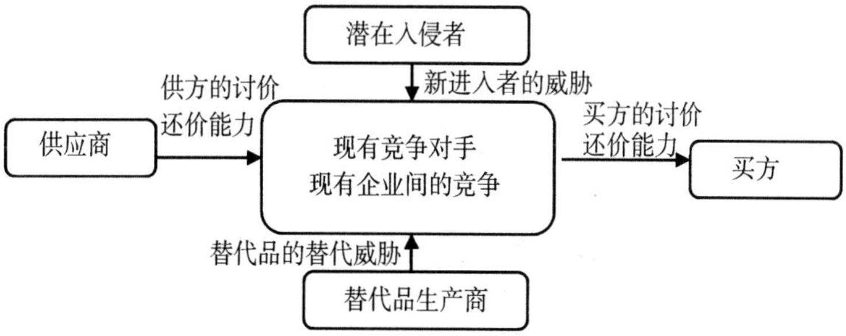

图 2－5 波特的五力模型

3. BCG 矩阵

波士顿矩阵(BCG 矩阵)是一种规划企业产品组合的方法，如图 2－6 所示，用于解决如何使企业的产品品种及其结构适合市场需求的变化，以及如何将企业有限的资源有效地分配到合理的产品结构中去，以保证企业收益的战略规划问题。其基本思路在于：首先评价业务(产品)前景以及各项业务的竞争地位，然后找出各项业务在 BCG 矩阵图上的位置，在此基础上，以业务在二维坐标上的位置来做出战略选择。

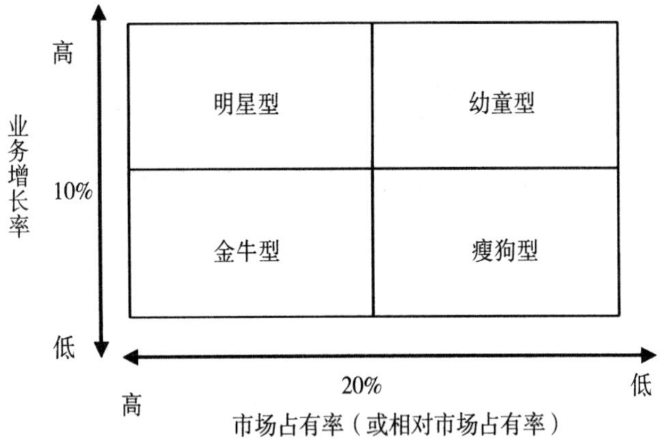

图 2－6 BCG 矩阵

二、运营战略的实施

企业要想在竞争中获胜，必须在运营战略的指导下，通过运营进行竞争，从而培养自己的竞争能力。为此，在实施运营战略的过程中，需要把握两个关键环节：一是要将顾客所要求的战略重点转变为特定的运营活动，二是通过制订必要的计划以确保企业的运营能力能够完成这些运营活动。

（一）战略重点向运营活动的转化

为了保证运营战略的实施，企业需要将战略重点分解为具体的运营活动并付诸实施。比如将公路上的汽车作为自己的竞争对手、以短途运输为主的美国西南航空公司，为了实施其低成本战略，满足顾客对低价格、满意服务的需求，借助“在中等城市和次要机场间短停留、直航，标准机型以提高飞机及机组人员的使用率，可靠和高效的员工，没有正餐和座位预留的有限乘客服务”等手段，通过运营细节来构筑其成本控制系统，不受外界干扰地依据定位所确定的标准对成本进行不间断的控制，从而使它从 20 世纪 70 年代在大航空公司的夹缝中谋求生机的小航空公司一跃发展成为美国的第四大航空公司，持续 30 余年保持远高于行业平均水平的高利润和远低于行业平均值的低成本。

（二）运营能力对运营活动的支撑

保证运营战略实施的特定运营活动离不开运营能力的支撑。为此，企业必须培养基于运营的竞争能力。从长期来看，在考虑怎样培养这些能力时，可以把它们分成三种类型。

（1）基于工艺的能力。即通过一些标准的竞争要素，如低成本、高质量等获得优势。

（2）基于系统（协调）的运营能力。比如短的提前期（速度）、产品和服务的范围广、满足顾客需求的能力（柔性）等，这些能力需要在整个运营系统中体现，通过系统内各个环节的协调达成。

（3）基于组织（学习）的运营能力。如掌握新技术的能力、设计和引进新产品的能力等，这些能力往往是企业独有的，其他企业难以模仿。

总之，只有那些善于学习、不断创新、能够不断创造更加有效的新方法并向顾客传递其价值的企业，才会始终站在竞争者的前列。

关键名词

运营战略　战略要素　企业竞争力　订单资格要素　订单赢得要素

复习思考题

1. 运营战略包括哪些战略要素？
2. 如何理解运营战略要素之间的关系？
3. 如何理解运营战略、运营能力与企业竞争力之间的关系？
4. 简述运营战略的主要组成。
5. 如何制定企业的运营战略？

案例分析

饼干公司

M公司位于西部的一个小城镇，是一家雇员不足200人的烘烤公司，它购买了A饼干公司的特许权后，开始生产该品牌的饼干。

M公司唯一的产品是软饼干，有50多种。因为饼干软而不太甜，并且以“无添加剂和防腐剂”的名头销售，因此吸引了市场上有健康意识的顾客群，许多年龄大一些的顾客和家里有小孩的顾客也都喜欢这种饼干。产品在很多城市的便利店或超市中都有销售。

公司有两个大烘炉用来加工饼干，这一生产过程被称为批加工系统。公司一收到经销商的订单就开始安排生产。在每一轮班开始时，当天要制作的饼干清单就送到了负责搅拌的人手中。该负责人检查一下清单，将上面写明的每一种饼干所需的配料输入计算机。于是，计算机根据订购数量确定每一配料的需要量，并将这一信息传达到位于厂外的仓库，那里存放有主要的配料(面、糖及糕点粉)。这些配料被自动送往大型搅拌机，在那里，配料要与适当数量的鸡蛋、水和调味品混合。当配料搅拌好后，这一糊状物被倒入切片机中，通过斜切的方式(这样比直切省空间)切成单个的饼干。

接着，这些饼干经传送带进入其中一个烘炉(如果需要填入夹心馅儿，则需要另外的工序)。在烘炉中，饼干要按一定的顺序烘烤，以使用于清洁处理的停工时间最短。例如，浅色饼干要在深色饼干之前烘烤，这就使公司避免了每次在生产一种不同的饼干前对加工设备必须进行的清洁处理。

饼干从烘炉中出来后，会被输送到一个高约6米、宽约0.9米的螺旋形冷却架上。当饼干离开冷却架后，工人们就用手把它放在箱子里，同时剔除在生产过程中碎裂或变形的饼干。接着，箱子被自动打包、密封并贴上标签。

大部分饼干被立即装上卡车运到经销商那里，一小部分被暂时存放在公司的仓库中。但由于储存期限不长，它们必须在短期内发出。其他库存包括饼干箱、运输箱、标签及用于打包的玻璃纸。因为食品商标易变，所以标签经常要小批量地续订。储存物资一周要补充两三次，视用料快慢而定。

M公司以其饼干的质量而自豪。当饼干离开生产线时，由质检员进行抽检，以确保味道和色泽令人满意。生产线上的工人负责将有缺陷的饼干拣出来。公司还在生产线上安装了X光机，以探测在生产过程中可能混入饼干的小金属屑。采用自动设备运输原料和搅拌面糊使得保持无菌生产更容易。

M公司的运营效率很高，很少有碎屑。配料搭配不合理将作为狗饲料销售，不完整的饼干用在燕麦片饼干上等，这些做法减少了配料成本，节省了在废物处理上的开支。公司还采取了热能回收：从两个烘炉中散出的热能被收集起来，用来烧水从而向楼中供热。在搅拌过程中采用了自动化，同手工操作相比减少了废物量。

新产品的构思来自顾客、雇员及对竞争对手产品的观察。首先对新的构思进行分析以确定能否用现有设备生产出这类饼干。如果可行，生产出一批样品，确定成本及时间要求。如果结果令人满意，就进行试销，看看该产品有无市场需求。

（资料来源：[美]威廉·J. 史蒂文森. 张群，张杰等译. 运营管理[M]. 北京：机械工业出版社，2008）

讨论题

1. 请简单描述一下饼干的生产过程。
2. M公司主要关注了哪些运营战略要素？
3. M公司是如何通过运营活动来提升竞争力的？

第二部分　运营系统设计

第三章　选址决策

【学习目的与要求】

掌握选址的概念，了解选址的程序，掌握影响选址的因素，掌握选址决策的常用方法。

【教学重点与难点】

教学重点：选址的影响因素，选址决策的常用方法。教学难点：理解制造业选址与服务业选址的差异。

第一节　选址的一般原理

一、选址及选址决策

【阅读材料3－1】

1992年，康佳由一家华侨农场的胶木厂发展成年产100万台电视的电视机厂。大家本想庆祝一番，刚从日本留学回来的总经理助理陈伟荣却认为还不是时候。由于深圳的土地、交通、水电、能源费用高及其他原因，康佳要想进一步发展，就必须走出深圳，走出广东。康佳走向了何处？

1993年，康佳并购了黑龙江省的牡丹江电视机厂；1995年，康佳并购了山西省的咸阳电视机厂；1997年，康佳并购了安徽省滁州的黄山电视机厂；1998年，康佳并购了重庆无线电三厂；1999年，康佳在墨西哥和印度设立了自己的研发机构……

康佳为什么要走出深圳、广东，到当时经济并不发达的省份建新厂？在选择新厂时，康佳在位置的选择方面有什么特点？这些都是值得我们思考的地方。

可以看到的是，正确的选址决策是促进康佳集团迅速发展的重要原因之一，它推动了康佳集团在国内市场的合理战略布局，并以此为跳板辐射国际市场。现在，康佳已成长为总资产100亿元、净资产30亿元、年销售收入130多亿元的大型电子信息产业集团和境内外上市的公众股份制公司，在国内拥有众多的营销公司与服务网点，初步形成了能够满足全球化战略的市场运营体系。

正像案例中描述的那样，很多企业在建立或发展的过程中都涉及选址的问题。那么，什么是企业的选址呢？所谓选址，就是企业确定在何处建厂或建立服务设施的活动。企业的选址决策，通常基于三种情况。

（1）以维持或扩大市场份额为出发点，做出保持现有地点并增加新地点的选址决策。

（2）新建一个企业，从而做出第一次选址的决策。

（3）由于原有位置资源耗尽、费用增加等原因，做出放弃现有地点、迁至新地点的选址决策。

对企业而言，选址决策意义重大。一方面，选址是一项长期决策，一旦确定，需要投入大量的资源，在短期内将很难改变，因此，对企业影响巨大。另一方面，不同的选址方案，将会影响企业的固定成本和可变成本，并决定其运营管理的难度。所以，选址与组织的整体战略密切相关，企业应该从追求自身的战略发展与最大利益出发，做出选址决策，进而影响企业的竞争力。

二、选址的程序

那么，应该如何进行选址呢？对企业而言，选址属于非程序性决策，通常在选址时，企业应该考虑以下关键步骤：确定选址的总目标、收集与选址相关的信息、识别主要影响因素、确定候选区域、收集候选区域信息、备选地址评价、评估并选择厂址。

企业应该在上述步骤的基础上，做出适合自身的选址决策。

第二节　影响选址的因素

按照输出物的性质，可以将企业的运营活动分为制造型运营与服务型运营，两者在输出物的形态、响应顾客需求的时间、顾客与运营系统接触的程度以及质量的度量等方面存在着较大的差异。这些差异的存在，使得制造业与服务业的选址目标以及在选址过程中考虑的关键影响因素也表现出差异性。

一、制造业选址需考虑的因素

通常，制造业由于产出的有形、耐久、可储存等特点，在选址时会主要考虑下列影响因素。

（一）自然条件

自然条件是指气候、地理位置、地质状况等条件，具体包括以下几个方面。

1. 资源的供应

这里所说的资源包括劳动力、原材料、能源、资本、土地等。制造业在选址过程中，通常会考虑资源的供应价格及供应状况。

2. 运输状况

运输状况通常主要考虑运输距离的远近，运输费用的高低，以及运输基础设施的完善、便利状况等。

3. 市场条件

市场条件主要包括所选位置的市场对企业产品的需求量、当地的竞争状况、顾客的分布及其需求特点等因素。对市场条件的考虑，有助于企业通过正确选址来实现快速交货与个性化产品服务。

4. 气候及地质状况

有些企业的生产，对气候及地质状况有特殊的要求，因此需要考虑这类因素的影响。

总之，对制造业而言，选择不同的地点，其产品的售价差异不大，但对生产成本的影响很大。

（二）社会条件

选址关注的社会因素主要包括：当地公众的态度、当地基础设施的完善程度、当地的生活质量、当地政府的政策及态度。

（三）企业的发展战略

对企业而言，建新厂是发展行为，发展的本质是拓展市场，因此，选址需要考虑组织的整体发展战略，从追求企业的战略发展与最大利益出发，通过正确的选址来提升企业的竞争力。

（四）其他因素

企业在选址过程中，还需要考虑环境保护的问题以及企业未来发展的可扩展性等因素。

对不同的制造型企业来说，选址目标、企业自身状况等不同，在选址过程中考虑的关键影响因素也会表现出差异性。一项全球调查显示，在上述影响选址的因素中，制造型企业在进行选址决策时，通常首先会考虑的主要因素是劳动力条件、与供应商和资源的接近程度、与市场的接近程度以及当地的生活质量。这可以成为制造型企业选址的一个参考。

二、服务业选址需考虑的因素

与制造业相比，服务业由于自身的特点，在选址决策时考虑的主要影响因素与制造业有很大的差异性。通常，服务业在选址时会重点关注以下几个因素。

（一）靠近顾客群

服务业的产品具有无形、不可触、不耐久、不可存储的特点，顾客与服务系统接触频繁且响应顾客需求周期很短，主要服务于有限区域范围内，因此，服务业，比如干洗店、配送中心等，在选址时要靠近顾客群，这会影响企业与客户的接触量以及服务的速度。

（二）消费能力和消费习惯

如果说靠近顾客群增加了企业潜在顾客购买服务的可能性与便利性的话，考虑所在市场的消费能力和消费习惯则会直接决定服务的实际商业交易量，因此在服务业选址时必须予以考虑。

（三）竞争对手的相对位置及反应

服务业选址过程中需要关注的另外一个关键要素是主要竞争者的相对位置及可能做出的反应。通过分析自身产品的特点（有特色与否）、对市场的控制能力、所在市场规模的大小等，来做出靠近还是远离竞争对手的选址决策。

【阅读材料 3－2】

家乐福选址要求

自家乐福 1995 年进入中国市场至今，已拥有超过两万名员工，所开店已遍布中国 20 多个城市，经营商品两万多种，95％以上商品都是本地化采购。

家乐福在中国的飞速扩张，除了经营有方之外，与其独特、精妙的选址策略密不可分。

家乐福的主要理念是低价、一次购足、免费停车、高周转、新鲜程度、品质。作为现代化的商店，家乐福强调卫生、舒适、店内通道进出方便、国际标准。家乐福在中国每开一家新店都严格按照其选址要求进行。

家乐福（Carrefour）的中文解释就是十字路口，意即交通通达，而家乐福的选址也不折不扣地体现着这个标准——所有的店都开在了路口（通常是两条马路的交叉口，其一为主干道），巨大的招牌 500 米开外就可以看得一清二楚。

相对于沃尔玛和麦德龙等外资零售商，家乐福在中国的大部分店面选址是非常灵活的，有的是独立店面，也有的开在商业楼的地下一层，还有的甚至开设在大型购物中心的四五层。不过这种灵活性与其选址的严谨性并行不悖。在开设每一个新的店面之前，家乐福都要进行长期细致的市场调研工作，调查的内容包括了当地的生活方式、消费水平、人口增长、都市化水平、居住条件，甚至包括人们的兴趣爱好、传统习俗、储蓄情况、宗教信仰、意识形态等。

在未来，潜在销售区域很可能会受到很多竞争对手的挤压，所以家乐福从一开始就会将竞争对手考虑在内。家乐福在开业前索性把其他商店的短板摸个透彻，以打分的方法发现它们的不足之处，比如环境是否清洁、哪类产品的价格比较高、生鲜产品的新鲜程度如何等，然后依据这种精确制导的调研结果进行具有杀伤力的打击。

目前，家乐福在全球的网点分布合理，已经形成了一个“成长型分店＋现金流分店”合理搭配的战略布局。

三、小结

企业进行选址决策的根本目标一般都是通过选址实现潜在利润的最大化，但是，由于制造业与服务业的差异，在考虑具体选址因素时，对于制造型企业来说，大都是通过选址使成本最小化来达成潜在利润的最大化，而对于服务型企业来说，则往往要求在选址时通过靠近消费者以使收益最大来达成潜在利润的最大化。

此外，从供应链的角度来看，选址需要看企业在供应链上的位置：以原材料供应为主的企业，要靠近原材料供应地，靠近终端；以零售为主的企业，要靠近市场，关注顾客的信息、交通模式和当地习俗等；居于中间的分销商或批发商，要靠近供应商或目标市场，如常选择在一个区域的中心位置以减小分销成本；基于互联网的零售企业则不太关心选址问题。

第三节　选址决策分析方法

不管是制造型企业还是服务型企业，可以将影响其选址决策的有关因素分为两大类，即有形成本因素与无形成本因素。其中，有形成本因素是指那些确定的、能为会计部门和管理部门辨别且能直接以货币单位来精确计量各备选设施位置实际成本值的因素；无形成本因素则是指那些不定的且不能或难以以货币单位计量各备选设施位置实际成本值，但对未来长期成本的变化可能产生重要影响的因素。

为此，在对选址方案进行评价时，就形成了两类方法，即主观分析法与客观分析法。其中，主观分析法主要用于对无形成本因素的分析，也可用于对有形成本因素的分析或对有形成本因素和无形成本因素的综合分析，具体有因素评分法、位置度量法等。客观分析法则主要用于对有形成本因素的分析，具体有规模—成本平衡分析法、重心法、运输模型法等。

一、选址的主观分析法

（一）因素评分法

因素评分法是一种常用的地址选择方法，适用于制造业和服务业两种行业的选址问题。该方法的计算公式为：

$$SFM_i = \sum_{k=1}^{m}(SFW_k \cdot SW_{ik}) \qquad \text{（公式 3—1）}$$

其中，SFM_i 代表第 i 种备选方案的加权平均分，$i=1,2,\cdots,n$；SFW_k 代表第 k 种主观因素的权重，$k=1,2,\cdots,m$；SW_{ik} 代表第 i 个备选方案的第 k 种主观因素的评分值。

因素评分法的主要分析步骤如下：

(1) 列出相关因素；

(2) 赋予每个因素一个权重，各因素权重总和一般是 1.00；

(3) 给所有因素确定一个统一的数值范围（如 0～100，0～1）；

(4) 根据各个因素的计分标准给每个地址打分；

(5) 把每一因素的得分与它的权重值相乘，再把各因素乘积值相加，就得到了待选地址的加权平均分；

(6) 选择具有最大加权平均分的地址。

为了说明该方法,下面举一个例子。

【例 3—1】 一家电商场准备开一家分店,表 3—1 是 A、B 两个备选地点的有关信息。请利用因素评分法进行方案选择。

表 3—1 家电商场选址方案的相关信息

因素	加权系数	分数	
		A	B
能源供应	0.10	100	60
劳动力成本	0.05	80	80
接近潜在顾客的程度	0.40	70	90
运输成本	0.10	86	92
气候	0.20	40	70
税收	0.15	80	90
合计	1.00		

解:根据表 3—1 的信息,计算过程如表 3—2 所示。

表 3—2 因素评分法计算过程

因素	加权系数	分数		加权分数	
		A	B	A	B
能源供应	0.10	100	60	10	6
劳动力成本	0.05	80	80	4	4
接近潜在顾客的程度	0.40	70	90	28	36
运输成本	0.10	86	92	8.6	9.2
气候	0.20	40	70	8	14
税收	0.15	80	90	12	13.5
合计	1.00			70.6	82.7

根据上表计算,应该选择加权平均分数较大的方案 B 作为优选方案,即应该将分店建在 B 地。

(二) 位置度量法

位置度量法是一种将影响位置选择的因素分成客观、主观两种类型,分别赋以权值并进行评分,通过综合分析计算,确定同时满足以上因素要求的最佳可行位置的方法。该方法是评分加权法的一种,可以对主观因素和已有的客观因素分析的结果进行综合,因而更为规范。

位置度量法的计算公式如下:

$$LM_i = X \cdot OFM_i + (1-X) \cdot SFM_i \qquad \text{(公式 3—2)}$$

$$OFM_i=\frac{\max\{OFC_i\}-OFC_i}{\max\{OFC_i\}-\min\{OFC_i\}} \quad \text{（公式 3－3）}$$

$$SFM_i=\sum_{k=1}^{m}(SFW_k \cdot SW_{ik}) \quad \text{（公式 3－4）}$$

其中，i 代表第 i 个备选方案，$i=1,2,\cdots,n$；k 代表第 k 种主观因素，$k=1,2,\cdots,m$；LM_i 代表第 i 个备选方案的位置度量值；OFM_i 代表第 i 个备选方案的客观因素度量值；SFM_i 代表第 i 个备选方案的主观因素度量值；X 代表客观因素的权重；$1-X$ 代表主观因素的权重；OFC_i 代表客观因素总成本；SFW_k 代表第 k 种主观因素的权重；SW_{ik} 代表第 i 个备选方案的第 k 种主观因素的评分值。

位置度量法的应用参见例 3－2。

【例 3－2】 某企业准备新建一个分厂，有三个备选方案，有关数据如表 3－3 所示。试用位置度量法进行选址方案的选择。

表 3－3 因素、数据、权值及评分

方案(i)	客观因素总成本(OFC_i)(百万元)($X=0.7$)	主观因素评分(SW_{ik})($1-X=0.3$)			
		交通条件($SW_{i1}=0.3$)	经营条件($SW_{i2}=0.2$)	人力条件($SW_{i3}=0.2$)	社会支持($SW_{i4}=0.3$)
1	3.0	0.50	0.50	0.50	0.75
2	5.0	0.75	0.00	1.00	0.70
3	3.5	0.50	1.00	0.50	0.50

解：

基本步骤为：

(1) 根据公式 3－3，分别计算三个方案的客观因素度量值 OFM_1, OFM_2, OFM_3；

(2) 根据公式 3－4，分别计算三个方案的主观因素度量值 SFM_1, SFM_2, SFM_3；

(3) 根据公式 3－2，分别计算三个方案的位置度量值 LM_1, LM_2, LM_3。

上述各部分的计算结果如表 3－4 所示。

表 3－4 因素及位置度量值($X=0.7$)

方案(i)	客观因素度量值(OFM_i)	主观因素度量值(SFM_i)	位置度量值(LM_i)
1	1.0000	0.5750	0.8725
2	0.0000	0.6350	0.1950
3	0.7500	0.6000	0.7050

根据计算结果，应该选择位置度量值最大的方案，即方案 1 作为优选方案。

二、选址的客观分析法

(一) 规模—成本平衡分析法

规模—成本平衡分析法是一种借助总成本函数来分析选址问题的方法，适用于制造业的选址，其基本公式为

$$C=F+C_v \cdot Q \quad \text{（公式 3—5）}$$

其中，C 代表总成本函数，F 代表固定成本，C_v 代表单位变动成本，Q 代表产量。

应用规模—成本平衡分析法选址的基本步骤如下：

(1) 确定每个候选地点的固定成本和变动成本；

(2) 建立每个地点的总成本函数；

(3) 选择期望产量下总成本最低的地点。

【例 3—3】 一家企业要解决一个新厂的定点问题，目前有 A、B、C 三个候选地址。上述三个城市每年的固定成本分别为 3 万元、6 万元和 11 万元，产品的单位变动成本分别为 75 元、45 元和 25 元，单价为 120 元。如果该产品的年度期望产量为 2000 件，试问哪一个城市会是新厂的最佳设厂地点。

解：(1) 建立三个备选方案的总成本函数：

$$C_A=F_A+C_{vA} \cdot Q=30000+75Q$$

$$C_B=F_B+C_{vB} \cdot Q=60000+45Q$$

$$C_C=F_C+C_{vC} \cdot Q=110000+25Q$$

(2) 将 $Q=2000$ 代入总成本函数，可得：

$$C_A=30000+75Q=30000+75\times2000=18(\text{万元})$$

$$C_B=60000+45Q=60000+45\times2000=15(\text{万元})$$

$$C_C=110000+25Q=110000+25\times2000=16(\text{万元})$$

根据计算结果，应该选择期望产量下总成本最低的地点，即 B 市作为新建厂的优选地点。

此外，此题也可通过画图的方式求解，思路如图 3—1 所示。

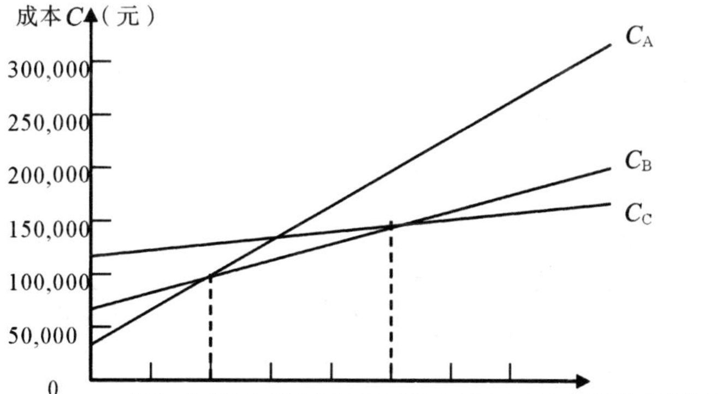

图 3—1 规模—成本平衡分析图

由图 3—1 可知，产量<1000 件时，A 市的总成本线最低，在 A 市建厂最经济；1000 件<产量<2500 件时，B 市的总成本线最低，在 B 市建厂最经济；产量>2500 件时，C 市的总成本线最低，在 C 市建厂最经济。本题预测的产销量为 2000 件，所以应该选择在 B 市建厂。

（二）重心法

重心法是一种根据重心的物理含义，借助重心来辅助选择经济中心（如物流配送中心、仓储中心、销售中心、社区医院等)的地理位置,使从该经济中心到各个配送目的地的总的配送成本最低的选址方法。重心法的关键是要找到重心的位置,为此,需要借助公式3－6、公式3－7实现。

$$C_x = \frac{\sum X_i V_i}{\sum V_i} \quad \text{（公式 3－6）}$$

$$C_y = \frac{\sum Y_i V_i}{\sum V_i} \quad \text{（公式 3－7）}$$

其中,C_x 代表重心的 x 坐标,C_y 代表重心的 y 坐标,X_i 代表第 i 个地点的 x 坐标,Y_i 代表第 i 个地点的 y 坐标,V_i 代表运往第 i 个地点的货物量。

【例 3－4】 一家名牌服装零售商开设了四家折扣店,分别位于 A、B、C、D 四个城市,四家折扣店的相关数据如表 3－5 所示。现在,要为这四家折扣店建立一个物流配送中心,应该建到哪里可以使总的配送成本最低?

表 3－5　四家折扣店的相关资料

折扣店所在城市	折扣店所在位置的坐标	销售量(箱/月)
A	(30,120)	2000
B	(90,110)	1000
C	(130,130)	1000
D	(60,40)	2000

解:根据重心计算公式 3－6、公式 3－7,可以计算得到配送中心的重心坐标:

$$C_x = \frac{\sum X_i V_i}{\sum V_i} = \frac{30 \times 2000 + 90 \times 1000 + 130 \times 1000 + 60 \times 2000}{2000 + 1000 + 1000 + 2000} \approx 67$$

$$C_y = \frac{\sum Y_i V_i}{\sum V_i} = \frac{120 \times 2000 + 110 \times 1000 + 130 \times 1000 + 40 \times 2000}{2000 + 1000 + 1000 + 2000} \approx 93$$

所以,配送中心应该建在坐标位置为(67,93)的地方,这可以实现总的配送成本最低。

需要说明的是,重心法只能粗略估算厂址的位置,具体确定时,还需根据其他条件和因素综合分析,若有几个备选方案,用重心法则可快速选出较满意的厂址。

(三)运输模型法

运输模型法通常用于解决一个工厂或服务设施有多个原材料供应点或向多个地点供货的选址问题,主要考虑通过运输成本最小化来进行方案优选。其基本思路是:运用最小元素法,以单位运费最低优先,求各备选方案的最优解,然后比较各备选方案最优解下的月总运费,总运费低者是优选方案。下面,通过一个具体的例子来说明该种方法的应用。

【例 3－5】 某公司现有三个工厂 A、B、C,分别位于三个不同的城市。另有两个配送中心 P 和 Q 为三家工厂的产品提供配送服务。随着工厂产量和市场需求的增加,为了更好地为顾客服务,公司决定再设一个配送中心。现有两个备选方案 M 和 N,有关资料如表 3－6 所示,试求配送中心的最佳地点。

表 3－6　工厂及配送中心相关数据

工厂	生产能力（吨/月）	到各配送中心的单位运费（元）			
		P	Q	M	N
A	800	17	6	9	10
B	900	13	9	8	7
C	800	5	11	7	7
需求		900	700	600	600

解：

第一步，首先考虑将配送中心建在 M 地时，运费最小的配送方案。其基本解题步骤是：

（1）找方案 M 中，所有运费中的最小值。

（2）将对应工厂的产出分配给最小运费所对应的配送中心，满足其需求。

（3）划去已经安排好需求的行和列，在剩余部分安排。找剩余部分的单位运费最小值，重复（2）的步骤，直至所有配送中心的需求和生产厂的生产能力被安排完为止。

（4）计算最优解下的月总运费。

上述计算过程及分配结果如表 3－7 所示。

表 3－7　选址 M 的配送方案

工厂	生产能力（吨/月）	到各配送中心的单位运费（元）			
		P	Q	M	虚拟中心
A	800	17	6 / 700	9	0 / 100
B	900	13 / 100	9	8 / 600	0 / 200
C	800	5 / 800	11	7	0
需求		900	700	600	300

将配送中心选在 M，最小的月总配送成本为

$$C_M = 13\times100 + 5\times800 + 6\times700 + 8\times600 + 0\times100 + 0\times200 = 14300\text{（元）}$$

第二步，考虑将配送中心建在 N 地时，运费最小的配送方案。解题思路同第一步。

表 3－8　选址 N 的配送方案

工厂	生产能力（吨/月）	到各配送中心的单位运费（元）			
		P	Q	N	虚拟中心
A	800	17	6 / 700	10	0 / 100
B	900	13 / 100	9	7 / 600	0 / 200

续 表

C	800	5 800	11	7	0
需求		900	700	600	300

将配送中心选在N，最小的月总配送成本为

$$C_N = 13\times100+5\times800+6\times700+7\times600+0\times100+0\times200=13700(\text{元})$$

所以，应选择在N处建配送中心。

关键名词

选址　因素评分法　位置度量法　规模—成本平衡分析法　重心法　运输模型法

复习思考题

1. 什么是选址？结合实例说明选址的重要性。

2. 影响制造业选址的主要因素有哪些？

3. 服务业选址的主要影响因素有哪些？

4. 如何理解制造业与服务业选址决策目标的差异性？

5. 什么是因素评分法？简述其基本过程。

6. 某家电公司准备新建一个综合超市，经过分析，提出了三个备选方案，相关资料如表3—9所示。如果已知服务设施和顾客交通的权重为其他因素权重的两倍，试用因素评分法进行选址决策。

表3－9　家电公司的三个备选方案及相关数据

因素	备选方案		
	A	B	C
服务设施	80	70	66
顾客交通	75	75	90
税收	86	90	85
运营成本	90	88	80
竞争对手	95	92	80
能源供应	89	80	75

7. 一家玩具制造商想扩大市场，拟投产建一个新厂，有两个备选方案。其中，将新厂建在A地，年固定成本为60万元，单位变动成本为100元；将新厂建在B地，年固定成本为45万元，单位变动成本为80元。产品单价为150元。

(1) 当产量为多少时，两地的总成本相等？

(2) 当产量处于什么范围时，A地优于B地？

8. 垃圾回收处理公司打算建一个垃圾处理中心，用于处理四个垃圾接收站的垃圾。各垃圾接收站的坐标位置和日装运量如表 3—10 所示。试用重心法确定处理中心的位置，使垃圾运输的总费用最低。

表 3－10 四个垃圾接收站的坐标位置及日装运量

垃圾接收站坐标(x,y)	日装运量(吨)
A(5,7)	15
B(6,9)	20
C(3,9)	25
D(9,4)	30

9. 某公司现有三家工厂和三个分销中心。随着市场需求量的增加，公司准备再增建一个分销中心，初步选定两个候选位置 M1 和 M2。各工厂和分销中心的产能、需求以及单位运费如表 3—11 所示。试进行选址决策。

表 3－11 各工厂的产能以及分销中心的需求及单位运费表

工厂	生产能力(吨/月)	到各分销中心的单位运费(元)				
		A	B	C	M1	M2
1	220	10	12	11	18	7
2	220	14	17	11	8	17
3	220	10	20	12	13	13
需求		210	140	150	160	160

案例分析

巴黎迪士尼乐园是沃尔特·迪士尼公司耗资 440 亿美元兴建的位于欧洲的第一个迪士尼乐园，也是迪士尼公司曾经做出过的最重要的选址决策之一。

选择在欧洲开设主题公园部分原因是受到了公司在日本经历的影响，东京迪士尼乐园自 1983 年开放以来就一直非常成功。但是，欧洲已经有了一个基础稳定的假日旅游市场，不过游客是去佛罗里达看那里的迪士尼乐园和其他的主题公园。尤其是在英国度假者看来，到佛罗里达只是路费上比当时所谓的欧洲迪士尼稍微贵一点，而且还可以享受更好的气候。此外，日本人对他们在迪士尼经历的各种主题的看法也与欧洲人不同。这是因为，许多迪士尼故事就是根据欧洲的传说改编而成的。有些批评家甚至这样说：“为什么要在都是真城堡的大陆上建造一座假的城堡呢？为什么要在自身就已经是一座主题公园的大陆上建造一个主题公园呢？”

在这个问题上，如果说迪士尼公司确实有过犹豫的话，它最终还是打消了这些念头，接下来它要做的决策就是应该把这座公园建造在欧洲的什么地方，当时公司至少考虑过两个地方——一个在西班牙，一个在法国。法国的优势就在于它的位置更接近于欧洲的中央地带。按照欧洲的人口统计数字，这意味着如果将主题公园设在巴黎以东 30 千米的地方，差不多有数百万的潜在顾客不用费太大麻烦就可以到这里来旅游一趟，相比之下，西班牙的地理位置就显得有些不太方便了。巴黎的这一地区还有一套现代的运输设施，法国政府为了吸引迪士尼公司的投资还对它做了进一步的完善。除此之外，法国政府还给了迪士尼许多其他名目的财政扶持。西班牙尽管地理上相对孤立，而且在政府扶持方面也无法也与法国相提并论，但是却拥有一个非常关键的优势，即更好更稳定的气候条件。

当时真正没有料到的就是法国媒体最初对一些人所谓的文化帝国主义表现出来的敌意。这个项目被称做“文化切尔诺贝利”，一个法国批评家曾经这样描述它：这是“一个用纸板、塑料和令人毛骨悚然的颜色制造的噩梦，一个用风干的口香糖和从那些肥胖的美国佬看的漫画书里直接抽出来的白痴般的传说拼凑而成的建筑物”。此外，据说刚开始的时候，由于文化差异，在招聘和培训工作人员（迪士尼称为“演员”）的过程中还出现了一些问题，并非所有的欧洲工作人员都像他们在美国迪士尼的同行那样接受公司的那套严格的着装和行为规范。

讨论题

1. 在沃尔特·迪士尼公司最初选择巴黎近郊作为公园地址的过程中，哪些因素发挥了主要的影响？
2. 你认为在巴黎迪士尼公园开放的初期公司遇到了哪些困难？
3. 针对上述困难，你有什么解决的建议？

第四章　设 施 布 置

【学习目的与要求】

掌握设施布置的概念，了解设施布置的原因及一般原则，掌握工艺专业化、产品专业化布置的概念及特点，了解其他常见的设施布局形式，掌握设施布置决策的常用方法。

【教学重点与难点】

教学重点：典型的设施布置形式，设施布置决策的常用方法。教学难点：工艺专业化布局形式与对象专业化布局形式的特点及区别，作业相关图法，流水线的平衡布局方法。

第一节　设施布置的一般原理

一、设施布置的概念

所谓设施布置，是指在已经选定的厂址范围内，对厂房、车间、设备、办公楼、仓库、公用设施等物质实体进行合理的位置安排（设置生产单位、生产单位内布局），以确保系统中工作流（顾客或材料）的畅通，从而获得良好的经济效果。

设施布置在制造业又被称为生产过程的空间组织，也就是对参与生产过程的各要素在空间上进行合理的安排，以更好地实现生产目标和提高效率。对现代企业而言，在进行生产过程设计与组织时，应该做到以下几个方面。

（1）连续性，即使生产过程在时间上减少不必要的停顿与等待，在空间上流程尽可能短。

（2）平行性，即尽可能实现平行或交叉作业，以缩短生产周期。

（3）比例性，又称配套性，即避免因为能力的不配套而导致瓶颈出现，从而影响整个系统的产出。

（4）均衡性，又称节奏性，即在相同的时间间隔内，完成大体相同的工作量，避免忙闲不均。

（5）准时性，即在需要的时间内生产出需要数量的产品。

二、设施布置的原因

设施布置决策通常包括对新设施进行设计和对现有设施进行再设计，其中，对设施的再设计通常是基于以下几种原因。

(1) 提高作业效率。例如，通过合理的设施布置，打破生产中瓶颈环节的限制，在促进系统产出的同时降低费用。

(2) 新产品或服务的引进，产品或服务设计的变化，对需要的设施提出了新的要求，需要进行设施布置(或调整原有的设施布局形式)。

(3) 新工艺的引进，原有工艺的改进。

(4) 产量或产品组合的变化，对生产服务设施提出了新的要求。

(5) 生产、服务方法或设备的变化。

(6) 环境或其他法规要求的变化，使得原有的设施布局不符合要求，要进行设施布置。

(7) 士气问题。例如，生产过程中传统的直线型布局使得作业人员缺乏面对面的接触与交流，士气不高，通过调整为 U 型布局并进行其他方面的配套调整，可以很好地解决这一问题。

三、设施布置的一般原则

进行设施布置，根本目的是要实现人、物、场所的合理配置，使其符合生产运营过程的要求。为此，需要遵循以下几条基本原则。

(1) 要便于运输，避免交叉、往返运输。

(2) 要因地制宜，合理划分区域，有效利用运营面积。

(3) 要考虑到扩建的可能性，为企业的后续发展留有余地。

(4) 要注意环保问题。

第二节　典型的设施布置形式

典型的设施布置通常有三种形式，即产品专业化布置、工艺专业化布置和固定位置布置。此外，还有结合三种基本形式的混合布置以及其他的布置形式。

一、产品专业化布置

产品专业化布置是指按产品或顾客的性质分别设置相应的生产单位，一个生产作业单位是多种工艺性质的设备、工人等的集合体，进行规定的各种工艺性质的加工或处理，使产品或顾客在一个生产作业单位里得到所需的几乎全部的加工或服务，避免物料迂回，如汽车装配线、冰箱生产线等。产品专业化布置的目的是使大量特定的产品或顾客能够快速、顺利地通过系统，因此只有当给定产品或零件的批量远远大于所生产的产品或零部件的种类时，采用产品专业化布置才有意义。

例如，图 4—1 是按产品专业化布置的产品 M 和产品 N 的生产线。

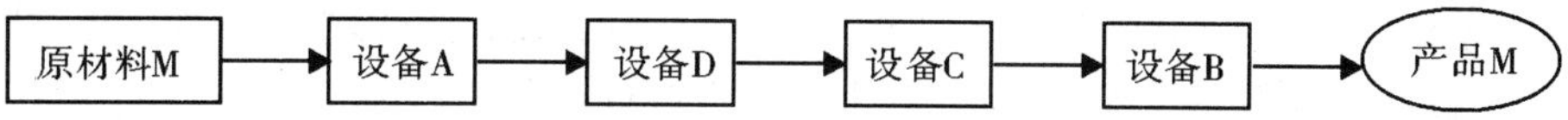

图 4－1(a) 产品 M 的生产线

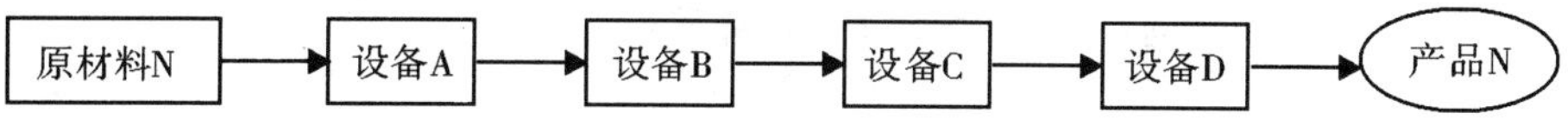

图 4－1(b) 产品 N 的生产线

图 4－1 产品专业化布置示意图

由图 4—1 可知，产品专业化布置是按某种产品的加工路线或加工顺序来布局设施的，通常适用于大批量、标准化、重复加工(服务)的运营模式，由于针对性较强，因而有助于提高对服务对象的服务效率。此外，服务业中也存在类似产品专业化布局的例子，比如，自助餐馆的服务流程、汽车的自动清洗流程等。

具体来说，产品专业化布置形式的优点在于：缩短了运输路线，减少停放，缩短生产(服务)周期，便于管理和质量控制，便于采用流水线作业。

但是，也应该看到产品专业化布置的缺陷，主要在于：适应需求变化的能力比较差；需要较多的设备，存在设备的重复配置及利用不足的问题；不利于生产(服务)过程的调节。

二、工艺专业化布置

工艺专业化布置是指按加工处理的工艺性质分别设置相应的生产单位的布置形式。按照工艺专业化原则布置的生产单位，通常一个生产单位是一种工艺性质的设备、工人等的集合体，进行一种工艺性质的加工处理或服务，产品或顾客需要依次经过相应的各生产单位接受所需的特殊的加工处理或服务。

例如，图 4—2 是按工艺专业化布置的产品 M 和产品 N 的生产单位。

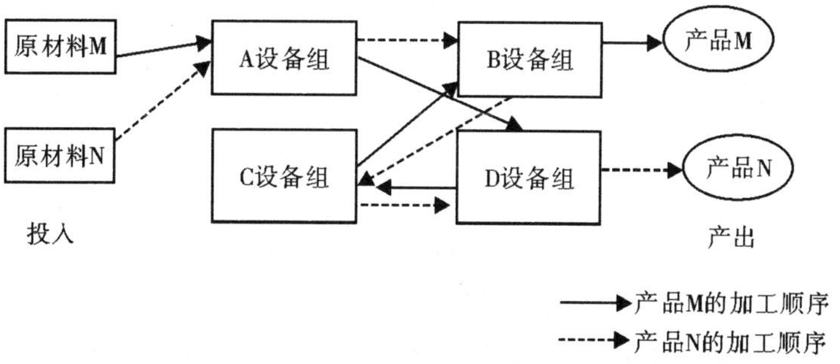

图 4－2 工艺专业化布置示意图

由图 4—2 可知，产品 M 的加工需要依次经过四个生产单位 A、D、C、B，产品 N 的加工需要依次经过生产单位A、B、C、D。工艺专业化布置形式在服务业也很常见，比如，按疾病划分科室的医院，按专业划分院系的大学等。

工艺专业化布置形式是按作业活动的相似性或职能的相似性来布局的，通常适用于多品种小批量生产、非重复加工（服务）的情况，由于使用集中，因而有助于内部资源的充分利用。

具体来说，工艺专业化布置形式的优点在于：适应产品变换的能力较强，设备利用充分，有助于提高员工的熟练程度，便于对生产过程进行调节。

但是，也应该看到工艺专业化布置的缺陷，主要在于：运输路线长，运输成本高；停放、等待时间长，延长生产周期，占用资金多；计划管理难度大。

三、固定位置布置

与面向产品布置和面向工艺（过程）布置截然相反，固定位置的布置形式是人员、物料和设备向"产品"移动，而不是相反，也即产品或项目的位置保持不变，而人员、物料和设备在需要时移动的布置形式，如图4－3所示。固定位置布置常见的例子包括船舶制造、高速公路建设以及对住院病人的治疗等。

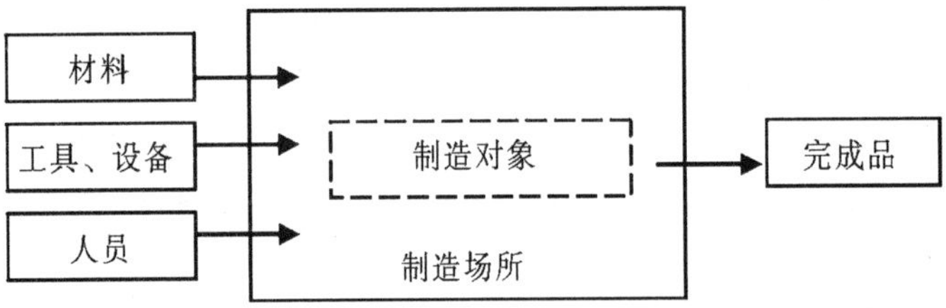

图4－3　固定位置布置示意图

通常，因往往具有大的重量、尺寸、体积或者其他因素致使产品或对象不适宜或极其难以移动，决定了这类产品（或服务对象）的生产或服务必须采用这种布置方式。

四、混合布置

混合布置通常是将上述三种基本布置形式结合起来进行的综合布置形式。比如，医院基本上采用的是工艺专业化布置形式，但对住院病人的治疗常采用固定位置的布置；一些工厂总体上是按产品专业化布置（包括加工、部装和总装三阶段），在加工阶段采用工艺专业化布置，在部装和总装阶段采用产品专业化布置，这样可以在产品产量不足以大到使用生产线的情况下，也尽量根据产品的一定批量、工艺相似性来使产品生产有一定顺序，物流流向有一定秩序，以达到减少中间在制品库存、缩短生产周期的目的。比较典型的产品专业化与工艺专业化相结合的混合布置形式是成组单元布置。

成组单元布置的基本思路是：先根据一定的标准将结构或工艺相似的零件组成一个零件组，确定出零件组的典型工艺流程；再根据典型工艺流程的加工内容选择组成一个生产单元，这样，零件组与零件组之间类似于工艺专业化的加工组；在每一个零件组内部，配备着完成该组零件相似加工所需的各种机器设备，从而具有产品专业化的特征。该布置形式通常比较适合多品种中小批量产品的生产，即当企业生产多种不同产品，每种产品的产量都不足以达到流水线的程度，其通用零件又不多的情况下，可以采用这种布置形式，以利用两种布置形式的优势。成组单元布置的示意图如图 4—4a、4—4b 所示。

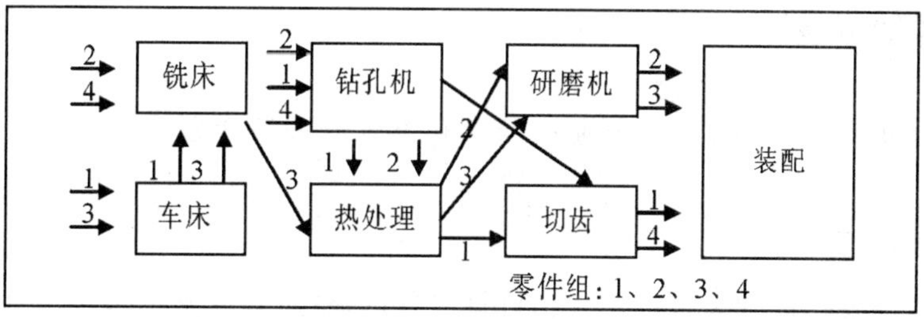

图 4—4a 工艺专业化布置

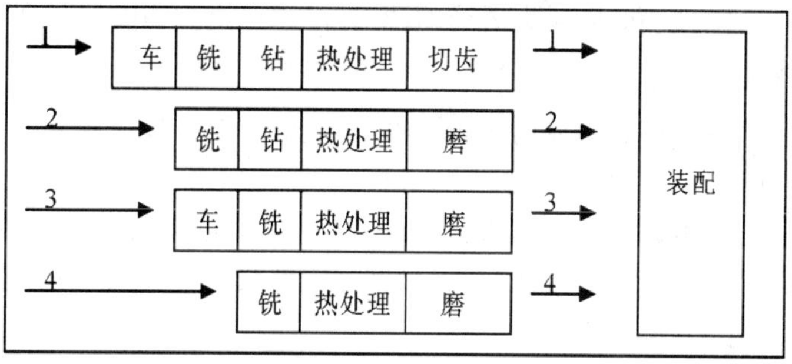

图 4—4b 零件组加工的成组单元布置

成组单元布置的好处在于：减少了产品设计和生产技术准备工作量；增加了同类零件的生产批量，提高了效率；减少了运输、等待时间，缩短了产品生产周期；简化了生产管理。

此外，采用成组单元布置形式进行设施布置时，单元加工的零件虽所用设备相同，但具有不同的工艺路线时，为了缩短零件的运输距离和便于组织多机床看管，适宜采用 U 型布置，如图 4—5 所示。

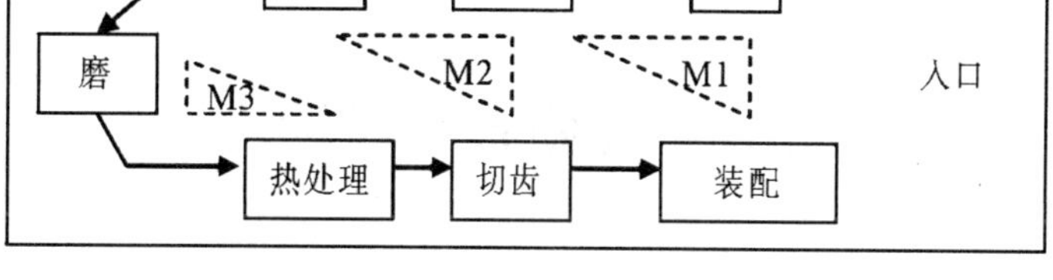

图 4—5 U 型布置示意图

设备在 U 型线中按零件组的典型工艺过程排列。U 型布置具有以下优势。

(1) 设备比较便于照看，也便于不同零件在 U 型线上做跳跃、迂回流动，以最短运输距离完成各自不同的工艺流程，缩短了生产周期。

(2) 有利于增进工人之间的交流和协同工作。

(3) 员工要求是多面手，因此能够通过团队合作灵活处理较为复杂的任务。

但是,U 型布置并非适用于所有的单元布置情形。比如,自动化程度很高的生产线,进出点位于车间的不同面,现场需要的员工比较少,生产现场存在噪音或污染等问题,均不适宜使用 U 型布置的方法。

五、其他布置形式

除了上述的布置以外,在服务业中还存在其他的一些布置,比如仓储布置、零售布置等。

(一) 仓储布置

仓储布置需要考虑的关键因素包括订货次数、物品间的相关性、定期盘点的便利性以及走道的宽度等。比如,订购频繁的物品应该靠近储备设施的入口处存放,订购不多的物品应该放在储备设施的后方,以减少运输的距离,增加进出货物的便利性。

(二) 零售布置

诸如百货商店、超市等零售业的布置,与制造业的布置有较大的差别。如果说制造业布置的目标主要在于保证产品流的要求和低成本的话,服务业布置的主要目标则在于如何吸引顾客的注意力,引起顾客的购买行为。因此,零售业布置的关键是通过合理安排各种商品的位置空间,包括零售店空间布局、顾客行走路线设计、商品陈列等,以吸引顾客产生购买的欲望。

六、小结

一个好的工厂(或后台)布置可以通过改进物流和信息流提供竞争优势,一个好的服务设施的布置可能成为高效服务的舞台。好的生产车间或后台布置通常表现为物料直线型流动、在制品少、物料的搬运和存储有序,并且易于根据条件的变化进行调整等;对于高接触度的服务业,一目了然的服务流程、部门安排与商品摆放合理、方便与顾客进行沟通、每平方米的设施有很强的盈利能力等则是其布置良好的重要表现。

第三节　设施布置设计方法

一、工艺专业化布置的设计方法

按照工艺专业化原则进行设施布置时,常用的布置设计方法是从—至表法与作业相关图法。

(一) 从一至表法

工艺专业化布置通常追求的目标是运输成本最小或运输距离最短,因此可以考虑应用从一至表法。从一至表法是一种追求总运费最小的平面布置方法,适用于多品种小批量生产时,各加工对象的工艺路线不同,物流方向不完全一致的情况。其公式为

$$C=\sum_{i=1}^{n}h_i w_i d_i \qquad \text{(公式 4－1)}$$

其中,C 代表总运输成本,d_i 代表第 i 个加工对象的运输距离,w_i 代表第 i 个加工对象的运输量(次数),h_i 代表第 i 个加工对象的运输费用率。

下面,通过一个具体的例子来简单说明从一至表法的应用。

【例 4－1】 某生产单位设备间的移动次数矩阵与单位距离运输成本矩阵如表 4－1、表 4－2。试用从一至表法进行总运费最小的设施布置。

表 4－1 设备间的移动次数矩阵

	锯床	磨床	冲床	钻床	车床	插床
锯床		217	418	61	42	180
磨床	216		52	190	61	10
冲床	400	114		95	16	20
钻床	16	421	62		41	68
车床	126	71	100	315		50
插床	42	95	83	114	390	

表 4－2 单位距离运输成本矩阵

	锯床	磨床	冲床	钻床	车床	插床
锯床		0.15	0.15	0.16	0.15	0.16
磨床	0.18		0.16	0.15	0.15	0.15
冲床	0.15	0.15		0.15	0.15	0.16
钻床	0.18	0.15	0.15		0.15	0.16
车床	0.15	0.17	0.16	0.20		0.15
插床	0.15	0.15	0.16	0.15	0.15	

解:

第一步:计算单位距离每月运输成本,计算结果如表 4－3 所示。

单位距离每月运输成本＝设备间月平均移动次数×单位距离运输成本

表 4－3　单位距离每月运输成本

	锯床	磨床	冲床	钻床	车床	插床
锯床		32.6	62.7	9.8	6.3	28.8
磨床	38.9		8.3	28.5	9.2	1.5
冲床	60.0	17.1		14.3	2.4	3.2
钻床	2.9	63.3	9.3		6.2	10.9
车床	18.9	12.1	16	63		7.5
插床	6.3	14.3	13.3	17.1	58.5	

第二步：计算单位距离每月运输总成本，计算结果如表 4－4 所示。

表 4－4　单位距离每月运输总成本

	锯床	磨床	冲床	钻床	车床	插床
锯床		71.5	122.7	12.7	25.2	35.1
磨床			25.4	91.7	21.3	15.8
冲床				23.6	18.4	16.5
钻床					69.2	28.0
车床						66.0
插床						

第三步：按照运输总成本最低的方案进行设施布置，布置结果如图 4－6 所示。

运输总成本＝单位距离每月总运输成本×运输距离

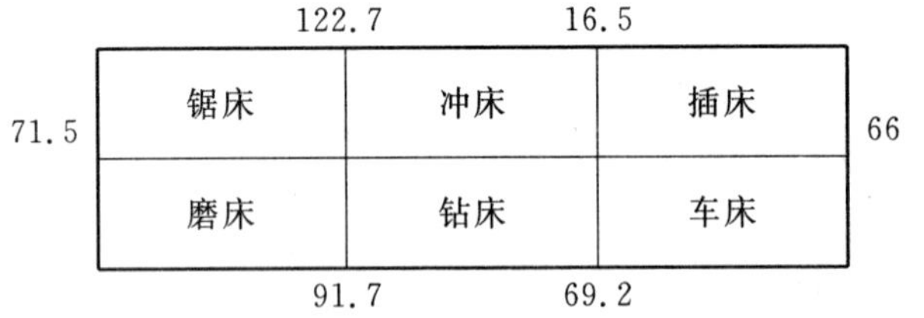

图 4－6　运输总成本最低的布置方案

应该看到，从一至表法可以寻求运输总成本较低的设施布置方案，这是该方法的优势，但由于仅考虑运输距离与运输成本的问题，该方法的目标过于单一。

（二）作业相关图法

作业相关图法又称网格图法，是一种通过对影响设施布置的影响因素进行分析，确定各部门之间的关系和接近程度，然后将这些信息汇集在网格图中，并据此进行设施布置的方法。由于该方法注重考虑各生产单位生产作业的相互关联，按关系密切程度来安排生产单位，因此有助于布置过程中多目标的实现。

作业相关图法的基本步骤如下：

（1）绘制作业相关图；

（2）将图中关系转移到方块图中；

(3) 重新排列方块图；

(4) 设计成最后的平面布置形式。

在应用作业相关图法进行生产单位布置时，通常用表 4—5、表 4—6 中的符号表示作业单位之间的相关程度及其原因。

表 4—5 分类代号表

代号	密切程度
A	绝对重要
E	特别重要
I	重要
O	一般
U	不重要
X	不能接近

表 4—6 原因代号表

代号	关系密切原因
1	使用共同的原始记录
2	使用同样的员工
3	公用场地
4	人员接触频繁
5	文件交换频繁
6	工作流程连续
7	做类似的工作
8	公用设备
9	其他

下面通过一个具体的例子来说明作业相关图法的应用。

【例 4—2】 一家企业八个部门的作业相关图如图 4—7 所示，请用作业相关图法对企业的八个部门进行设施布置。

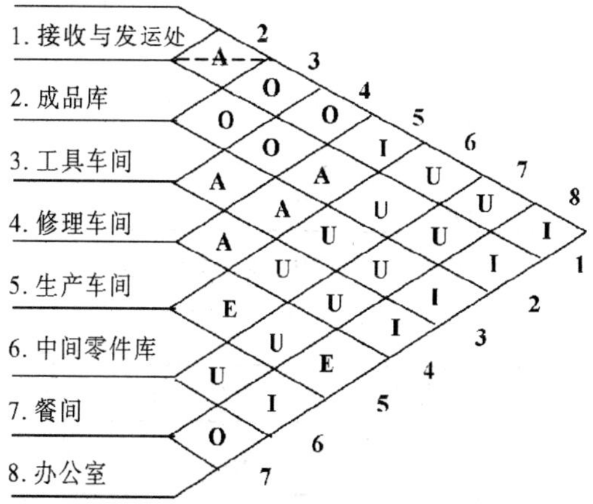

图 4—7 某企业的部门作业相关图

解：

第一步：根据作业相关图显示的各部门之间的相互关系，将其转移到方块图中，如图4—8所示。

1.接收与发运处	2.成品库	3.工具车间	4.修理车间
A—2 I—5、8 O—3、4 U—6、7	A—1、5 I—8 O—3、4 U—6、7	A—4、5 I—8 O—1、2 U—6、7	A—3、5 I—8 O—1、2 U—6、7
5.生产车间	6.中间零件库	7.餐间	8.办公室
A—2、3、4 E—6、8 I—1 O—3、4 U—7	E—5 I—8 U—1、2、3、4、7	O—8 U—1、2、3、4、5、6	E—5 I—1、2、3、4、6 O—7

图4—8 汇总各部门关系的方块图

第二步：根据关系的密切程度和靠近的必要性重新排列方块图，如图4—9所示。

1.接收与发运处	2.成品库	4.修理车间
A—2 I—5、8 O—3、4 U—6、7	A—1、5 I—8 O—3、4 U—6、7	A—3、5 I—8 O—1、2 U—6、7
6.中间零件库	5.生产车间	3.工具车间
E—5 I—8 U—1、2、3、4、7	A—2、3、4 E—6、8 I—1 O—3、4 U—7	A—4、5 I—8 O—1、2 U—6、7
7.餐间	8.办公室	
O—8 U—1、2、3、4、5、6	E—5 I—1、2、3、4、6 O—7	

图4—9 重新排列后的方块图

第三步：分配面积，形成平面布置图，如图4—10所示。

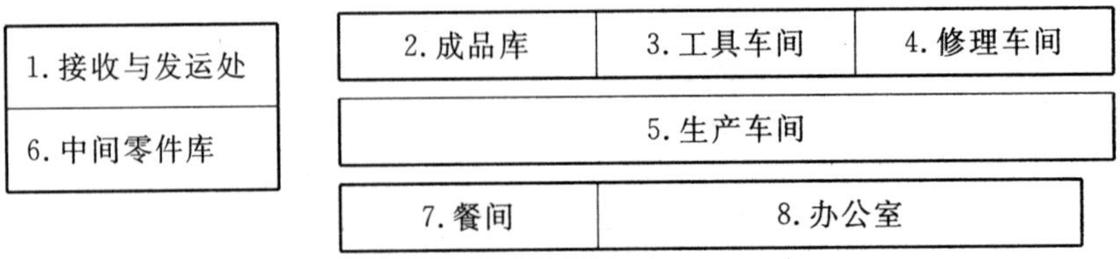

图4—10 企业的平面布置图

二、产品专业化布置的设计方法

产品专业化布置的方法主要是装配线平衡。装配线是一种特殊的产品专业化布置形式，指由一些物料搬运设备连接起来的连续生产线。任何有着多种零部件并进行大批量生产的最终产品，在某种程度上都采用装配线进行生产。将生产产品要做的工作分解为可由技术不高的工人或专用机器快速而机械地完成的一系列基本作业后，决定如何将作业分配到工作站的过程称为装配线平衡。这里面所说的工作站，是指占用一定场地，拥有一定资源(人、设备等)，完成相关作业的场所。工作站周期，又称为节拍，是指相邻两个产品通过装配线尾端的间隔时间。最常用的装配线是以相同时间间隔(工作站周期)顺次经过各个工作站的移动输送生产线。装配线平衡的目标就是将所有工作任务分派到各个工作站，使每个工作站在工作站周期内处于繁忙状态，以完成最多的操作量，从而使各工作站的未工作时间(闲置时间)最少，提高工人和设备的利用率。

装配线平衡的基本步骤为：

(1) 用作业顺序图表示作业之间的先后关系。

(2) 计算工作站周期(C)。

C=每天的生产时间/每天的计划产量　　(公式 4—2)

(3) 计算理论上满足工作站周期的最少工作站数量(结果用不少于原值的最小整数表示)。

Nt=完成作业所需时间总量(T)/工作站周期(C)　　(公式 4—3)

(4) 从工作站 1 开始，按照流程图从左到右的顺序向工作站分配作业，一次一项，直至作业完成所需时间等于该工作站周期，或由于时间、操作顺序的限制而不能再分配为止。如果出现两个作业情况一样时，可考虑下列分配原则之一：先安排后续作业量多的作业，或按作业时间最长规则安排作业。

(5) 重复步骤(4)，向第 2、3 ……工作站分配作业，直至所有作业分配完毕。

(6) 计算装配线平衡后的效率。

效率=完成作业所需时间总量(T)/(实际工作站数目 Na×工作站周期 C)

(公式 4—4)

【例 4—3】 A 产品每天要在传送带上组装 400 件，每天的生产时间为 480 分钟。表 4—7 中列出了 A 产品的组装步骤及时间。请根据工作站周期和作业次序的限制，求工作站数量最小时的装配线平衡方式。

表 4—7　A 产品装配步骤及时间表

作业	时间(秒)	紧前作业
A	50	——
B	40	——
C	20	A

续 表

D	45	C
E	20	C
F	25	D
G	10	E
H	35	B、F、G
总计	245	

解：

(1) 画出 A 产品的作业顺序图。

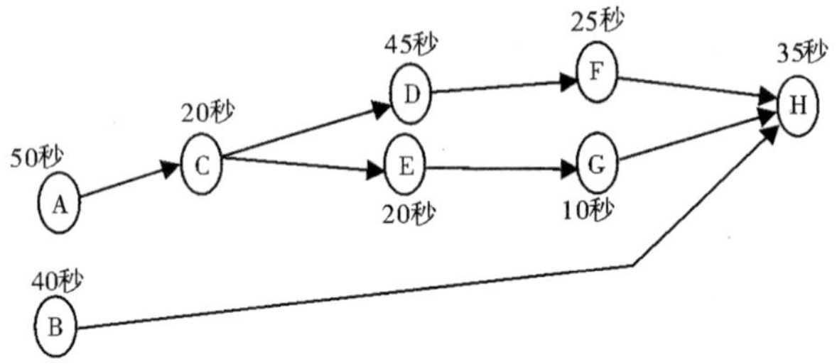

图 4－11 A 产品的作业顺序图

(2) 计算工作站周期 C。

C＝每天的生产时间/每天的计划产量＝（60 秒×60 分× 8 小时）/400 件＝72 秒

(3) 计算理论上满足工作站周期的最少工作站数量 Nt。

Nt＝完成作业所需时间总量(T)/工作站周期(C)＝245/72＝3.4≈4(个)

(4) 按照作业时间最长优先规则给各工作站分配作业。

(5) 计算装配线平衡后的效率。

效率＝完成作业所需时间总量(T)/(实际工作站数目 Na×工作站周期 C)

＝245/(4×72)≈0.85 或 85%

计算过程及结果如表 4－8 所示。

表 4－8 A 产品作业分配表

	作业	作业时间(秒)	剩余时间(秒)	可安排的紧后作业
工作站 1	A	50	22	C
	C	20	2	无
工作站 2	D	45	27	E、F
	F	25	2	无
工作站 3	B	40	32	E
	E	20	12	G
	G	10	2	无
工作站 4	H	35	37	无

三、代数式法

代数式法主要用于安排各生产单位的位置，其基本步骤如下：

(1) 给各生产单位分区编号；

(2) 列出约束条件和优化条件；

(3) 用乘式表达布置组合；

(4) 进行乘积运算，删除不符合条件的项；

(5) 反复进行乘积运算，完成所有排斥项目；

(6) 按最终结果布置生产单位。

【例 4－4】 某厂总平面图按需要划分为 5 个小区，如图 4－12 所示，设有 A、B、C、D、E 五个生产单位，限制如下：

(1) D 生产单位不准靠近厂前马路；

(2) B 生产单位必须靠近厂前马路；

(3) C 生产单位不能置于 5 区；

(4) E 生产单位不许置于 4 区。

此外，还考虑了一些要求：

(1) E 生产单位应尽可能置于 5 区；

(2) 由于风向影响，D 生产单位应尽可能置于 C 生产单位东边；

(3) E 生产单位应尽可能远离 B 生产单位；

(4) A、B 两生产单位应尽可能靠近。

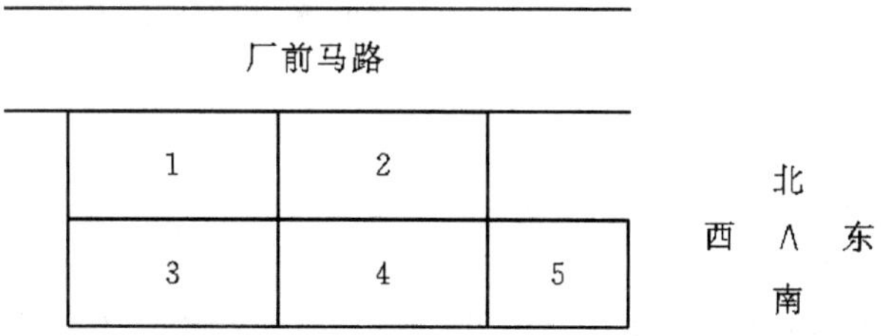

图 4－12 某厂分区示意图

请根据相关条件用代数式法进行生产单位布置。

解：

第一步，先用约束条件列出各生产单位可能的小区：

根据约束条件(1)有($D_3+D_4+D_5$)；

根据约束条件(2)有(B_1+B_2)；

根据约束条件(3)有($C_1+C_2+C_3+C_4$)；

根据约束条件(4)有($E_1+E_2+E_3+E_5$)。

第二步，用优化目标对上述结果进一步筛选，列出各生产单位的优化位置：

根据优化目标(1)有 E_5；

根据优化目标(2)有($C_3D_4+C_4D_5$)；

根据优化目标(3)有 B_1E_5；

根据优化目标(4)有$(B_1A_2+B_1A_3+B_2A_1+B_2A_4)$。

第三步，用乘式表达布置组合：

$(D_3+D_4+D_5)(B_1+B_2)(C_1+C_2+C_3+C_4)(E_1+E_2+E_3+E_5)E_5(C_3D_4+C_4D_5)B_1E_5(B_1A_2+B_1A_3+B_2A_1+B_2A_4)$

第四步，进行代数式运算后，予以排斥：

$(D_3+D_4+D_5)(B_1+B_2)(C_1+C_2+C_3+C_4)(E_1E_5+E_2E_5+E_3E_5+E_5{}^2)(C_3D_4+C_4D_5)B_1E_5(B_1A_2+B_1A_3+B_2A_1+B_2A_4)$

一个生产单位不能同时处于两个区域，所以，E_1E_5、E_2E_5、E_3E_5 均为不允许的方案。剔除后，有：

$(D_3+D_4+D_5)(B_1+B_2)(C_1+C_2+C_3+C_4)E_5{}^2(C_3D_4+C_4D_5)B_1E_5(B_1A_2+B_1A_3+B_2A_1+B_2A_4)$

第五步，继续进行运算和剔除，直至得出可行方案。

根据运算结果 $A_2B_1{}^3C_3{}^2D_4{}^2E_5{}^3$，各生产单位的平面布置如图 4－13 所示。

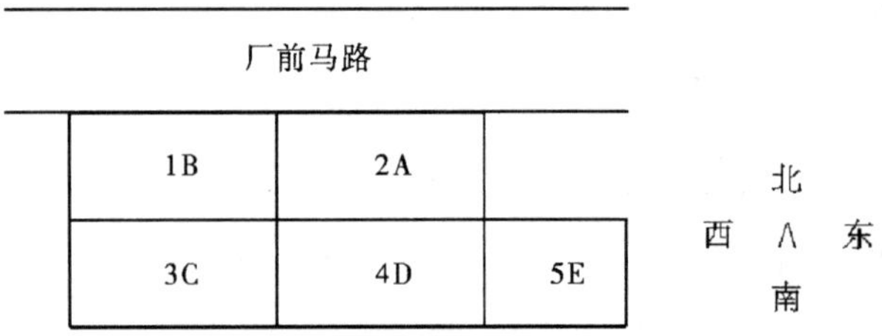

图 4－13　某厂生产单位布置结果

其中，B_1、C_3、D_4、E_5 的高次方，表示该生产单位位于该小区是同时满足了多个约束条件或优化目标。

四、仓储布置设计方法

与制造业设施布置相比，仓储布置相对简单。通常仓库只有一个进料、出料口，通过合理的布置，可以使搬运距离最小。

下面，介绍一种简单的仓储布置方法，其基本步骤是：

(1) 统计各类物品的单位时间搬运次数及存放时所占货区；

(2) 计算各类物品单位货区的搬运次数，并从多到少排序；

(3) 按照排序，将单位货区搬运次数多的物品靠近出入口存放，单位货区搬运次数少的物品靠仓库内侧存放即可。

【例 4－5】 某仓库存放的物品情况如表 4－9 所示，试对该仓库进行布置，以使物品搬运距离最小。

表 4－9　仓库存放物品搬运次数及所需货区

物品	搬运次数(每周)	所需货区
1.电冰箱	280	1
2.空调	160	2
3.微波炉	360	1
4.音响	375	3
5.电视	800	4
6.洗衣机	150	1
7.其他	100	2

解：

(1) 计算物品的单位货区搬运次数并从多到少进行排序。

表 4－10　仓库存放物品单位货区搬运次数及排序

物品	搬运次数(每周)	所需货区	单位货区搬运次数及排序
1.电冰箱	280	1	280(2)
2.空调	160	2	80(6)
3.微波炉	360	1	360(1)
4.音响	375	3	125(5)
5.电视	800	4	200(3)
6.洗衣机	150	1	150(4)
7.其他	100	2	50(7)

(2) 按照单位货区搬运次数从多到少的顺序，依次将各类物品按所需货区从入口开始，往仓库内侧布置，结果如图 4－14 所示。

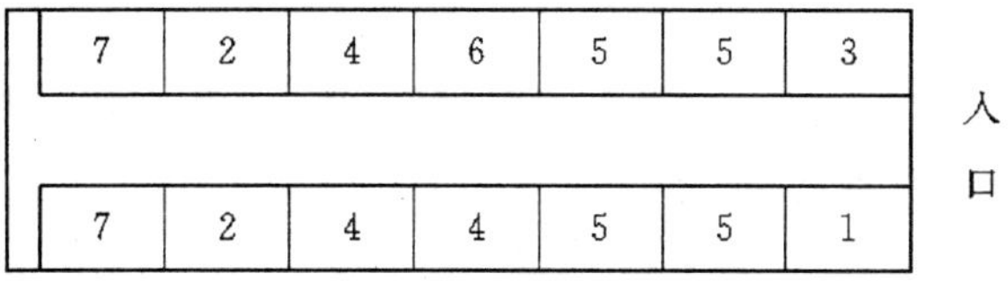

图 4－14　仓库布置结果

关键词

设施布置　工艺专业化布置　产品专业化布置　固定位置布置　成组单元
U 型布置

复习思考题

1. 什么是设施布置？常见的设施布置类型有哪些？

2. 什么是产品专业化布置？其优缺点是什么？

3. 通常在家庭厨房里会采用什么类型布置？其优缺点是什么？

4. 简述成组单元布置的基本思路。

5. U 型布置有哪些优点？

6. 试述利用代数式法进行设施布置的基本步骤。

7. 一家快餐店 6 个部门的作业相关图如图 4—15 所示。试利用作业相关图法为 6 个部门进行 3×2 的设施布置。

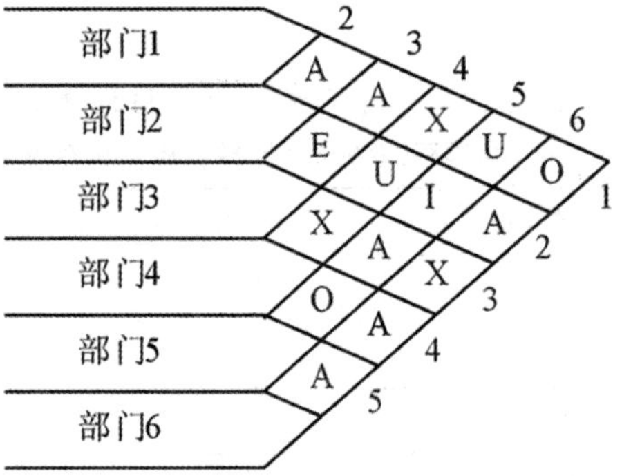

图 4－15　快餐店 6 个部门的作业相关图

8. 某仓库存储的物资及相关数据如表 4—11 所示，假如仓库只有一个进料、出料口，试采用搬运距离最小的方法进行仓库布置。

表 4－11　仓库存储物资信息表

物品	搬运次数(每周)	所需货区
1. 电冰箱	300	2
2. 空调	160	2
3. 洗衣机	200	2
4. 音响	375	3
5. 电视	800	4

9. 某种型号的玩具车要在一个传送带上组装，每天需要生产 500 辆。每天的生产时间为 420 分钟。表 4—12 中列出了该玩具车的组装步骤及时间。请根据工作站周期和作业次序的限制，采用后续作业最多优先原则，以最少的工作站数量来平衡装配线，使每天可以完成生产任务。

表 4－12　玩具车装配步骤及时间表

作业	时间(秒)	紧前作业
A	45	——
B	11	A
C	9	B
D	50	——
E	15	D
F	12	C
G	12	C
H	12	E
I	12	E
J	8	F、G、H、I
K	9	J
合计	195	

案例分析

服装生产线

目前，许多服装公司在组织生产时，会考虑两种不同的设计方法。

前一种是制作妇女儿童内衣和睡衣的生产线。生产线上通常会有30名左右的工人，产品在每个工位只停留几秒钟时间。完成各自的工作后，操作人员就将在制品存放于存放区。通常情况下，每个员工都有各自的分工，但生产线上同时也配备了三到四名多技能"候补队员"以代替可能缺勤的操作人员。

后一种则是生产时尚而且复杂的女士服装的作业方式。在这里，操作人员五到六人组成一个团队。每批服装制成后，通常都很少重复生产，因此工人每次接手一笔新订单时，都必须有"现学现卖"的本事。工人在此处的组织方式是比较灵活的。他们可以在一个马蹄形的车间中自由移动，使用摆放在房间内各处的机器。通常情况下，机器的数量是工人数量的三倍左右，工人可以根据需要使用不同的机器。由于分配给每个人的任务经常会有变化，因此他们各个都必须是多面手。

讨论题

1. 这两种服装作业组织方式分别属于什么布置形式？
2. 产品自身特性的不同对这两种模式的选择有何影响？
3. 马蹄形作业布局的优点是什么？

第五章　产品设计与工艺分析

【学习目的与要求】

了解工艺、工艺流程、工艺分析的概念，掌握新产品的含义、新产品开发设计的风险与意义，熟悉降低产品开发风险的常用方法——面向顾客的产品设计，了解制造业与服务业产品开发与工艺设计的基本知识。

【教学重点与难点】

教学重点：新产品开发与设计的风险、意义及降低产品开发风险的常用方法。教学难点：理解降低产品开发风险的方法以及产品设计开发的新思想。

第一节　产品开发设计与工艺分析概述

一、产品开发设计概述

（一）产品开发设计的必要性

1. 新产品开发设计

新产品开发设计是指从研究选择适应市场需要的产品开始到产品设计、工艺制造设计，直到投入正常生产的一系列决策过程。开发设计新产品（服务）并将其迅速投放市场是每一个企业都必须面对的问题。这里所说的新产品，是指在产品特性、材料性能和技术性能等方面（或仅一方面）具有先进性或独创性的产品，包括全新产品、改进产品和换代产品。

（1）全新产品。全新产品是指具有独创性的产品，如汽车、计算机、青霉素的发明等。

（2）改进产品。改进产品是指原有产品在产品功能、质量、型号等方面的改进与提高，如具有上网功能的电视机。

（3）换代产品。换代产品是指基本原理不变、性能大变的产品，如电子计算机从电子管、晶体管到集成电路、大规模集成电路直至人工智能的发展。

因此，从广义而言，产品的开发设计包括对新产品的研制和对原有产品进行的改进与换代的再设计。

2. 产品开发设计的必要性

进行产品开发设计对一个企业来说非常必要，具体体现在以下几个方面。

（1）产品开发设计是科技发展和社会需求变化的必然要求。一方面，新的社会需求会不断对企业提出产品、服务方面的改进要求；另一方面，技术的发展也为产品的开发设计提供了新的可能。

（2）产品开发设计是企业生存和发展的基本要求。企业要想维持竞争地位，增强企业形象，充分利用生产和经营资源，实现利润的持续增加，促进自身的不断发展，就需要通过开发新产品或改进原有产品来持续吸引消费者，满足消费者变化的需求和应对竞争者的竞争变化。此外，政府相关法令、法规的出台或变化，生育高峰、人口流动等社会因素的变动，也会对企业的产品或服务提出新的要求，企业需要通过开发设计符合法令、法规要求的产品或服务来应对这种变化。

（3）进行产品开发设计是产品生命周期规律的必然结果。根据产品生命周期理论，一个产品从开始进入市场到被市场淘汰，要经历一个开发、引进、成长、成熟、衰退的阶段。其中，开发期和引进期涉及新产品的开发问题，是新产品试制成功并进入市场试销的阶段；成长期和成熟期则涉及产品的再设计问题，通过改进产品的质量、增加产品的功能性效果（如耐用性、可靠性、速度及口味等）、增加产品的新的特性（如规格大小、重量、材料质量、添加物以及附属品等）以及进行产品的样式改良（如增加产品美感上的需求等），可以使消费者开始接受并持续关注该产品；衰退期则涉及通过改进产品设计，降低产品成本，提高产品性能、质量、包装、外观等，使产品寿命周期实现再循环，或中止原有产品生产，推陈出新的问题。由此可见，进行产品开发设计是产品生命周期规律的必然结果。而且，随着科学技术的进步，产品的生命周期日趋缩短。企业要想持久地占领市场，必须不断适应市场潮流变化，推陈出新，才能适应变化的市场需求。

（二）产品开发设计的风险

进行产品开发设计对一个企业的成功具有重要的战略意义，但同时也存在很大的风险。所谓产品开发风险，是指企业在开发产品的过程中，由于对内外环境不确定因素的影响估计不足或无法适应，对开发过程难以有效控制而造成失败的可能性。产品开发设计的风险主要是以下几方面原因引起的。

1. 技术风险

在开发过程中，由于技术本身不成熟，技术效果的不确定性，包括技术寿命的不确定性以及工艺创新滞后导致成本劣势等技术原因，有可能导致开发的失败。

2. 市场风险

市场风险主要来源于顾客需求的不确定性，包括市场接受时间的不准确性，模仿及类似功能产品的存在或新产品扩张速度的难以预测。

3. 投资风险

开发产品需要进行投资，一旦开发失败，可能导致开发费用、生产成本、销售费用等投资都无法收回的投资风险。

4. 其他风险

其他风险主要是指开发产品过程中由于管理、政治、法律和政策的变化等导致开发失败的风险。

由于新产品的开发存在上述风险，因此，企业在进行产品开发设计时，需要通过科学的开发流程、多方合作共同投资以及面向顾客的设计等来降低开发风险。

(三) 产品开发设计的动力模式

产品开发设计的动力模式通常包括两类,一是技术导向型,一是市场导向型。

所谓技术导向型产品开发,就是通过科学探索,最终通过供给的变化来带动需求的产生和变化,先发制人,创造一个市场。制造业如晶体管的开发与使用;服务业如银行信用卡业务的推出,出版界电子读物、电子新闻的推出等。

所谓市场导向型,就是把市场需求带入科学研究后发制人,占领细分市场并分享产品利润。制造业如电视机、洗衣机的研制与使用;服务业如快餐店向学校、写字楼提供送餐服务,律师提供咨询服务,各种低脂、无糖食品投向市场等。

二、工艺分析概述

(一) 工艺及工艺类型

所谓工艺,是指一个组织将输入品转化为输出品的过程中的任何一个环节。经过这些环节的转化后的输出品,实现了价值增值,其价值要高于原始输入品的价值。

按照不同的标准,可以将工艺分成不同的类型。

按照满足需求的方式,可以将工艺分为根据订单进行生产的工艺和根据存货进行生产的工艺。根据订单进行生产时,工艺只有在对现实订单作出反应时才有效,库存被限定在最小范围内。根据存货进行生产时,工艺用于生产标准化的产品,并以实物产品的形式进行储存,产品可以迅速从实物库中送到顾客手中。

按照用途工艺可以被分为转化工艺、制造工艺和装配工艺。其中,转化工艺又称为化学工艺,是指在转化过程中发生化学变化的工艺,例如,将铁矿石转化为钢板,将所有列在牙膏盒上的成分合成牙膏;制造工艺又称为物理工艺,是指将原材料加工成特定形状的产品的工艺,如将金子制成金饰品;装配工艺则是指将制品进行组装的工艺,如将牙膏放入牙膏盒。

(二) 工艺流程

工艺流程是指一个组织将输入品转化为输出品所涉及的各个工艺环节组成的过程。图 5—1 是一家快餐店的工艺流程。

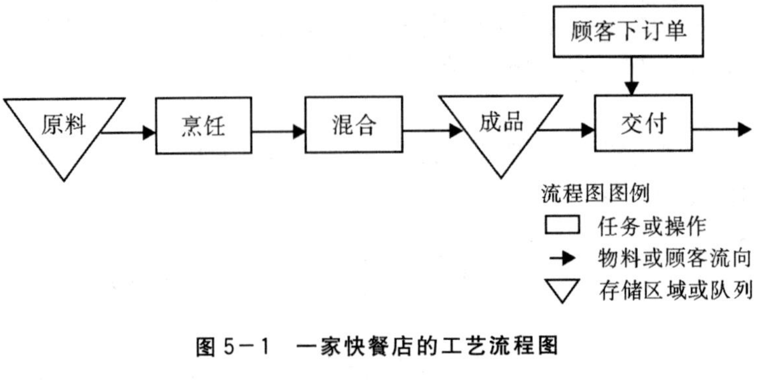

图 5—1　一家快餐店的工艺流程图

(三) 工艺分析

1. 工艺分析的概念

工艺分析主要是指对工艺流程的分析。一个不适合公司需要的工艺流程会时刻制约公司的发展,因此了解工艺流程对于确保公司的竞争力非常关键。

通过工艺分析,可以了解一个企业是如何运作的,了解原材料与信息是如何流动的,这些要素之间如何实现配合,哪里出了问题(原材料堆积、顾客排队等),从而提出改进措施。

2. 工艺绩效指标

进行工艺分析时,可以借助一些常用的工艺绩效指标作为衡量工艺改进效果和不同阶段生产率变化的标准,从而了解相关情况,或者就此提出工艺改进方案。常用的工艺绩效指标包括以下几个方面。

(1) 运行时间。运行时间是指生产一批零部件所用的时间,由生产单个产品的时间乘以批量计算可得。

(2) 安装时间。安装时间是指使机器能生产特定产品所需要的准备时间,又称准结时间。需要安装时间的机器通常是批量生产的。

(3) 操作时间。操作时间是指生产一定批量的产品所需的运行时间与安装时间的总和,即操作时间=安装时间+运行时间。

(4) 周期。周期是指一项工作从开始到完成所需要的时间。

(5) 总生产时间。总生产时间是指产品的实际加工时间和产品在队列中的等待时间。

(6) 生产率。生产率=输出/输入。

(7) 效率。效率=实际输出/标准输出。

【例 5—1】 一台设计用来包装谷物的机器的工作速度是 30 箱/分钟,每一箱的运行时间是 2 秒。如果将机器从打包 25 千克的箱子改装成打包 10 千克的箱子所需的安装时间是 30 分钟,则打包 20000 个 10 千克的箱子所需要的操作时间是多少?如果一段时间机器的实际工作速度是 24 箱/分钟,则机器的效率是多少?

解:操作时间=安装时间+运行时间

=30 分钟×60 秒/分钟+2 秒/箱×20000 箱

=41800 秒=696.67 分钟

机器的效率=24/30=80%

第二节　制造业的产品设计与工艺分析

设计新产品并将其迅速投放市场是每一个制造商都必须面对的问题。由于新产品开发设计的过程中存在风险,因此,企业必须通过采用科学合理的开发程序、做到面向顾客的产品设计等来降低风险。

一、制造业产品开发设计的程序

产品开发的程序是指从提出产品构思到正式投入生产的整个过程。一般来说，加工装配类的企业进行新产品开发时，需要经历以下几个阶段。

(一) 调查研究阶段

用户的要求是新产品开发选择决策的主要依据，因此，进行新产品开发，首先需要通过调查了解客户的需求，在此基础上，才能提出新产品构思以及新产品的原理、结构、功能、材料和工艺方面的开发设想和总体方案。

(二) 新产品开发的构思阶段

企业新产品开发构思创意主要来自于供应链上的合作者、企业的竞争者，或者企业在原有产品、工艺基础上所作的研发活动。经过产品构思、构思筛选，最终才可能形成产品的概念。调查显示，58 个构思中，通过构思筛选、商业筛选、设计实验和试销，可能只有一个能够最终成为新产品。

(三) 新产品设计阶段

产品设计是指从确定产品设计任务书起到确定产品结构为止的一系列技术工作的准备和管理，通常包括初步设计阶段、技术设计阶段和工作图设计阶段三个阶段。其中，初步设计阶段的主要工作是通过对新产品设计方案的分析比较，编制设计任务书，以此作为新产品技术设计的依据。技术设计阶段是新产品的定型阶段，它是在初步设计的基础上完成设计过程中必需的试验研究，包括画出产品总体尺寸图、产品主要零部件图，编制技术经济分析报告并对产品进行可靠性、可维修性分析。工作图设计阶段则需完成供试制(生产)用的全部工作图样和设计文件。

(四) 新产品试制与评价鉴定阶段

通过样品试制和小批量试制，考核产品设计质量，审查主要工艺上存在的问题，对新产品从技术上、经济上作出全面评价，为投入正式生产做准备。

(五) 生产技术准备阶段

在这个阶段，应完成全部工作图的设计，确定各种零部件的技术要求。

(六) 正式生产和销售阶段

在这个阶段，需要作好生产计划、人员组织、物资供应、设备管理等一系列工作，同时考虑有关促销宣传、价格策略、销售渠道和提供服务等方面的问题，确定如何把新产品引入市场。

二、面向顾客的产品设计方法

做到面向顾客进行产品设计，可以最大限度降低产品开发设计的市场风险，为此，可以采取质量功能展开、卡诺模型等方法。

（一）质量功能展开

1. 质量功能展开的概念

质量功能展开（QFD）是一种将“顾客的意见”整合到产品开发过程中的结构性方法。该方法以“顾客的声音”为中心，通过组成“跨职能团队”，借助于“质量房”工具，保证将顾客的要求分解到从产品计划到生产现场的整个过程的每个方面。

图5—2是质量房的示意图。图中的质量房，“左墙”代表顾客的需求，“右墙”代表企业与其主要竞争者在满足顾客需求方面的比较，“天花板”代表实现顾客需求可以采用的技术方法，“屋顶”代表技术方法之间的相关性，“地板”代表企业与主要竞争对手在可以采用的技术方法方面的比较分析，“房间”则代表技术方法对实现顾客需求的作用。

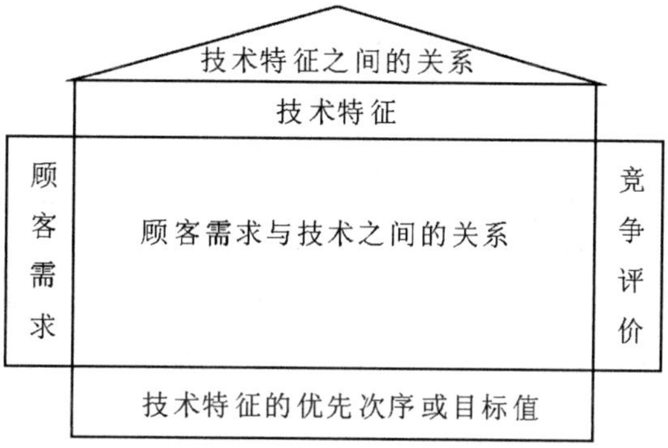

图5—2　质量房示意图

2. 质量功能展开的步骤

质量功能展开方法的基本步骤如下：

（1）识别顾客需求；

（2）进行竞争比较；

（3）进行技术分析；

（4）考察技术相关性；

（5）进行技术与需求的相关性分析；

（6）进行竞争者技术比较；

（7）设定目标；

（8）进行质量功能展开，如图5—3所示。

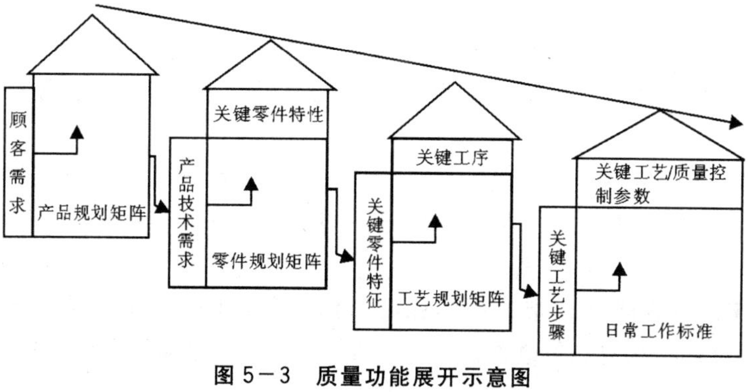

图5—3　质量功能展开示意图

（二）卡诺模型

卡诺模型将满足顾客需要的产品特征分为三类，即“必有”特征、“期望”特征和“兴奋”特征。它们与顾客满意程度以及顾客对产品需要程度之间的关系如图 5－4 所示。

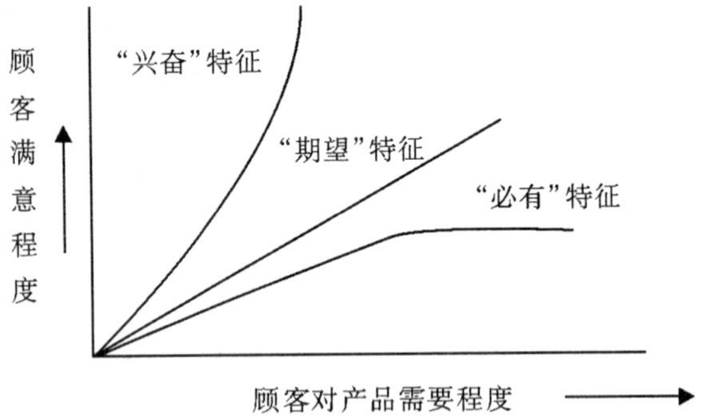

图 5－4　卡诺模型

其中，“必有”特征是顾客对企业提供的产品或服务的基本要求，对于这一类特征，如果稍有疏忽，未达到顾客的期望，顾客就会非常不满意，但当其超过顾客的期望时，顾客也不会因此表现出更多的好感。“期望”特征是指顾客的满意状况与其需求的满足程度成比例关系的需求特征，企业提供的产品/服务水平超出顾客期望越多，顾客的满意状况越好，反之亦然。“兴奋”特征是指不会被顾客过分期望的需求特征，一旦得到满足，顾客将会表现出非常高的满意状况，即使在期望不满足时，顾客也不会因而表现出明显的不满意。以酒店行业为例，清洁的床单、安全有保障等是顾客的“必有”需求；提供的服务符合品牌价值是顾客的“期望”需求；而如果能够正确预计客人的需要，在客人要求之前，主动为客人提供相应的服务则属于“兴奋”需求。

由此可知，可行的产品开发设计战略在于确定某产品的设计特征类别，首先保证实现“必有”特征，在此基础上，对其余两种特征进行成本收益分析，尽力满足顾客的“期望”需求，使顾客满意，同时，尽量争取实现顾客的“兴奋”需求，为企业建立最忠实的顾客群，以取得满意的结果。

三、制造业产品开发设计的常用思想与技术

（一）标准化

标准化是指同一种产品或服务下，不同个体之间在使用产品或接受服务上没有差别。例如，计算器、电脑等制造业大批量生产的产品，自动洗车服务等，顾客或物品接受的是本质一样的服务。

将标准化的思想应用于产品设计，其优点在于：提高生产率，降低设计成本和生产成本；减少员工的培训时间与成本；使工作安排、存货处理、采购、财务等活动的程序更加常规化。

但是，也应该看到标准化带来的问题，即可能在设计仍有缺陷时就固定设计（标准化），变动设计的高成本增加了改善设计的难度，产品缺乏多样性导致对顾客吸引力的降

低等。

（二）模块化设计

模块化设计采用类似堆积木的方式，在对产品进行功能分析的基础上，首先设计出不同的功能模块，在此基础上，将不同的功能模块组合成多种产品。该种设计思想适用于诸如机床、计算机、家具、玩具、家电等行业。

（三）延迟差异化

延迟差异化是指当生产一种产品或服务时，暂且不去彻底完成它，延迟至知道顾客的偏好或具体要求后再去完成它。例如，男式裤子在制作时通常裤腿口先不缝边，根据顾客实际需要再调整；家具生产商先生产出家具，但暂不上色，由顾客来选择着色剂，可在极短的时间内完成上色。这种延迟差异化，可以将标准化的高效与多样化的灵活有效地结合起来。

（四）并行设计

并行设计是一种对产品及其相关过程（包括设计制造过程和相关的支持过程）进行并行和集成设计的系统化工作模式。这一模式要求产品的设计开发者从一开始就要考虑从产品的工艺规划、制造、装配、检验、销售、使用、维修到产品的报废为止的整个产品生命周期的所有环节，站在产品设计、制造全过程的高度，打破传统的部门分割、封闭的组织模式，强调多功能团队的协同工作，重视产品开发过程的重组和优化。与传统的设计方法相比，产品并行设计主要强调两点：开放、跨职能集成，所有团队成员之间积极沟通；产品及其相关过程的同时开发。因此，通过并行设计开发产品，一方面有助于开发人员从设计一开始即考虑产品生命周期中的各种因素，产生更好的设计方案，以提高产品设计、制造的一次成功率；另一方面也可以缩短产品开发周期、提高产品质量、降低产品成本，进而达到增强企业竞争能力的目的。

（五）成组技术

将成组技术应用于产品设计，首先需要将原有零件分类编码成组，建立检索数据库；在设计新产品所需零件时，只需按相关要求构思尺寸、结构等，转化为编码，调用数据库信息或对已有近似零件设计图纸稍加修改即可。从产品设计的角度来看，成组技术主要的优点是它能够使产品设计者避免重复的工作，集中于关键零件的设计，减少设计量，节约时间，降低成本；另一方面，它促进了设计特征的标准化、通用化，从而使得加工设备和工件夹具的标准化程度得以大大提高。

四、制造工艺分析

制造工艺分析的主要目的是调整生产能力和均衡工艺中的不同环节，用现有资源实现产出最大化或成本最小化。

下面，通过一个具体的例子对制造工艺分析过程做一个介绍。

【例 5－2】 一家公司产品的基本生产流程是：由铸造部制造一种非常关键的零件，另一种零件通过外购解决，然后将两种零件在生产线上装配成产品。

铸造部有 10 台机器，按目前的业务量，平常需要开动的机器数是 6 台，每小时可生产 30 个零件。生产线上有 10 名工人在进行装配，他们每班工作 8 小时，生产线的生产效率是每小时 180 件。任务较多时，可再雇佣 10 名工人，增加第二个班次。公司员工一周工作 5 天，每天正常工作时间是 8 小时。其他资料如表 5－1 所示。

表 5－1　公司的相关资料

项目	成本
原材料	1 元/件
外购零件	3 元/件
电	0.2 元/件
铸造工人正常工资	2 元/件
装配工人工资	3 元/件
生产场地租金	2000 元/周
管理费	15000 元/周
设备折旧费	500 元/周

(1) 试确定整个工艺的生产能力（每周生产零部件数量）是否均衡，并计算每件产品的产出成本。

(2) 如果把铸造部的机器都开动，生产线采用两班制，则整个工艺的生产能力是多少？每件产品的成本又是多少？

解：

(1) 铸造工序的生产能力＝6 台机器×30 件/小时. 台×8 小时/天×5 天/周
＝7200 件/周

装配工序的生产能力＝150 件/小时×8 小时/天×5 天/周＝7200 件/周

所以目前工艺的生产能力是均衡的。

此时，单位产品成本＝每周总成本/每周生产件数
＝[(1＋3＋0.2＋2＋3)×7200＋(2000＋15000＋500)]/7200
≈11.63(元/件)

(2) 如果把铸造部的 10 台机器都开动，生产线采用两班制，则

铸造工序的生产能力＝10 台机器×30 件/小时. 台×8 小时/天×5 天/周
＝12000 件/周

装配工序的生产能力＝180 件/小时×16 小时/天×5 天/周＝14400 件/周

所以工艺的生产能力只能是 12000 件/周。

此时，单位产品成本＝每周总成本/每周生产件数
＝[(1＋3＋0.2＋2＋3)×12000＋(2000＋15000＋500)]/12000
≈10.66(元/件)

由此可见，固定成本分摊到更多数目的零部件上，可以降低单件产品的成本。

第三节　服务设计与服务工艺分析

服务设计与产品设计之间有许多相似之处，比如，流水线生产常用于快餐业，咨询业则通常属于单件生产的类型。但是，由于与制造业相比，服务业属于顾客高接触度的行业，服务的形成与提供通常是同时进行的，因此，必须要围绕顾客进行服务流程的开发与设计，以实现自身的竞争优势。

一、服务设计

（一）服务设计方法

在进行服务设计时，可以参考斯梅尼开发的服务矩阵（图 5－5），按照劳动/资本密集程度与顾客接触程度将服务分成四种类型，依据服务的类型进行服务设计。

劳动或资本密集程度

资本密集————劳动密集

与顾客接触程度

与顾客接触程度	资本密集	劳动密集
低	大量资本密集服务： 航空公司 大酒店	大量劳动密集服务： 中、小学校 批发
高	专业资本密集服务： 医院 车辆修理	专业劳动密集服务： 律师事务所 会计事务所

图 5－5　服务矩阵

其中，高接触度的服务定制化程度高、数量少，必须通过高价格来取得盈利；接触度低、定制化程度低的服务则需要大的数量来实现盈利。在可能的情况下，应该尽量将服务的高接触度部分与低接触度部分分离开来：高接触度服务部分强调与顾客的沟通能力，应该由擅长社会交往的员工来处理；低接触度服务部分则应该由技术员工或能够节省人工的设备来完成，从而提高服务系统的转化效率。

（二）服务蓝图

服务设计的结果可以通过服务蓝图体现出来。服务蓝图是用来描述和分析服务流程的一种方法，通过服务蓝图，有助于了解服务的具体流程。在服务蓝图中，通常包括顾客层、前台、后台与支持层四个层次，分别用于描述在提供一项服务时，顾客、前台服务人员、后台服务人员以及支持层的基本业务流程。

图 5－6 是一个车辆修理的服务蓝图。在服务蓝图中，将车辆修理的基本步骤描述为四个阶段：预备阶段、问题诊断阶段、修理阶段以及付款取车阶段。在每一个阶段，顾客需要做什么，前台服务人员需要做什么，后台服务人员以及支持层应该做什么，都有一个清

晰的展示。同时，通过服务蓝图还可以看到各层次之间是如何联系起来的。

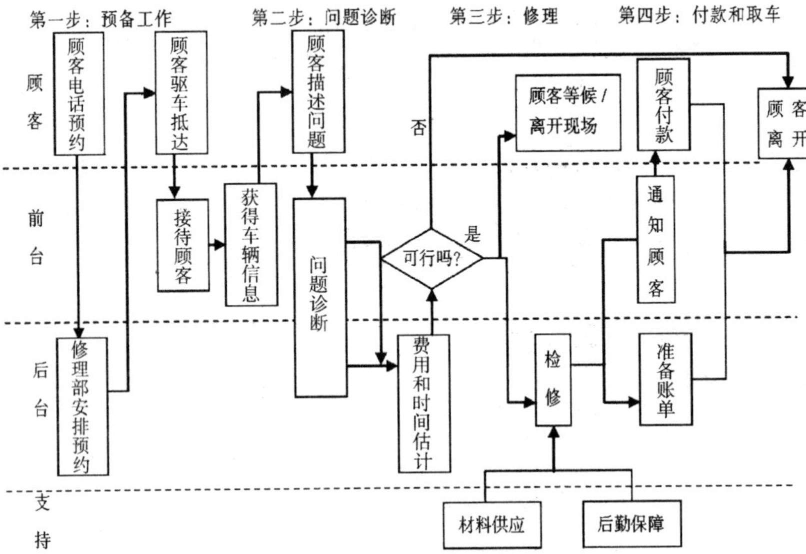

图 5－6 车辆修理的服务蓝图

（三）服务质量控制

在进行服务设计时，还要注意分析服务设计与服务提供过程中可能出现的差错并制定预防措施，对企业而言，这是避免服务失败甚至寻求新的发展机会的重要环节。比如，修车的例子中，可能会存在修理人员或维修用的设备在某一时间不够用，导致顾客较长时间的等候或离开，顾客驱车到达后没有及时接待等问题，需要提前制定对预约者进行电话回访、增加前台接待人员等预防措施以尽可能避免此类问题的产生。

二、服务工艺分析

关于服务工艺分析，来看一家餐馆的例子。

【例 5－2】 A 餐馆是一家自助餐馆，强调对顾客的优质快速的服务。为了加快服务速度，餐馆采取了以下几条措施：(1) 顾客可以自助服务；(2) 按人头计费，无论顾客吃多少食物都收取相同的价格；(3) 餐柜的设计使得顾客取得食物并吃完的时间平均是 30 分钟。

餐馆目前有 30 张桌子，每张桌子可以坐 4 个人。通常顾客是两个人或三个人一起在一张桌子上用餐。表 5－2 是餐厅管理者收集的午餐时间(11:30～13:00)到达的顾客群数量分布数据，试对这家餐馆的运营能力进行分析。

表 5－2　餐馆午餐时间到达顾客群的数量分布

时间	到达的顾客群数量
11:30～11:45	15
11:45～12:00	30
12:00～12:15	25
12:15～12:30	15
12:30～12:45	10
12:45～13:00	5
到达的顾客群总量	100

解：

(1) 餐馆基本工艺绩效指标分析。

餐馆在同一时间可以为顾客提供的座位数＝4 人/桌子×30 张桌子＝120 人

平均的顾客群人数＝2.5 人

平均的座位利用率＝2.5 座位/群÷4 座位/群＝62.5％

餐馆的周期＝30 分钟/桌子

每小时能够接待的顾客群(每小时的服务能力)＝60 分钟÷30 分钟×30 张桌子
＝60 个顾客群(桌子)

(2) 餐馆存在的运营问题分析。

粗看起来，A 餐馆一次能够同时提供就餐的桌子数是 30 张，到达顾客群的最大数量是 30 群，餐馆的运营能力和顾客的就餐需求是匹配的，但是，如果进一步分析，就会发现存在的问题。分析情况如表 5－3 所示。

表 5－3　餐馆具体运营情况分析

时间	到达的顾客群数量	顾客群存量	能力匹配状况(30)
11:30～11:45	15	15	15
11:45～12:00	30	45	－15
12:00～12:15	25	55	－25
12:15～12:30	15	40	－10
12:30～12:45	10	25	5
12:45～13:00	5	15	15
到达的顾客群总量	100		

所以，餐馆存在的问题在于：到餐馆就餐的顾客流分布不均匀，高峰期(11:45～12:30)会存在能力短缺、顾客等待的情况，有可能导致顾客的不满或流失。因此，需要通过调整餐馆的运营能力或分流顾客来解决。

关键名词

新产品　产品设计　服务设计　工艺　工艺流程　服务蓝图　工艺分析

复习思考题

1. 什么是新产品？其含义是什么？
2. 结合实际谈一谈产品开发设计的必要性。
3. 简述新产品开发的风险及其来源。
4. 什么是工艺流程？
5. 简述工艺分析的作用。
6. 简述制造业产品开发设计的基本过程。
7. 如何做到面向顾客的产品设计？
8. 简述质量功能展开的基本步骤。
9. 对于服务设计的基本要求是什么？
10. 什么是服务蓝图？选择一个你熟悉的服务项目，用服务蓝图描述一下该项目，确定其中的质量控制点，并给出控制措施。

第六章　运营能力规划

【学习目的与要求】

掌握运用运营能力的定义与类型，熟悉运营能力规划长期策略与短期调整方案，了解运营能力规划的步骤，掌握常见的运营能力规划决策方法、运营能力核定方法与运营能力规划方案评价方法，了解瓶颈理论在运营能力规划中的应用。

【教学重点与难点】

教学重点：运营能力的定义，运营能力规划策略与常见运营能力规划方法。教学难点：理解运营能力的类型、运营能力的核定以及瓶颈理论在运营能力规划的应用。

第一节　运营能力规划概述

一、运营能力及其类型

（一）运营能力的定义

运营能力通常是指一个企业一定时期内满负荷生产所能够产出产品、提供服务或处理投入资源的能力。比如，汽车制造厂的运营能力可以表述为一定时期内生产汽车多少辆，零售业的运营能力可以描述为一定时期内实现的营业收入，制糖厂的运营能力则通常描述为一定时期内压榨的甘蔗量（处理原材料的数量）等。

（二）运营能力的类型

运营能力对于企业能否满足未来的产品或服务需求至关重要。为此，需要考虑三种运营能力，即设计能力、有效能力与实际能力。

1. 设计能力

设计能力是指某一作业单元（一个工厂、一家商店、一个部门、一台机器等）设计理想状态下的最大产出。

2. 有效能力

有效能力是扣除了产品组合的变化、设备定期维修的需要、个人的午餐或休息时间等可控因素导致的设计能力减少以后的运营能力部分，通常会小于设计能力。有效能力对企业的实际产出来说至关重要。

3. 实际能力

实际能力是指某一特定时期的实际产出能力，由于机器故障、员工缺勤、质量缺陷等临时问题的出现，实际能力通常会小于有效能力。

对一个运营系统而言，设计能力是有效能力的基础，有效能力决定了实际产出的可能性，而实际产出则影响到某一特定时期企业满足相关需求的能力。因此，企业应该通过进行合理的设施设计与产品设计、控制产品质量、加强员工培训、合理组织生产过程等来提高有效能力和实际能力。

二、运营能力规划策略

对企业而言，必须确定合适的产能水平，以满足当前和未来的需求。因此，运营能力规划要与对产品需求或服务需求的预测结合起来，通过合理规划来满足市场对企业生产产品或提供服务方面的能力需求，这是构建企业竞争力的基础。为此，需要从长期与短期两个方面进行运营能力的规划。其中，长期运营能力规划策略主要涉及投资问题，诸如新车间建设、拓展医院规模和病床数量、关闭一个分销中心等，而短期运营能力调整方案则通常包括调整进度或人员数量等。

(一) 长期运营能力规划策略

随着需求的增长，从长期来看，企业可能面临扩大运营能力的问题。此时，企业可以考虑选择的能力规划策略有三种。

1. 超前策略

超前策略是指比预测的需求增加提前一个时期扩大生产能力的能力规划策略。采用该策略规划能力，可能会出现能力有富余、大于需求的情况，但可以使销售损失最小化。按照产品的生命周期理论，在产品的成长期，产品发展前景较好，增长迅速，可以考虑选择超前策略。

2. 滞后策略

滞后策略是指比预测的需求增加晚一个时期扩大生产能力的策略。此时，可能出现能力不足、小于需求的情况，但可以保证能力以最大负荷生产，不会导致能力的浪费。通常，在产品生命周期的投入期，市场前景尚不明朗的情况下，可以考虑选择能力的滞后策略。

3. 折中策略

这种策略是指按需求的平均值配备能力。采取这种策略，在一般情况下可以较好地实现需求与能力的平衡，但有可能在需求增加的时候出现能力不足或在需求减少时出现能力富余的情况。

(二) 短期运营能力调整方案

从短期来看，由于需求的波动以及实际能力的变化，可能会导致能力与需求的不平衡，此时，需要通过调整来使能力满足需求。在短期能力的调整方面，企业有两种基本的选择方案：一是通过改变内部资源和能力，调整产能来适应需求的改变；二是通过刺激和转移需求来进行调整。

1. 改变内部资源和能力以调整短期能力的方案

短期内，与需求相比，能力可能出现不足，也可能出现富余，其常见的调整方式如下。

(1) 能力富余时的调整方案。当能力大于需求，出现能力富余时，通常可以考虑以下几种处理方案。

① 可以将多余的能力出售出去；

② 对于有形的产品，可以将多余的能力转化为库存存储起来，在需求增加、能力不足时，通过库存以丰补歉。

(2) 能力不足时的调整方案。当出现能力不足，小于需求时，通常可以通过临时增加能力或分流需求的方式来弥补能力的短缺。具体包括以下几种常见的处理方案。

① 标准化设计。通过设计标准化或通用化的零件，以及工具、环境布置的标准化，作业方法的标准化，可以提高设备的利用效率，从而增加产出。

② 租赁或共享设备。通过租赁或与其他合作方共享设备的方式，可以实现能力短期内的扩大。

③ 人员调整。通过加班、临时招聘人员或培养具有多种操作技能的多面手员工的方式，可以增加人力的供给，解决人力不足的问题。

④ 库存对能力的调整。对于有形的产品，可以通过库存来调整余缺，以丰补歉，弥补能力不足。

⑤ 外包。将超过能力供给的需求外包出去，也可以在短期内增加产能，解决能力的短缺问题。

2. 刺激和转移需求的调整方案

企业可以通过影响顾客，将需求从能力不足的时段转移到能力富余的时期的方式来解决短期内能力与需求不平衡的问题。常用的方式包括以下几种。

(1) 改变产品或服务价格。比如餐厅通过晚上九点以后半价的方式分流、刺激需求，企业在库存过多时提供销售折扣等。

(2) 广告和促销。通过广告和促销，可以拉动销售低谷期或库存过多时段的需求。

(3) 增加附属产品或服务。比如连锁快餐店通过提供生日聚会服务来填补高峰就餐时间之间的需求低谷。

三、运营能力规划步骤

进行合理的运营能力规划，通常需要考虑以下几个步骤。

(1) 估算所需运营能力；

(2) 核定现有运营能力；

(3) 分析现有运营能力与所需运营能力之间的差距；

(4) 调整运营能力，给出若干候选方案；

（5）评价运营能力方案；

（6）实施方案；

（7）测评实施效果。

第二节 运营能力规划方法

在进行运营能力规划的过程中，对于一些关键问题的处理，如运营能力的核定问题、运营能力方案的评价问题等，借助于必要的工具，可以使规划过程更科学合理。这些工具包括运营能力核定方法、运营能力规划方案评价方法以及瓶颈理论等。

一、运营能力核定方法

核定企业能够提供的运营能力，通常采用自下而上的思路进行。

（一）设备组生产能力的核定

1. 某种设备生产单一品种产品生产能力的核定

当某种设备只生产一种产品时，该设备的运营能力可以用这一产品的产出量来表示。为此，可以借助以下两个公式来核定设备的生产能力：

$$P=\frac{F_eS}{t} \qquad \text{（公式 6－1）}$$

$$P=F_eSP_0 \qquad \text{（公式 6－2）}$$

其中，P 代表设备组的生产能力，S 代表设备组的设备数量，F_e 代表单台设备计划期内有效工作时间，t 代表制造单位产品所需该种设备台时数，P_0 代表单台设备单位时间的产量定额。

【例 6－1】 某设备计划期内有效工作时间为 2200 小时，生产单位某种产品花费的时间定额为 2 台时/件，则该设备生产该产品的生产能力是多少？

解：

由题目可知，$S=1$ 台，$F_e=2200$ 小时/台，$t=2$ 台时/件

该设备的生产能力 $P=\frac{F_eS}{t}=\frac{2200\text{ 小时/台}\times 1\text{ 台}}{2\text{ 台时/件}}=1100$ 件

2. 某种设备生产多个品种产品生产能力的核定

当某种设备不止加工一种产品时，简单地用某一种产品的计量单位来表示设备对各种产品的生产能力就会具有一定的误导性。此时，可以考虑采用代表产品法或假定产品法来核定设备的生产能力。

（1）代表产品法

当产品的结构、工艺、劳动量构成相似时，可以以代表产品为计量单位计算设备的生产能力。代表产品一般是指能够代表企业专业方向，产量与劳动量乘积最大的产品。用

代表产品表示设备的生产能力，需要将设备生产的代表产品产量与生产的具体产品产量之间进行换算，换算公式为：

$$Q_0 = Q_i \times K_i \quad \text{（公式 6—3）}$$

$$K_i = \frac{\sum t_i}{\sum t_d} \quad \text{（公式 6—4）}$$

其中，Q_0 表示用代表产品表示的第 i 种具体产品的产量，Q_i 表示第 i 种具体产品的产量，K_i 表示第 i 种具体产品的换算系数，t_i 表示生产第 i 种具体产品的时间定额之和，t_d 表示代表产品的时间定额之和。

【例 6—2】 设车间生产 A、B、C、D 四种结构与工艺相似的产品，其相关数据如表 6—1所示。根据产量及劳动量的大小，选定 B 产品为代表产品，其单位产品在铣床上的台时消耗定额为 10 小时，设铣床组共有 15 台铣床，每台铣床的全年有效工作时间为 4200 小时，试计算铣床组的生产能力。

表 6－1　四种产品的计划产量及总台时定额

产品名称	生产计划(台)	单位产品劳动总量(台时)
A	2000	25
B	1800	50
C	1600	40
D	1400	60

解：

(1) 计算以代表产品 B 的产量表示的铣床组的生产能力。

铣床组的生产能力 $P=\frac{F_e S}{t}=\frac{4200\text{ 小时/台}\times 15\text{ 台}}{10\text{ 台时/台}}=6300$ 台

(2) 将代表产品换算成具体产品，展开计算。计算过程如表 6—2 所示。

表 6－2　代表产品换算成具体产品的计算过程表

产品名称	生产计划(台)	单位产品劳动总量(台时)	产量换算系数	换算为代表产品产量(台)	以代表产品表示的生产能力(台)	换算为具体产品表示的生产能力(台)	备注
①	②	③	④	⑤＝②×④	⑥	⑦＝②×⑥/Σ⑤	⑧
A	2000	25	0.5	1000	6300	2188	
B	1800	50	1	1800		1969	代表产品
C	1600	40	0.8	1280		1750	
D	1400	60	1.2	1680		1531	
合计				5760			

(2) 假定产品法

当产品结构、工艺和劳动量构成差别较大时，就很难用某一种产品来代表其他的产品，此时，可以用假定产品作为生产能力的计量单位。所谓假定产品，是由各种产品按其产量比重构成的一种假想产品。可以通过下面的计算公式来确定假定产品的时间定额。

$$t_s = \sum_{i=1}^{n} t_i \theta_i \qquad \text{（公式 6—5）}$$

其中，t_s 代表假定产品的时间定额，t_i 代表 i 产品的时间定额，θ_i 代表 i 产品在所生产产品中的产量比重，n 代表产品品种数。

例如，A、B、C 三种产品的产量分别为 600、300 和 100，则三种产品的产量比重为$\theta_A=0.6$，$\theta_B=0.3$，$\theta_C=0.1$，即一个假定产品中含有 0.6 个 A 产品，0.3 个 B 产品，0.1 个 C 产品。

【例 6—3】 设车床组有 10 台车床，生产 A、B、C、D 四种结构、工艺不相似的产品，每台车床的全年有效工作时间为 4400 小时，各种产品的生产计划、单位产品车床台时消耗定额如表 6—3 所示。使用假定产品法核定车床组的生产能力。

表 6－3 四种产品的相关数据表

产品名称	生产计划(台)	单位产品车床台时消耗定额
A	600	10
B	400	20
C	700	20
D	300	40
合计	2000	

解：

以假定产品为计量单位计算车床组生产能力，计算过程如表 6—4。

表 6－4 以假定产品为计量单位的车床组生产能力计算过程

<table>
<tr><th>产品名称</th><th>生产计划(台)</th><th>各产品产量比重(%)(台时)</th><th>单位产品车床台时消耗定额</th><th>单位假定产品车床台时消耗定额</th><th>以假定产品表示的生产能力(台)</th><th>换算为具体产品表示的生产能力(台)</th></tr>
<tr><td>①</td><td>②</td><td>③</td><td>④</td><td>⑤ = Σ(④ × ③)</td><td>⑥ = (4400 × 10)/ ⑤</td><td>⑦= ⑥×③</td></tr>
<tr><td>A</td><td>600</td><td>0.30</td><td>10</td><td rowspan="5">20</td><td rowspan="5">2200</td><td>660</td></tr>
<tr><td>B</td><td>400</td><td>0.20</td><td>20</td><td>440</td></tr>
<tr><td>C</td><td>700</td><td>0.35</td><td>20</td><td>770</td></tr>
<tr><td>D</td><td>300</td><td>0.15</td><td>40</td><td>330</td></tr>
<tr><td>合计</td><td>2000</td><td>1.00</td><td></td><td>2200</td></tr>
</table>

(二) 工段(车间)生产能力的核定

一个工段(车间)会有多种设备，此时，应先计算各设备组的生产能力，然后以主要设备组，即完成劳动量比重最大或者贵重而无代用设备的设备组的生产能力为依据进行综合平衡。某工段生产能力平衡过程及效果如图 6—1、图 6—2 所示。

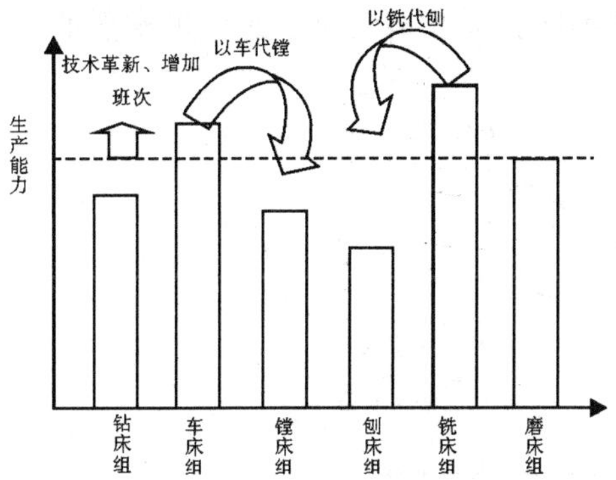

图 6－1　某工段生产能力平衡图解

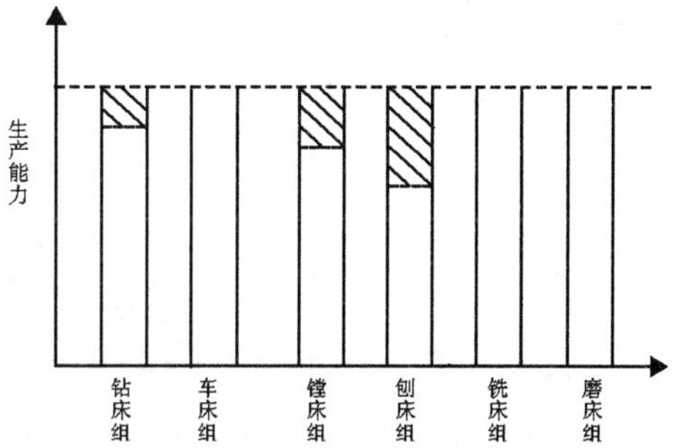

图 6－2　某工段生产能力平衡的效果

(三) 企业运营能力的确定

在核定企业运营能力的时候,重点考虑两个方面的内容:一是各基本车间能力的平衡,二是基本车间与辅助车间能力的平衡。其中,各基本车间能力的平衡以主要车间的生产能力作为平衡依据,基本车间与辅助车间能力的平衡则以基本车间的生产能力作为平衡依据。

二、运营能力规划方案评价方法

进行运营能力规划的过程,也是一个做决策的过程。根据要处理问题的不同,可以分为三种决策类型,即确定型决策、风险型决策与不确定型决策。决策类型不同,应用的决策方案评价方法也不同。

(一) 确定型决策下的能力规划方案评价方法

确定型决策是指对未来可能发生的、影响决策结果的经济状态是明确的,比如,未来一段时期市场对某产品的需求量一般,某产品市场的"春天来了"等。在确定型决策下,可以通过对运营能力规划方案的盈亏平衡分析来作出方案的经济评价与选择。下面,将从单一产品的盈亏平衡分析与多种产品的盈亏平衡分析两方面来进行介绍。

1. 单一产品的盈亏平衡分析

盈亏平衡分析方法是一种借助产量、成本和利润之间的关系进行相关问题分析的方法。

如果企业只生产一种产品,进行能力规划方案评价时,可以借助盈亏平衡点产量,以保证按可盈利的产量进行生产。其基本思路如下。

首先,根据总利润计算公式,计算总利润为零时的产量(即总收益等于总成本时的产量),这一产量被称为盈亏平衡点产量,相关计算如公式 6－6、公式 6－7。

令　$$\pi = T_R - T_C = P \times Q - (C_f + C_v \times Q) = 0 \qquad \text{(公式 6－6)}$$

此时可得　$$Q_0 = \frac{C_f}{P - C_v} \qquad \text{(公式 6－7)}$$

其中,π 代表总利润,T_R 代表总收益,T_C 代表总成本,P 代表单位产品价格,Q 代表产量或销售量,C_f 代表总固定成本,C_v 代表单位变动成本,Q_0 代表盈亏平衡点产量。

然后，根据盈亏平衡点产量的含义，进行相关问题的分析。对于盈亏平衡点的理解，也可以通过图 6—3 来加以说明。

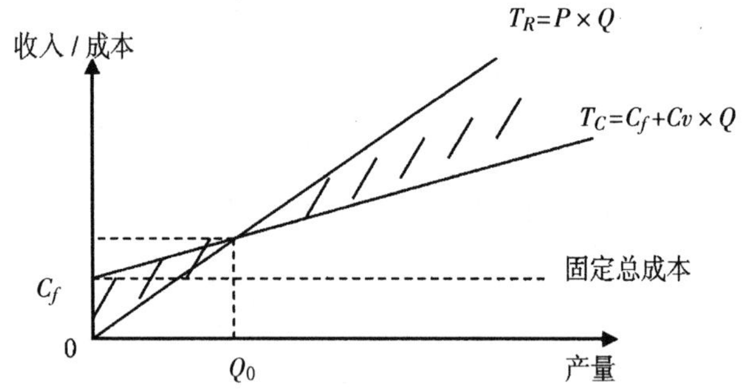

图 6－3　单一产品的盈亏平衡分析示意图

【例 6—4】 某企业拟订了一个新建生产线用于生产某种电子产品的方案，年产能是 8 万件。根据对拟订方案的分析，该生产线每年需要分摊的固定费用为 200 万元，单位变动成本为 100 元/件。该产品的市场售价为 140 元。根据销售部的调查结果，在可预见的几年内，该产品的市场容量不超过 15 万件/年，该企业的市场占有率预计最多可以达到 20%。试分析该方案是否可行。

解：(1) 计算该方案的盈亏平衡点产量。

$$Q_0=\frac{C_f}{P-C_v}=\frac{200}{140-100}=5(\text{万件})$$

(2) 计算该企业可能的最大市场销售量。

$$15\text{万件/年}\times 20\%=3\text{万件}<5\text{万件}$$

由计算可知，虽然只要生产负荷超过 62.5%就可以盈利，但根据外部需求，最多能销售出去 3 万件，小于盈亏平衡点产量 5 万件，所以该方案不可行。

2. 多种产品的盈亏平衡分析

对多种产品的能力规划方案进行盈亏平衡分析时，要根据不同产品对盈利的贡献度来综合计算，确定保本销售额，进行产品结构调整，做出正确决策。其基本公式为：

$$R_e=\frac{C_f}{\sum[(1-\frac{C_{ui}}{P_i})\times W_i]} \qquad (\text{公式 } 6-8)$$

其中，R_e 代表盈亏平衡点销售额，W_i 代表第 i 种产品的销售额在总销售额中所占的百分比，C_{ui} 代表第 i 种产品的单位变动成本，P_i 代表第 i 种产品的售价。

【例 6—5】 一家新开业的商店，主要经营 A、B、C、D、E 五种商品。每月的固定成本 C_f 为 30000 元，所售主要商品的相关资料如表 6—5 所示。假设商店每年平均营业 11.5 个月，税金忽略不计，则该商店平均每月的营业额应该至少保证多少才可能盈利？

表 6－5　商店所售商品的相关资料

商品	售价 P(元)	变动成本 C_v(元)	销售量预测(件)
A	29.5	12.5	6000
B	8	3.5	7000

续　表

C	15.5	5.5	5000
D	75	35	5000
E	28.5	10	2000

解：

（1）首先计算不同商品的加权贡献率，确定各商品对盈利的贡献度。计算过程如表6－6所示。

表 6－6　各商品加权贡献率的计算过程

产品	售价 P（元）①	变动成本 C_v（元）②	C_v/P ③	边际贡献率 $(1-C_v/P)$ ④	销售量预测（件）⑤	销售额预测（元）⑥	占销售额之比 ⑦	加权贡献率 ⑧＝④×⑦
A	29.5	12.5	0.42	0.58	6000	177000	0.437	0.253
B	8	3.5	0.44	0.56	7000	56000	0.138	0.077
C	15.5	5.5	0.35	0.65	5000	77500	0.191	0.124
D	75	30	0.40	0.60	5000	37500	0.093	0.056
E	28.5	10	0.35	0.65	2000	57000	0.141	0.092
合　计						405000	1.000	0.602

（2）计算该商店的年盈亏平衡点销售额。

$$R_e = \frac{C_f}{\sum[(1-\frac{C_{vi}}{P_i})\times W_i]} = \frac{30000\times 12}{0.602} \approx 598006.65(\text{元})$$

（3）计算月均盈亏平衡点销售额。

$$598006.65/11.5 \approx 52000.58(\text{元})$$

所以，该商店每月的营业额至少应该保证 52000.58 元才可能盈利。

（二）风险型决策下的能力规划方案评价方法

风险型决策是指未来可能发生的、影响决策结果的经济状态不止一种，不知道哪种情况一定发生，但是知道每种情况发生的概率是多少。比如，未来一段时期市场对某产品的需求量可能好、一般或差，概率分别是 0.3，0.5，0.2。在风险型决策下，可以通过对运营能力规划方案的期望损益值分析来作出方案的评价与选择。

运营能力规划方案期望损益值的计算公式为：

$$E_i = \sum P_k \cdot V_{ik} \qquad \text{（公式 6－9）}$$

其中，E_i 代表第 i 个方案的期望损益值，P_k 代表第 k 种情况出现的概率，V_{ik} 代表第 i 种方案在第 k 种情况下的损益值。

【例 6－6】　某企业打算生产某产品。据市场预测，产品销路有三种情况：销路好、销路一般和销路差。生产该产品有三种方案：A. 改进生产线；B. 新建生产线；C. 与其他企业协作。据估计，各方案在不同情况下的损益值如表 6－7。企业应该选择哪个方案？

表 6－7　各方案在不同情况下的损益值

（单位：万元）

损益值／自然状态及概率／方案	销路好（0.2）	销路一般（0.5）	销路差（0.3）
A. 新建生产线	200	100	－80
B. 改建生产线	140	110	－30
C. 与其他企业协作	100	80	10

解：

$E_A = \sum P_k \cdot V_{Ak} = 200 \times 0.2 + 100 \times 0.5 + (-80 \times 0.3) = 66$（万元）

$E_B = \sum P_k \cdot V_{Bk} = 140 \times 0.2 + 110 \times 0.5 + (-30 \times 0.3) = 74$（万元）

$E_C = \sum P_k \cdot V_{Ck} = 100 \times 0.2 + 80 \times 0.5 + 10 \times 0.3 = 63$（万元）

由计算可知，应该选择 B 方案改建生产线。

（三）不确定型决策下的能力规划方案评价方法

不确定型决策是指未来可能发生的、影响决策结果的经济状态不止一种，既不知道哪种情况一定发生，也不知道每种情况发生的概率，只知道将要发生几种情况以及对应情况下的损益值。在不确定型决策下，可以借助小中取大原则、大中取大原则或者最小最大后悔值原则等对运营能力规划方案进行评价与选择。

【例 6－7】 某企业打算生产某产品。据市场预测，产品销路有三种情况：销路好、销路一般和销路差。生产该产品有三种方案：A. 改进生产线；B. 新建生产线；C. 与其他企业协作。据估计，各方案在不同情况下的损益值见表 6－8。企业应该选择哪个方案？

表 6－8　各方案在不同情况下的损益值

（单位：万元）

损益值／自然状态／方案	销路好	销路一般	销路差
A. 新建生产线	200	100	－80
B. 改建生产线	140	110	－30
C. 与其他企业协作	100	80	10

解：

1. 小中取大原则

小中取大原则又称为悲观原则，采取本原则的决策者对未来的状况估计偏悲观，他们会从悲观的选择中选取收益值最大的方案作为优选方案。本例中，三个方案最不利的情况下的收益分别是－80 万元、－30 万元和 10 万元，因此，按照小中取大原则，最终的选择应该是 10 万元，即选择方案 C 作为优选方案。

2. 大中取大原则

大中取大原则又称为乐观原则，采取本原则的决策者对未来的状况估计偏乐观，他们会从乐观的选择中再选取收益值最大的方案作为优选方案。本例中，三个方案最有利的情况下的收益分别是 200 万元、140 万元和 100 万元，因此，按照大中取大原则，最终的选择应该是 200 万元，即选择方案 A 作为优选方案。

3. 最小最大后悔值原则

决策者在选择了某一方案后，如果将来发生的自然状态表明其他方案的收益更大，那么他（或她）可能会为自己的选择而后悔。最小最大后悔值原则就是使后悔值最小的一种决策方法。其基本步骤如下。

（1）计算各方案在各自然状态下的后悔值。

后悔值＝该自然状态下的最大损益值－该方案在该自然状态下的损益值

（2）找出各方案的最大后悔值。

（3）选择最大后悔值中后悔值最小的方案作为优选方案。

最小最大后悔值原则的计算过程如表 6－9 所示。

表 6－9　最小最大后悔值原则各方案后悔值的计算过程

（单位：万元）

损益值与后悔值 / 方案	销路好		销路一般		销路差		各方案的最大后悔值
	损益值	后悔值	损益值	后悔值	损益值	后悔值	
A. 新建生产线	200	0	100	10	－80	90	90
B. 改建生产线	140	60	110	0	－30	40	60
C. 与其他企业协作	100	100	80	30	10	0	100

由计算结果可知，应该从三个方案的最大后悔值中选择一个最小的后悔值，即 60 万元，其对应的方案 B 是优选方案。

三、瓶颈理论及其在能力规划中的应用

1980 年左右，埃里·高德瓦特博士和助手们开发出一种软件，将制造工艺中有限的设备、人员、工具、物料以及影响企业生产能力的其他生产约束条件都考虑进去，将生产中所有涉及的资源区分为源瓶颈资源与非瓶颈资源，并在此基础上安排与控制生产。这种软件被称为最优生产技术（OPT），后来又进一步发展成为约束理论，又被称为瓶颈理论。

（一）瓶颈的概念

所谓瓶颈，是指在生产过程中制约生产进度的环节。生产过程中的瓶颈可以是机器设备，也可以是人力资源、生产场地、材料供应或运输等，它具有相对性和可转移性。

瓶颈理论的主要处理逻辑是：找出瓶颈工序，使瓶颈工序上的资源得到充分利用，同时，安排好非瓶颈工序上的资源，使之与瓶颈工序保持同步，将在制品积压降到最低。

（二）能力规划过程中处理瓶颈问题的九条原则

在进行能力规划时，对于可能影响整个系统产出的瓶颈环节，可以遵循以下九条处理原则。

（1）要平衡物流，而不是平衡生产能力，即不是要求全部设备满负荷运转；

(2) 非瓶颈资源的利用水平取决于瓶颈资源,否则将增加库存和运行费,引起浪费;

(3) 机器应开动工时与可利用工时(活力)是不同的概念,只做需要做的工作,允许在非关键资源上有适当的闲置时间;

(4) 瓶颈资源的利用水平决定了整个系统资源的利用水平,应保证瓶颈资源100%的利用率;

(5) 在非瓶颈资源上节约的时间,不会对系统产生影响;

(6) 生产能力取决于瓶颈资源的利用水平,通过控制瓶颈上物流的连续稳定来控制库存;

(7) 运输批量在多数情况下不等于加工批量;

(8) 加工批量具有可变性,根据生产需要,在不同时间、不同操作、不同设备上可采用不同值;

(9) 作业计划应该在考虑了整个系统所有约束条件以后,再进行安排。

因此,企业在进行能力规划,解决系统问题时,按照瓶颈理论:一要注意找出制约系统的关键环节(瓶颈),关注瓶颈的相对性和可转移性;二要处理好局部与整体的关系,实现系统平衡,优先考虑瓶颈资源的利用;三要从全局、长远的角度看待瓶颈。

(三) 解决瓶颈工序生产能力的常见途径

(1) 调整工艺路线,缓解瓶颈工序的生产能力需求。当瓶颈工序生产能力不足,对系统的产出造成制约时,可以通过分解瓶颈工序,将瓶颈工序的部分工作转移到前后工序或增加辅助工序的方式来缓解。

(2) 提高瓶颈工序的生产能力,至少保证瓶颈工序满负荷运转。对企业而言,其实际能力受到设备数量、有效工作时间以及工作效率的影响。因此,可以考虑通过延长工作时间,加强员工培训、提高工人操作技能,加强设备维护,提供优质服务等方式来提高瓶颈工序的生产能力。按照这一思路,如果S1设备造成了生产瓶颈,S2设备也能够完成S1工序的工作但经济上浪费,临时开动S2设备解决瓶颈问题,从整个系统分析可能是经济的。

(3) 合理使用非关键资源。一方面,可以通过在瓶颈工序前设立一定的缓冲库存,防止发生原材料短缺或机器故障时影响瓶颈工序的正常运转,保证瓶颈工序满负荷运转;另一方面,要使非瓶颈资源的投入产出与瓶颈工序同步,避免非瓶颈环节库存增加导致浪费。

关键名词

运营能力　设计能力　有效能力　实际能力　瓶颈

复习思考题

1. 什么是运营能力?
2. 简述扩大运营能力的长期策略。
3. 简述运营能力规划的短期调整策略。

4. K企业的年设计生产能力为1200台S型仪器，现在该企业需要一个月生产100台S型仪器，能否完成？如何提高企业的实际能力？

5. 简述运营能力规划的主要步骤。

6. 什么是瓶颈？请结合实际，举例说明瓶颈理论的应用。

7. 某企业采取8小时工作制，一个工作轮班(8小时)的固定成本是6万元，单位变动成本是7元，单位产品价格为12元，用于加工的机器数量为5台，加工一件产品的时间定额是1小时，全年有效工作时间是340天。试计算：

(1) 一个工作轮班的产能是多少？

(2) 单班操作的盈亏平衡点产量是多少？

(3) 单班操作的最大收益是多少？

(4) 如果考虑采取两班工作制，每个轮班工作8小时，此时，第二班需要额外增加固定成本4万元，则两班的产能是多少？

(5) 两班操作的盈亏平衡点产量是多少？

案例分析

A地车管所的驾照更新部门目前有两名登记员、一名图像采集员和三名打字员，登记员、图像采集员和打字员的工作效率均为80%。更新驾照的基本步骤如下。

(1) 登记员登记司机提交的申请表，平均耗时5分钟；

(2) 图像采集员为司机照相，平均耗时1分钟；

(3) 打字员打印制版出新驾照，平均耗时6分钟。

讨论题

1. 该系统目前一小时能够处理多少名司机的更新驾照申请？

2. 如果一小时要接待30名司机，目前的系统存在瓶颈吗？你的改进建议是什么？

第七章 工作设计

【学习目的与要求】

掌握工作设计的定义，了解工作设计的理论基础，掌握时间定额的构成，熟悉工作设计的常用技术，掌握学习效应的概念及应用。

【教学重点与难点】

教学重点：工作设计的常用技术。教学难点：时间定额的构成，学习效应及其应用。

第一节 工作设计概述

一、工作设计的概念

工作设计就是要对整个生产运作活动进行合理分解、分工，明确每个岗位的工作目标，制定工作标准，进行工作环境设计，以增加产出、减少投入。通过工作设计，可以解决一项工作的主要内容是什么、用什么方法去做以及花多长时间去做等问题。

现代工作设计通常追求通过设计建立一个高效率低消耗的生产系统，在该系统下，可以实现两个目标的结合，一是满足生产率和质量目标，二是工作安全、有激励性，使员工有满意感。

二、工作设计的理论基础

（一）分工与专业化理论

以亚当·斯密的分工理论为代表的效率学派，认为进行工作设计时要将工作进行合理分解、分工，分工能够带来专业化，并最终会导致劳动生产率的提高。其内在逻辑如图7—1所示。

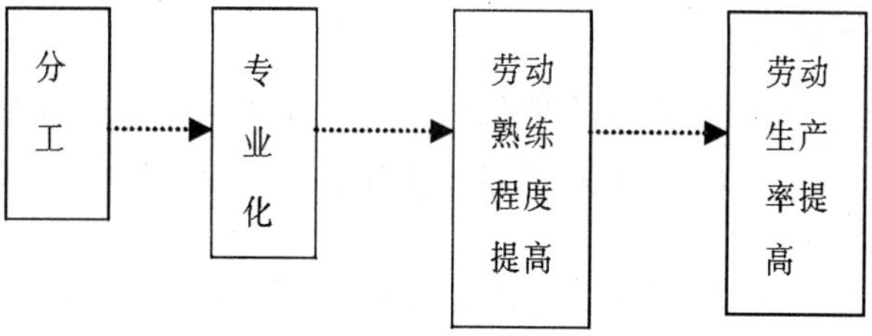

图 7－1　劳动分工理论的内在逻辑

其中，

$$劳动生产率=\frac{生产系统输出的产品或服务}{使用的(时间)资源}$$

按照效率学派的观点，分工基础上的专业化会带来以下优势。

(1) 对于一般的劳动者来说，对教育水平和技能要求低，培训简单，容易掌握；

(2) 专注于某一工作，有助于提高熟练程度，改进方法，进而提高生产率；

(3) 承担的责任较少。

但是，也应该看到专业化有可能带来的问题：

(1) 工作单调，使人厌倦，再加上缺少晋升的机会和对工作的控制，这容易使工人产生不满情绪，从而导致效率下降；

(2) 不能深入、广泛学习，再就业困难。

因此，要看到专业化分工的优势与存在的问题，根据工作内容与性质进行分工，不能任意分割，也不是分工越细就越好。

(二) 社会技术理论

社会技术理论强调技术因素与社会变化对工作设计的影响，注重促进人的个性的发展，以激发人的积极性和劳动效率。其基本观点如图 7－2 所示。

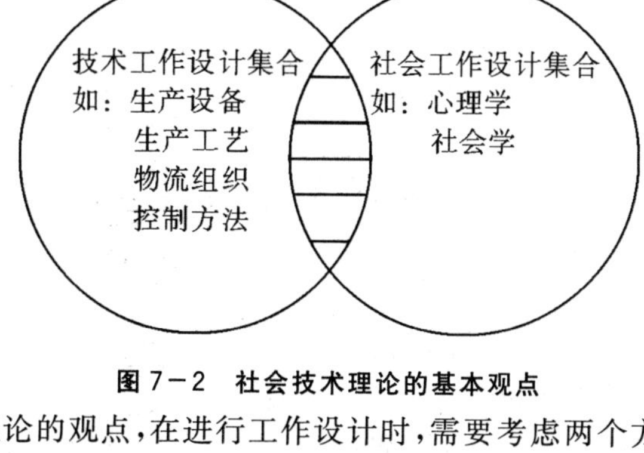

图 7－2　社会技术理论的基本观点

按照社会技术理论的观点，在进行工作设计时，需要考虑两个方面：一是技术工作设计，如采用什么样的生产工艺进行生产、如何组织物流的流动、如何控制生产的进度与费用等，这些问题反映了系统的技术性；二是社会工作设计，也就是在确定工作内容、工作方法等问题时，需要关注员工的心理、情感等因素。合理的工作系统应该是兼顾技术工作设计与社会工作设计的协调的系统。

(三) 行为学派的理论

行为学派认为应该通过提高工人的生活质量从而提高工人的满足感来增强其工作的动力，为此，该学派在工作设计方面强调通过工作扩大化、工作轮换与工作丰富化等措施来使工作更富有趣味性与意义。

所谓工作扩大化，是指工作向横向扩展，即一个人完成一项完整工作中的大部分程序，从而提高工人对工作的兴趣及对工作意义的认同。所谓工作轮换，是指将员工定期从一种工作岗位轮换到另一种工作岗位，使员工对不同的工作有更多了解。这一方面可以扩大工人的知识经验，提高其能力；另一方面有助于培养组织的多面手，从而在其他工人生病或缺勤时可以有人顶替。所谓工作丰富化，是指工作向纵向扩展，即给予员工更多的责任，更多参与计划和决策的机会，比如让超市的货架整理员负责缺货的补充，通过承担更多的责任来提高其潜在的满足感。

行为学派在工作设计方面的优势在于：有助于培养组织的多技能操作者，在减少用工人数、降低专业人员技能垄断的同时，增强了组织对运营活动调节的灵活性；通过多样化的激励措施，使员工的工作热情得到了提高，责任感、满足感增强。其缺点在于：更高的培训成本与更高的工资水平，工作的复杂性和更多责任的承担使出现问题的可能性增大。

第二节　工作设计技术

工作设计的常用技术包括方法分析、作业测定技术、学习效应等。

一、方法分析

方法分析用于解决工作设计中某项工作该如何去做的问题，是提高生产率的方法之一。其基本步骤如下。

(1) 选择要研究的工作。通常将那些存在普遍问题的工作或者运营系统中的关键性环节等作为方法分析的对象。

(2) 记录现有的工作方法。

(3) 分析工作，提出新方法。借助作业流程图、人一机图等工具，对要研究的工作进行 5W1H 分析，即为什么必须以现在的方式做这项工作(why)、做这项工作要达到的目的是什么(what)、谁来做(who)、在哪里做(where)、什么时候做(when)、如何做(how)。

(4) 设计、评价改进方案。主要是在现有工作方法的基础上，通过取消所有不必要的动作、合并相关的操作、重新排列工作顺序、简化工作内容与步骤等对现有方法进行改进，并从经济、安全、管理等方面改进方案并进行评价。

(5) 方案实施与检查。通过宣传、培训、激励等促进新方法的实施，并及时检查工作的运作，必要时作出调整。

二、作业测定技术

（一）作业测定与时间定额

作业测定主要是借助一定的技术对完成一项工作所需的时间进行测量与预测，以便建立合理的工作标准。此外，作业测定也是估算劳动成本、安排工作进度等的基础条件之一。

作业测定的主要目的之一是确定标准时间。标准时间又称为工时定额，是指在一定生产技术和组织条件下，完成单位任务（生产单位产品）事先制定的、必需的时间限额。在生产过程中，完成一项工作所消耗的时间通常由定额时间与非定额时间构成，如图7－3所示。

- 全部时间消耗
  - 定额时间
    - 作业时间
      - 基本时间
      - 辅助时间（安装零件、测量尺寸等）
    - 准备与结束时间（熟悉图纸，领取、拆卸工夹具等）
    - 布置工作地时间
      - 组织性（交接班）
      - 技术性（消除切屑）
    - 休息与自然需要时间
      - 休息时间
      - 自然需要时间
  - 非定额时间
    - 非生产工作时间（聊天）
    - 停工时间（停工待料）

图 7－3　一项任务的全部时间消耗

（二）作业测定方法

通过作业测定确定合理的定额时间，建立时间标准，并通过完善制度、加强管理等尽量减少或消除非定额时间，是改进工作效率的重要手段。作业测定的常用方法包括经验估工法、测时法以及预定时间标准法等。

1．经验估工法

经验估工法是常用的确定工时定额的方法之一，是由定额人员、技术人员和工人结合以往生产实践经验，依据图纸、工艺装备或产品实物进行分析，并考虑所使用的设备、工具、工艺装备、原材料及其他生产技术和组织管理条件，直接估算定额的一种方法。

在应用经验估工法估算时间定额时，对于单件小批量生产类型工序时间定额，由于其准确程度要求较低，可以通过对影响工时消耗的诸因素进行综合的粗略分析，进行直接笼统地估算。对于其他定额时间的估算，则可把工序划分为若干个组成部分，在分析影响各个定额的组成时间消耗因素的基础上，根据估工者的经验，确定各个组成部分的工时定额，然后通过汇总，确定整个工序的工时定额。

总的来说，用经验估工法估算工时定额，简便易行，工作量小，制定定额快，因此，常将其作为服务企业制定劳动定额的主要方法之一，并用于制造企业单件小批量生产、新产品试制、临时性生产任务定额时间的测定。但是，应该注意的是，该方法单凭经验估算定额时间，技术根据不足，受估工人员主观因素的影响大，因而定额的准确性较差。

2. 测时法

测时法是以工序作业时间为对象，对构成工序的作业要素进行周期重复观察，并测定其工时消耗的一种方法。按观察记录方式和范围的不同，可将测时法分为反复测时法、循环测时法和连续测时法。反复测时法是由观察人员用秒表对一个个操作单元独立进行观测、直接记录其操作延续时间的测试方法；循环测时法是将工序全部操作单元划分为依次减去一个单元的多个操作组合，由观察人员用秒表循环观测记录各组合的延续时间的测时方法；连续测时法则是由观察人员以秒表为工具，在整个工序作业的观察中，自始至终不让秒表停止，仅按划分各操作单元界限的定时点记录起止时间，待全部观察次数进行完毕后，再计算各操作单元、各次观察的延续时间的测试方法，该种方法在测时法中使用最为广泛，也最具有代表性。

测时法的基本步骤如下。

(1) 根据测时目的选择测时对象。如果测时是为了制定定额，应当选择介于先进和一般之间的工人作为对象；如果测时是为了总结先进操作经验，应选择先进工人作为对象；如果测时是为了找出完不成定额的原因，则应选择完不成定额的工人为对象。

(2) 根据实际操作步骤，将工序划分为操作单元。进行任务分解时，注意每一操作单元应该有明显的开始和结束标志，便于测量和记录。

(3) 确定观测次数。用测时法进行时间研究实际上是一个抽样观测的过程，为了得到科学的时间标准，需要有足够的样本容量。通常样本愈大，得到的结果愈准确，但样本量过大，会耗费大量的时间和精力，也是不必要的。因此需要科学地确定观测次数。一般来说，作业比较稳定(如材料规格一致，场地布置整齐，产品质量稳定)，观测人员训练有素、经验丰富，被观测对象较多，则观测次数可少些；否则观测次数就要多些。

(4) 测时观察并记录。

(5) 整理和分析测时资料，剔除不正常的数值。

(6) 在计算正常时间与宽放时间的基础上，确定作业的标准时间。

经过前面的步骤，我们已经求出了操作者完成某单元作业的平均时间，但由于实际操作中，操作者的操作速度可能比标准动作快或者慢，所以，必须对上述观测时间进行修正，使操作所需的时间变为不快不慢的正常时间，即以正常速度完成一项作业或操作单元所需的时间。此外，考虑到实际操作中会延长作业时间的一些具体情况，比如操作者满足生理需要(如喝水、上厕所、擦汗、更衣等)所需的时间，因工作环境、操作者的精神状态和健康状况等对操作时间的影响，以及因操作中无法避免的延迟所需要的时间，如因班组长布置任务、管理原因造成的延误等，需要在正常时间的基础上确定一定的宽放率，对操作时间进行宽放。而一个作业单元的标准作业时间就包括正常时间和宽放时间两部分，即：

标准时间＝正常时间＋宽放时间＝正常时间(1＋宽放率)

3. 预定时间标准法

预定时间标准法(pre-determined time standards，PTS)，又称动作时间法，其基本原理就是先把作业过程的操作分成若干基本动作(又称动素)，对这些基本动作进行详细观测，然后制定基本动作的标准时间表。当需要确定某项工作的作业时间时，只需要把完成作业任务的操作过程分解为这些基本动作，从基本动作的标准时间表上查出各基本动作的标准时间，将其加总求和，就得到该作业的正常时间，再加上宽放时间，就可以得到该作业的标准作业时间。

预定时间标准法的基本步骤如下。

（1）作业分解。将作业分解为各个有关的动作要素。

（2）查动作要素时间表，确定各动作要素的时间值。

（3）计算作业正常时间。作业正常时间＝各动作要素时间值的和。

（4）标准时间＝正常时间＋宽放时间。

根据基本动作的分类和使用时间单位的不同，PTS 可以分为很多种，其中最常用的方法有时间衡量法（methods of time measurement，MTM）、模特法（modular arrangement of pre-determined time standard，MOD）等。

MTM 是按基本动作单元（足动、腿动、转身、俯屈、跪、站、行、手握）和执行因素（伸手、搬运、旋转、抓取、对准、拆卸、放手）设定作业时间标准及查定正常作业时间、制定作业标准时间的方法。采用这种方法，需要将工作分解成基本的动作要素，测量所涉及的距离，评估动作要素的难度，然后参照合适的数据表获得动作要素时间，再将所有涉及的基本动作要素时间求和，得到工作的标准时间。MTM 动作要素的时间单位称为 TMU，1TMU＝0.036 秒，由专门的组织经过严格测定、反复试验后确定每一个基本动作要素的标准时间数据表。MTM 适用范围广泛，分析方法较为复杂，大多数工作均可通过 MTM 所设定的作业时间标准，查找、计算出作业时间标准，精度较高。但这种方法不适用于研究机械所控制的工作或动作、需经判断的工作以及设计绘图等精细工作。

模特法将动作分为移动动作、终止动作、身体动作和其他动作四大类，共计 21 种，以 MOD 为时间单位，1MOD＝0.129 秒。其动作分类与时间值如表 7－1 所示。

表 7－1　模特法的动作分类与时间值

动作分类	动作名称	符号	时间值（MOD）	动作分类	动作名称	符号	时间值（MOD）
移动动作	手指动作	M1	1	身体动作	踏板动作	F3	3
	手的动作	M2	2		步行动作	W5	5
	前臂动作	M3	3		向前探身动作	B17	17
	上臂动作	M4	4		坐和站起动作	S30	30
	肩动作	M5	5				
终止动作	触碰动作	G0	0	其他动作	校正动作	A4	2
	简单抓握	G1	1		施压动作	C4	4
	复杂抓握	G3	3		曲柄动作	E2	4
	简单放下	P0	0		眼睛动作	D3	2
	注意放下	P2	2		判断动作	F3	3
	特别注意放下	P5	5		重量修正	L1	1

三、学习效应

(一) 学习效应与学习曲线

学习效应是指当一个人或一个组织重复生产某一件产品或完成某一项任务时，生产单位产品(完成单位任务)所需的时间会随着产品(任务)数量增加而逐渐减少，然后趋于稳定的现象。

学习效应可以分为个人学习效应与组织学习效应。个人学习效应是指当一个人重复生产某一产品时，由于动作逐渐熟练，或者摸索到一些更有效的作业方法后，生产一件产品所需的工作时间(即直接劳动时间)会随着产品累计数量的增加而减少；组织学习效应是指管理方面的学习效应，即随着一个企业在产品设计、工艺设计、生产组织等方面经验的积累，该组织的管理方法会不断得到改进，人员作业效率会不断提高。

当把直接劳动时间和积累的数量之间的关系绘成图形时，就得到了学习曲线，如图7－4所示。

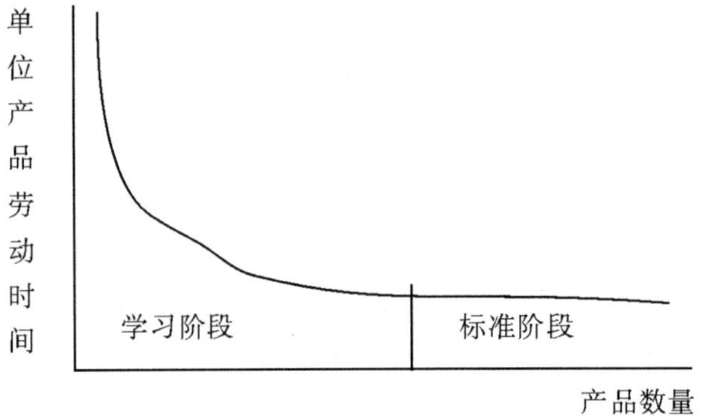

图 7－4　学习曲线图

对于学习曲线的规律，可以通过公式 7－1 进行描述：

$$Y_x = Kx^{-b} \quad \text{(公式 7－1)}$$

式中，Y_x 代表生产第 x 台产品的直接人工工时，x 代表生产的台数，K 代表生产第一台产品的直接人工工时，b 代表幂指数，$b=\frac{\lg P}{\lg 2}$，P 代表学习率，指学习曲线的变化率。

学习曲线为工时定额的管理及提高提供了重要的分析工具。

【例 7－1】 已知生产第一台产品的工时为 10000 小时，学习率为 80％，求生产第八台产品的工时。

解：$b=\frac{\lg P}{\lg 2}=\frac{-\lg 0.8}{\lg 2}=0.322$

$Y_x = Kx^{-b} = 10000 \times (8)^{-0.322} = 5120$(小时)

(二) 学习效应的应用及局限

学习效应可以在以下几方面发挥作用。

(1) 制定工时定额。学习效应可以用来科学地制定工时定额。同时，企业还可以通过激励措施鼓励和引导员工来改进生产，不断提高劳动效率，改进工时定额。

(2) 学习效应可以帮助企业评估不断降低生产成本的可能性，并据此制订成本计划和进行新产品定价。

(3) 控制工程进度。利用学习效应可以估计生产周期，这将有利于企业对生产计划和作业进度的安排。

(4) 学习效应在企业竞争策略中的应用。利用学习效应，将有助于企业运营战略的实施。比如当企业采取低成本策略时，为维持一定的利润，企业通常会尽快增加产量，通过学习效应来降低成本。

需要注意的是，对于产品结构复杂、加工数量小、手工作业所占的比例较大的作业，学习效应通常较为明显，反之，则学习效应不显著。此外，由于学习效应的存在增加了生产系统的刚性，因此有可能会降低生产系统适应环境变化、更新产品的能力。环境变化中的不确定性因素也可能会影响到学习规律，对此估计不足或应用不当，则会给企业带来损失。

关键名词

工作设计　方法分析　定额时间　作业测定　标准时间　正常时间　宽放时间　学习效应

复习思考题

1. 什么是工作设计？
2. 试比较效率学派与行为学派关于工作设计理论的优缺点。
3. 简述定额时间的主要构成。
4. 作业测定的常用方法有哪些？
5. 什么是学习效应？试结合实例说明学习效应在运营管理中的应用。
6. 联合装配公司(UAP)在测试求职者能否在装配线上胜任工作时，管理部门认为在操作1000次后就大体达到稳定，预计普通装配工应在4分钟内完成任务。如果求职者第1次操作时间为10分钟，第2次操作时间为8分钟，是否应雇佣此求职者？

案例分析

联合邮包服务公司(UPS)雇用了15万名员工，平均每天将900万个包裹发送到美国各地和世界180多个国家和地区。他们的宗旨是：在邮运业中办理最快捷的运送。为此，UPS的管理者系统地培训他们的员工，使他们以尽可能高的效率工作。

UPS的工业工程师们对每一位司机的行驶路线进行了时间研究，记录了司机们等待红灯、通行、按门铃、穿过院子、上楼梯、中间休息喝咖啡的时间，甚至上厕所的时间，并将这些数据输入计算机中进行分析，从而对送货、取货和暂停活动设立了工作标准，在此基础上给出每一位司机每天工作的详细时间标准。

UPS公司为司机们制定了每天取送130件包裹的目标，为了完成任务，司机们必须严格遵守工程师们设定的程序：当他们接近发送站时，需要松开安全带，按喇叭，关发动机，拉起紧急制动，把变速器推到一档上，为送货完毕后的启动离开做好准备，这一系列动作极为严格。然后，司机从驾驶室出溜到地面上，右臂夹着文件夹，左手拿着包裹，右手拿着车钥匙，看一眼包裹上的地址，把它记在脑子里，以每秒钟3英尺的速度快步走到顾客的门前，先敲一下门以免浪费时间找门铃。送货完毕，他们在回到卡车上的路途中完成登录工作。

事实证明，UPS是世界上效率最高的公司之一。联邦捷运公司每人每天取运80件包裹，而UPS公司却是130件。高效率在为UPS公司带来丰厚利润的同时，也给员工们提供了不错的收入，据悉，UPS的司机每小时的报酬是15美元，远远高于行业的平均水平。

讨论题

1. 针对UPS公司的例子，谈谈你对工作设计的认识。
2. 你赞同UPS公司的做法吗？为什么？

第三部分　运营活动计划与控制

第八章 生产计划与作业排序

【学习目的与要求】

了解总生产计划的概念、生产作业计划的内容，熟悉编制总生产计划的几种策略，了解作业排序的基本概念、常见分类、常用表述方法及排序目标，掌握常见的作业排序方法，了解生产控制的主要内容。

【教学重点与难点】

教学重点：编制总生产计划的四种策略，作业排序的常用方法。教学难点：总生产计划编制策略，排序方法的应用。

第一节 生产计划系统

一、生产计划及其作用

生产计划是根据企业计划（business plan）和一定时期的具体需求，考虑现有的可用生产能力的约束编制而成的关于如何生产的计划，即对生产作业活动作出统筹安排，从而使能力与需求大致平衡。生产计划规定了一定计划期内生产或提供产品或服务的品种、质量、数量和进度，决定着生产资源的利用程度，关系到顾客需求的满足，企业计划、营销计划和财务计划的实现是供应、劳动人事、成本计划的一个重要依据。

二、生产计划系统

企业的生产计划系统由流程规划、运营能力规划、总生产计划、主生产计划、物料需求计划、生产作业计划等构成，其层次关系如图 8—1 所示。

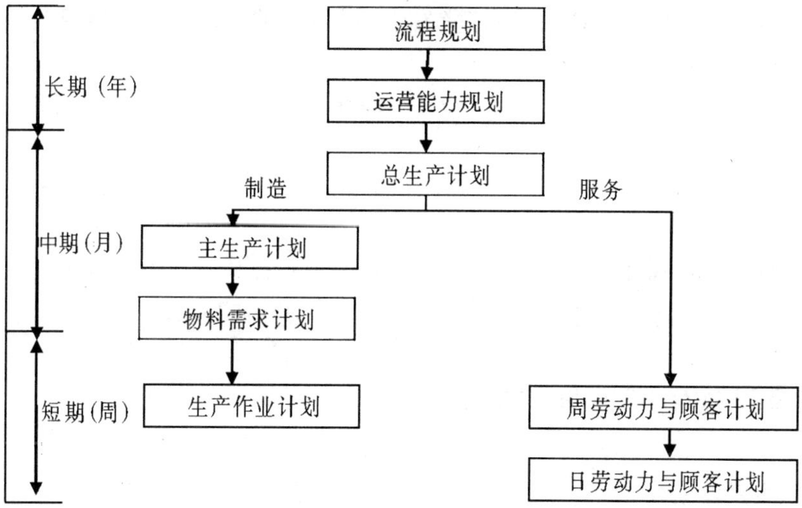

图 8－1　生产计划的层次

由图 8－1 可知，首先，从长期来看，企业需要根据市场需求进行产品开发与工艺流程规划，之后根据产品工艺流程的要求进行运营能力规划；然后，要根据市场需求与自身资源状况编制以月为单位的中期计划，即总生产计划，对制造业而言，还需将总生产计划分解为主生产计划，并结合库存状况编制生产所需各类物料的物料需求计划；最后，要将生产计划细化为以周甚至更短时间为单位的生产作业计划。本章主要介绍总生产计划、生产作业计划的基本内容以及编制生产作业计划过程中的作业排序问题。

第二节　总生产计划

一、总生产计划的概念

总生产计划一般是指企业一年左右的中期计划，在生产计划系统中起承上启下的作用，既是运营能力规划的落实，又是制订主生产计划、物料需求计划和生产作业计划的基础。比如，一家自行车制造厂根据需求与产能，制订了下一年度生产自行车 100 万辆的总生产计划，这里的“自行车”是抽象的，包括了不同类型、规格的自行车，需要在主生产计划中予以细化。

二、编制总生产计划的四种基本策略

在落实运营能力规划、编制总生产计划的过程中，由于需求和生产能力很少完全一致，因此，通常采取以下四种策略来应对需求的波动。

(1) 追逐策略:即在计划期内,当订货发生变化时,通过相应地雇佣或裁减员工以使产量与订货量相一致。

(2) 稳定的劳动力水平,变化的工作时间:即在计划期内通过改变员工的工作时间来改变产量。

(3) 平准策略:即在计划期内保持生产能力相对稳定,通过调节库存来应对产量的变化。

(4) 分包:即在计划期内,通过将超过能力的需求外包给其他企业的方式来应对需求与能力的不平衡。在这一策略中,稳固的供应商关系会降低"控制"风险。

三、编制总生产计划的方法

(一) 总生产计划成本

在编制总生产计划的过程中,与之有关的成本主要包括四类。

1. 基本生产成本

基本生产成本主要指计划期内生产某种产品的固定成本与变动成本,包括直接和间接劳动力成本、正常工资和加班工资等。

2. 与生产率相关的成本

与生产率相关的成本主要是指雇佣、培训工人与解雇工人的相关成本。

3. 库存成本

库存成本主要指因库存而引起的资金占用、存储费用、保险、折旧、损坏等的成本。

4. 延期交货成本

延期交货成本主要指赶工成本、信誉损失、销售收入下降等成本。

(二) 总生产计划编制方法

编制总生产计划的方法很多,如经验法、线性规划法、试算法等。本节主要介绍试算法在总生产计划编制中的应用。所谓试算法,是一种通过计算不同生产计划成本来选择优选方案的计划编制方法。应用试算法编制总生产计划的目标是确定劳动力水平与库存量水平的最佳组合,在实现能力与需求平衡的同时,使计划期内与生产相关的成本最小。

下面通过一个例子,结合常用的平准策略与追逐策略来说明试算法的基本思路。

【例 8-1】 某公司的基本信息如表 8-1 所示,请为其制订为期 6 个月的生产计划。

表 8-1 某公司的基本信息表

	需求与工作天数						
	1 月	2 月	3 月	4 月	5 月	6 月	总计
需求预测	1200	1500	1100	900	1000	1300	7000
工作天数	20	18	21	20	19	22	120
材料成本					100 元/件		
库存成本					1.5 元/件·月		

续　表

缺货成本	5 元/件·月
外包边际成本	20 元/件·月(120～100)
招聘与培训成本	200 元/人
解聘费用	250 元/人
单位产品加工时间	5 小时/件
正常人工成本(每天 8 小时)	4 元/小时
加班人工成本(正常费用的 1.5 倍)	6 元/小时
期初库存	200 件
安全库存	月预测需求量的 20%

解：

方案 1:追逐策略。即改变工人人数,每天固定工作 8 小时,使生产出来的产品数量恰好与产品需求相一致。

(1) 计算制订计划所需要的相关数据,见表 8-2。

表 8-2　总生产计划需要的数据

	1 月	2 月	3 月	4 月	5 月	6 月
期初库存	200	240	300	220	180	200
预测需求量	1200	1500	1100	900	1000	1300
安全库存 (0.20×预测需求量)	240	300	220	180	200	260
生产需求量 (预测需求量+安全库存-期初库存)	1240	1560	1020	860	1020	1360
期末库存 (期初库存+生产需求量-预测需求量)	240	300	220	180	200	260

在此基础上,利用追逐策略进行计划安排。在计算过程中需要注意两点:一是在计算所需人数时对小数向上取整;二是以 1 月初的人数为起始人数安排计划,以后月份根据任务的多少进行员工的招聘或解聘。

(2) 追逐策略计算的过程与结果见表 8-3。

表 8-3　追逐策略计算过程与结果

	1 月	2 月	3 月	4 月	5 月	6 月	总计
生产需求量	1240	1560	1020	860	1020	1360	
生产时间 (生产需求量×5 小时/件)	6200	7800	5100	4300	5100	6800	
每月工作天数	20	16	21	20	19	22	

续　表

每人每月工时 （每月工作天数×8 小时/天）	160	144	168	160	152	176	
所需人数 （生产时间/每人每月工时）	39	55	31	27	34	39	
新增工人人数	0	16	0	0	7	5	
招聘费	0	3200	0	0	1400	1000	5600
解聘人数	0	0	24	4	0	0	
解聘费	0	0	6000	1000	0	0	7000
正常人工成本 （生产时间×4 元/小时）	24800	31200	20400	17200	20400	27200	1412000
总计							153800

方案 2:平准策略。即维持固定的工人人数,通过库存调节生产量。其中,固定的工人人数=(7000 件× 5 小时/件)÷(120 天×8 小时/天)≈37 人。在计算实际生产量时,对小数采取向下取整。平准策略的计算过程与结果见表 8－4。

表 8－4　平准策略计算过程与结果

	1 月	2 月	3 月	4 月	5 月	6 月	总计
期初库存	200	184	－251	－108	176	300	
每月工作天数	20	18	21	20	19	22	120
可用生产时间 （工作天数×8 小时/天×37 人）	5920	5328	6216	5920	5624	6512	
实际生产量 （可用生产时间/5 小时/件）	1184	1065	1243	1184	1124	1302	
需求量预测	1200	1500	1100	900	1000	1300	7000
期末库存 （期初库存＋实际产量－需求预测量）	184	－251	－108	176	300	302	
缺货损失 （缺货件数×5 元）	0	1255	540	0	0	0	1795
安全库存	240	300	220	180	200	260	
多余库存 （期末库存－安全库存）	0	0	0	0	100	42	
库存费用 （多余库存×1.5 元）	0	0	0	0	150	63	213
正常人工成本	23680	21312	24864	23680	22490	26048	142074

根据计算结果，将两个计划方案进行比较，如表 8－5。

表 8－5　两个计划方案的比较

成本	生产计划 1： 满足生产需求量；变动工人人数	生产计划 2： 固定工人人数；变动库存
招聘费	5600	0
解聘费	7000	0
多余库存	0	213
缺货损失	0	1795
正常人工成本	141200	142074
总计	153800	144082

在顺利安排生产任务的同时，计划 2 的总成本更低，为优选方案。

第三节　主生产计划与生产作业计划

一、主生产计划

多数情况下，总生产计划所指的产品或服务是抽象的，比如，实际中并不存在抽象的自行车，只存在不同规格的自行车。因此，要对总生产计划进行分解，生成主生产计划。

所谓主生产计划，就是根据预期产品达到的数量、订货提前期和已有库存等因素而规定的计划期内必须完成的具体产品的数量和进度。比如，某自行车厂制订了下一年度的总生产计划，表 8－6 是其中的一部分。

表 8－6　自行车厂的部分总生产计划

	1 月	2 月	3 月
产量（辆）	10000	15000	20000

在总生产计划的基础上，需要分解制订出主生产计划，如表 8－7 所示。

表 8－7　自行车厂的主生产计划

	1 月				2 月				3 月			
周次	1	2	3	4	5	6	7	8	9	10	11	12
C 型产量		1600		1600		2400		2400		3200		3200
D 型产量	1500	1500	1500	1500	2250	2250	2250	2250	3000	3000	3000	3000
R 型产量	400		400		600		600		800		800	
月产量	10000				15000				20000			

二、生产作业计划

（一）生产作业计划的概念

生产作业计划是总生产计划与主生产计划的补充，是把企业的作业任务分解为短期的具体任务，规定每个环节（车间、工段、小组和机台等）、每个单位时间（周、日、轮班或小时）的具体任务（投入和产出的时间和数量）的计划。生产作业计划内容体系的三维结构如图8－2所示。

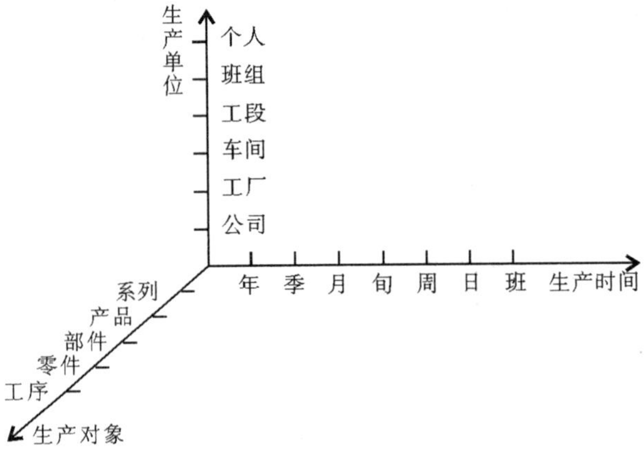

图8－2 生产作业计划内容体系的三维结构

（二）生产作业计划的内容

编制生产作业计划的目的在于对作业任务做出具体安排，使每个作业环节能够达到均衡的同时，顺利完成作业任务。如前所述，企业的生产类型可以分为大量生产、成批生产与单件生产，生产类型不同，作业计划内容的侧重点也有差异。

1. 大量生产系统的作业计划

大量生产系统的产品品种少、数量大，设备专业化程度高，通常采用流水线生产。这些特点决定了大量生产系统生产计划安排的侧重点在于如何保证生产线连续流畅地运行和最大限度地通过细化管理来降低成本。为此，大量生产系统的作业计划安排应该重点做到确定最优化的产品组合、实现材料供应的精益化、严把质量关、通过预防性维修制度保持设备的良好运行等。

2. 成批生产系统的作业计划

成批生产系统的产品品种比大量生产系统多、比单件小批生产系统少，产量比大量生产系统小、比单件小批生产系统大，间歇性轮番生产是该系统的主要特征。对于这类生产系统，作业计划的侧重点在于如何确定每一种产品的生产批量，对作业之间的转换进行有效控制，实现生产的配套性。经济生产批量模型、模块化设计与制造、作业排序等是安排成批生产系统作业计划的有效工具。

3. 单件小批生产系统的作业计划

单件小批生产系统的产品品种多、产量小，生产的重复程度低，生产品种、数量和交货时间通常取决于顾客的订单，生产情况复杂。对于这类生产系统，作业计划的侧重点在于如何根据各作业中心的能力将生产任务分配下去，并通过作业排序实现生产目标（比如降低成本、总流程时间最短等）。

第四节　作业排序

制订生产作业计划的重要内容就是确定每个工作中心加工工件的顺序，以及具体的开工时间和完工时间，因此，作业排序是制订生产作业计划的重要步骤。尤其对单件小批生产系统而言，其生产作业计划主要就是作业排序问题。

一、作业排序概述

（一）作业排序及排序结果的表示方法

1. 作业排序概念

作业排序就是要将不同的工作任务安排一个执行的顺序，从而将有限的人力、物力资源分配给不同工作任务，使预定的目标最优化。比如，某企业生产白、灰、红、绿四种油漆，每次生产前都有清洗容器的调整准备时间，按怎样的顺序安排生产，能够使总的调整准备时间最少？有三人同时到达银行，每人的业务不同，如何安排顺序，使得他们的平均等待时间最短？上述情况均涉及作业排序的问题。

在作业排序中有两个重要的概念：一是工件（Job），即服务对象，可以是人、工作或零件等；二是机器（Machine，Processor），指服务者，可以是设备、工作地或人等。比如，n 个零件在机器上加工，这里“工件”指的是待加工的零件，“机器”指的是加工用的设备；工人维修设备，此时，“工件”指的是出故障的设备，“机器”指的是维修工人。

2. 排序结果表示方法

对于作业排序的结果，通常可以根据待排序任务的代号，采用以下两种方式中的一种来进行表述：

（1）用 1，6，5，4，3，2……描述排序结果。

（2）用 J_1—J_6—J_5—J_4—J_3—J_2—……描述排序结果。

（二）作业排序的分类及排序类型的表示方法

1. 作业排序分类

作业排序有不同的分类，最常见的分类方法是将排序任务分为劳动力作业排序与生产作业排序。其中，劳动力作业排序以服务业为主，主要涉及安排服务者的问题，即通过排序确定人员何时工作，其排序的重点在于体现服务的及时性。生产作业排序主要是指将不同的工件安排到不同设备上，或安排不同的人做不同工作，涉及安排服务对象或服务者的问题，以制造业为主，在排序过程中重点关注周期、成本、质量、库存等因素。

对于生产作业排序，按照不同的标准又可以进行进一步的分类。按设备的种类和数量，可以分为单机排序和多机排序；按目标函数的性质，可以分为单目标排序和多目标排序；按工件加工路线的特征，可以分为流水型排序与非流水型排序等。流水型(F)排序又被称为流水车间(Flow－shop)排序，是指每个工件的加工路线、加工顺序一样的排序问题。所谓加工路线一样，是指每一个工件的加工流向一致，比如，几个待排序工件的流向均为车—铣—磨、车—磨或铣—磨等。所谓加工顺序一致，是指所有工件在各台机器上的加工顺序是一样的，比如工件排序为 J_1—J_3—J_2，则表示所有机器都是先加工 J_1，然后加工 J_3，最后加工 J_2。非流水型(G)排序又称为单件车间(Job－shop)排序，是指每个工件都有其独特的加工路线，工件没有一定的流向的排序问题。本部分主要介绍流水型排序问题的常用排序方法。

2. 排序类型表示方法

对于不同排序类型的描述，一般正规的表示方法为 $n/m/\mathrm{A}/B$。其中，n 代表工件数；m 代表机器数；A 代表排序的车间类型，流水车间表述为 F，非流水车间表述为 G；B 代表排序的目标函数，比如加工周期、交货期、总费用等。例如，$n/2/\mathrm{F}/Fmax$，表示的是 n 个工件在 2 台机器上的流水型排序问题，排序的目标是实现最大流程时间最短。

(三) 作业排序的假设条件

作业排序的解决通常需要借助一定的数学模型，为此，必须对作业排序给出一些假设条件。其中，最基本的假设条件包括以下几个方面。

(1) 一个工件不能同时在几台不同的机器上加工。

(2) 工件在加工过程中采取平行移动方式。

(3) 不允许中断。即当一个工件开始加工时，必须一次加工完，不允许中间插入其他工件。

(4) 每道工序只在一台机器上完成。

(5) 每台机器同时只能加工一个工件。

(6) 工件数、机器数和加工时间已知，加工时间与加工顺序无关。

(四) 排序方案的评价标准

进行作业排序或排序方案选择时，需要借助一定的排序标准对不同的排序方案进行评价，常见的排序方案评价标准包括总流程时间最短、平均流程时间最短、最大延迟时间或最大误期最短、平均延迟或平均误期最短、平均在制品占用量最小、总调整时间最小等。

二、制造业作业排序方法

制造业的作业排序通常以降低成本、缩短生产周期等为目标，按照使用机器的数量与种类，可以分为多个工件在一台机器上的排序问题、多个工件在两台机器上的排序问题、多个工件在多台机器上的排序问题等。

(一) *n* 个工件在一台机器上的作业排序方法

多项作业在一个工作中心加工时，作业加工顺序不同，全部作业的总流程时间、总延期数等指标也会不同。解决 n 个工件在一台机器上的排序问题，有一些常用的排序准则，其中，最常见的是以下三种。

(1) 先到先服务准则(First Come First Served,FCFS)：即按照作业到达工作中心的先后顺序进行加工。

(2) 最短作业时间优先准则(Shortest Processing Time,SPT)：即按照作业加工时间从小到大的顺序进行加工，加工时间短的作业排在前面。

(3) 交货期最早优先准则(Earliest Due Date,EDD)：即按照作业交货期的早晚进行排序，把交工时间最紧迫的任务排在最前面加工。

下面，结合一个具体的例子来说明三种排序准则的应用。

【例 8－1】 有 5 个工件需在某工作中心加工，按照工件到达的先后顺序给出的工件加工时间与预定交货日期如表 8－8 所示。试分别用 FCFS 准则、SPT 准则和 EDD 准则进行作业排序。

表 8－8　作业相关信息表

任务到达顺序	加工时间(天)	交货日期(天)
A	3	5
B	4	6
C	2	7
D	6	9
E	1	2

解：

(1) 用 FCFS 准则进行作业排序。其排序结果与相关评价指标的计算如表 8－9 所示。

表 8－9　FCFS 准则排序方案

加工顺序	加工时间	交货日期	流程时间 F_i(天)	延期交货时间 (天)	评价指标
A	3	5	0＋3＝3	—	(1) 总流程时间＝50(天) (2) 平均流程时间＝50/5＝10(天) (3) 平均延期数＝(1＋2＋6＋14)/5＝4.6(天) (4) 总延期数＝4
B	4	6	3＋4＝7	1	
C	2	7	7＋2＝9	2	
D	6	9	9＋6＝15	6	
E	1	2	15＋1＝16	14	
合计	16		50		

对于上述计算过程中的相关概念作如下说明。

① 交货日期指的是一个相对天数，比如 A 的交货日期是 5 天，代表以作业的开始时间为第 1 天，第 5 天交工。

② 流程时间指的是工件在工作中心的实际停留时间，通常用 F_i 来表示工件 i 的流程时间，即工件 i 在工作中心的实际停留时间。

③ 总流程时间指的是所有工件在工作中心实际停留的总时间，可以用 F 来表示，$F=\sum_{i=1}^{n}F_i$；而平均流程时间 $\bar{F}$ 代表各工件在工作中心的平均停留时间，$\bar{F}=\frac{1}{n}\sum_{i=1}^{n}F_i$。

④ 延期交货时间指的是流程时间与交货日期的差。

(2) 用 SPT 准则进行排序。其排序结果与相关评价指标的计算如表 8－10 所示。

表 8－10 SPT 准则排序方案

加工顺序	加工时间	交货日期	流程时间	延期交货时间	评价指标
E	1	2	0＋1＝1	—	(1) 总流程时间＝36(天)
C	2	7	1＋2＝3	—	(2) 平均流程时间＝36/5＝7.2(天)
A	3	5	3＋3＝6	1	(3) 平均延期数＝(1＋4＋7)/5＝2.4(天)
B	4	6	6＋4＝10	4	(4) 总延期数＝3
D	6	9	10＋6＝16	7	
合计	16		36		

(3) 用 EDD 准则进行排序。其排序结果与相关评价指标的计算如表 8－11 所示。

表 8－11 EDD 准则排序方案

加工顺序	加工时间	交货日期	流程时间	延期交货时间	评价指标
E	1	2	0＋1＝1	—	(1) 总流程时间＝39(天)
A	3	5	1＋3＝4	—	(2) 平均流程时间＝39/5＝7.8(天)
B	4	6	4＋4＝8	2	(3) 平均延期数＝(2＋3＋7)/5＝2.4(天)
C	2	7	8＋2＝10	3	(4) 总延期数＝3
D	6	9	10＋6＝16	7	
合计	16		39		

表 8－12 对上述三个排序方案评价指标的计算结果进行了汇总，并对三种排序规则的主要特点进行了比较。

表 8－12 三个排序方案的评价指标及优缺点比较

准则	总流程时间	平均流程时间	平均延期数	总延期数	比较结果
FCFS	50	10	4.6	4	公平、简便
SPT	36	7.2	2.4	3	各项指标最优，但时间长的作业等待过久
EDD	39	7.8	2.4	3	不易延误

(二) *n* 个工件在两台机器上(*n*/2/F/*Fmax*)的排序方法

n 个工件在两台机器上的流水型排序问题，最常用的目标是 *Fmax* 最短，即最长流程时间(又称为最长完成时间)最短。这里所说的最长流程时间(*Fmax*)，是指从第一个工

件在第一台机器上开始加工起到最后一个工件在最后一台机器上加工完毕为止所经过的时间(也就是一批工件的加工周期)。假定所有工件的到达时间都为 0(同时到达),则 $Fmax$ 等于排在末位加工的工件在工作中心的停留时间。

实现两台机器作业排序的最长流程时间最短的目标,一种优化算法是著名的约翰逊一贝尔曼法则,即约一贝法则,通常又被称为 Johnson 法则。其基本操作步骤如下。

(1) 列出所有工件在两台设备上的作业时间。

(2) 找出作业时间最小者。

(3) 如果该最小值是在设备 1 上,将对应的工件排在前面;如果该最小值是在设备 2 上,则将对应的工件排在后面。

(4) 排除已安排好的工件,在剩余的工件中重复步骤(2)和(3),直到所有工件都安排完毕。

以下,是一个应用约一贝法则的具体例子。

【例 8—2】 某一班组有 A、B 两台设备,要完成 5 个工件的加工任务。每个工件在设备上的加工时间如表 8—13 所示。求总加工周期最短的作业顺序。

表 8－13　工件在两台设备上的加工时间

工件编号	J_1	J_2	J_3	J_4	J_5
设备 A	3	6	7	1	5
设备 B	2	8	6	4	3

解:(1) 按约一贝法则排序。

① 找出作业时间最小值 1,该最小值在设备 A(即第 1 台设备)上,所以,应将对应的工件 J_4 排在最前面:J_4-＊-＊-＊-＊。

② 排除已安排好的工件 J_4,在剩余的工件中找最小作业时间值,为 2,出现在设备 B(即第 2 台设备)上,将对应的工件 J_1 排在最后面:J_4-＊-＊-＊-J_1。

③ 排除 J_1,重复步骤②,得到:J_4-＊-＊-J_5-J_1。

④ 得到:J_4-J_2—J_3-J_5-J_1。

所以,作业排序的结果是 J_4-J_2-J_3-J_5-J_1,或者表述为(4,2,3,5,1)。

(2) 计算排序方案下的最长流程时间。计算过程及结果见表 8—14、表 8—15。

表 8－14　作业排序前的最长流程时间计算过程及结果

	J_1	J_2	J_3	J_4	J_5
A	3 / 3	6 / 9	7 / 16	1 / 17	5 / 22
B	2 / 5	8 / 17	6 / 23	4 / 27	3 / 30

表 8－15　约－贝法则排序后的最长流程时间计算过程及结果

	J_4	J_2	J_3	J_5	J_1
A	1 / 1	6 / 7	7 / 14	5 / 19	3 / 22
B	4 / 5	8 / 15	6 / 21	3 / 24	2 / 26

需要说明的是，约－贝法则只是一个充分条件，不是必要条件。不符合这个法则的加工顺序，也可能是最优顺序。即约－贝法则找到的不是唯一的最优解。

（三）*n* 个工件在三台设备上（$n/3/F/Fmax$）的排序方法

对于三台机器的流水车间排序问题，尚未找到通用的方法去寻求最长流程时间最短的排序方案，只有符合一些特殊条件的排序问题可以找到最优解，这些条件如下。

（1）所有工件在三台机器上的加工顺序相同，都顺次经过机器 1、机器 2、机器 3；

（2）在第一台机器上加工最短的时间≥在第二台机器上加工最长的时间；

（3）在第三台机器上加工最短的时间≥在第二台机器上加工最长的时间。

【例 8－3】 有 4 个工件，它们在三台机器上的加工顺序相同，加工时间见表 8－16，求总加工周期最短的作业顺序。

表 8－16　4 个工件在三台机器上的加工时间

工件编号	J_1	J_2	J_3	J_4
设备 A	13	5	6	7
设备 B	5	3	4	2
设备 C	9	7	5	6

解：通过分析可知，4 个工件在第一台机器上加工最短的时间为 5，等于在第二台机器上加工最长的时间 5，在第三台机器上加工最短的时间为 5，等于在第二台机器上加工最长的时间 5，符合条件。此时，可按照下述方法寻求最优解。

（1）设置两台假想设备，即假想设备 1 与假想设备 2。4 个工件在假想设备 1 上的加工时间为工件在原设备 A、设备 B 上加工时间之和，在假想设备 2 上的加工时间为工件在原设备 B、设备 C 上加工时间之和，这样，就把 n 个工件在三台机器上的排序问题转化成为 n 个工件在两台假想设备上的排序问题。具体情况见表 8－17。

表 8－17　工件在假想设备上的加工时间

工件编号	J_1	J_2	J_3	J_4
假想设备 1	13＋5＝18	5＋3＝8	6＋4＝10	7＋2＝9
假想设备 2	5＋9＝14	3＋7＝10	4＋5＝9	2＋6＝8

（2）应用约－贝法则进行排序，排序结果为：$J_2-J_1-J_3-J_4$。

（3）计算最长流程时间，见表 8－18。

表 8－18 最长流程时间计算过程与结果

	J_2	J_1	J_3	J_4
A	5 / 5	13 / 18	6 / 24	1 / 31
B	3 / 8	5 / 23	4 / 28	2 / 33
C	7 / 15	9 / 32	5 / 37	6 / 43

由计算可知，最长流程时间是 43。

（四）n 个工件在 m 台设备上（$n/m/F/Fmax$）的排序方法

对于多个工件在三台以上设备上的流水型排序问题，如果不考虑先行约束，那么就有可能存在 $(n!)^m$ 种可能的排序方案，所以处理这样问题唯一可行的方法是进行计算机模拟，以此来找到最优解。

为了说明这类问题的求解思路，下面选取一类常用的启发式算法作说明，即选取按斜度指标排序的启发式算法。按斜度指标排序的启发式算法又称为 Palmer 法，主要是通过计算工件的斜度指标，然后按照一定的规则来进行排序。工件的斜度指标可按下式计算。

$$\lambda_i = \sum_{k=1}^{m}[k-(m+1)/2]P_{ik} \qquad \text{（公式 8－1）}$$

其中，λ_i 为工件 i 的斜度指标；m 为机器数；P_{ik} 为工件 i 在设备 k 上的加工时间，$k=1,2,\cdots,m$。

按照各工件 λ_i 不增的顺序排列工件，可得出令人满意的顺序。

【例 8－4】 有一个 $4/3/F/Fmax$ 问题，其加工时间如表 8－19 所示，试用 Palmer 法求解。

表 8－19 工件的加工时间

	J_1	J_2	J_3	J_4
P_{i1}	1	2	6	3
P_{i2}	8	4	15	9
P_{i3}	4	5	8	2

解：

（1）计算工件的斜度指标。

$$\lambda_i = \sum_{k=1}^{m}[k-(m+1)/2]P_{ik} = \sum_{k=1}^{3}[k-(3+1)/2]P_{ik} = \sum_{k=1}^{3}[k-2]P_{ik} = -P_{i1}+P_{i3}$$

所以，$\lambda_1 = -P_{i1}+P_{i3} = -P_{11}+P_{13} = -1+4 = 3$

$\lambda_2 = -P_{i1}+P_{i3} = -P_{21}+P_{23} = -2+5 = 3$

$\lambda_3 = -P_{i1}+P_{i3} = -P_{31}+P_{33} = -6+8 = 2$

$\lambda_4 = -P_{i1}+P_{i3} = -P_{41}+P_{43} = -3+2 = -1$

（2）按 λ_i 不增的顺序排列工件。

此时，可得到两个加工顺序：（1，2，3，4）和（2，1，3，4）。

（3）从中挑选较优者。

按照(1,2,3,4)的顺序加工,$Fmax=39$;按照(2,1,3,4)的顺序加工,$Fmax=40$。所以,较优的排序结果应该是(1,2,3,4),$Fmax=39$。

三、服务业作业排序方法

在服务业中,由于顾客需要参与服务过程,其到达服务系统具有随机性,并且服务不能像实体产品那样可以通过库存应急,所以,服务业作业排序的总目标通常为:调整服务能力,使其与顾客需求相适应,以降低顾客等待时间,提高服务满意度。

(一) 通过安排顾客需求进行服务业作业排序

所谓安排顾客需求,是指根据不同时间内可利用的服务能力来为顾客排序。常见的安排顾客需求的方法包括下面三种。

1. 预约

预约就是给予顾客特定的服务时间,如医生、律师等的服务。其优点在于及时的顾客服务以及服务人员的高效率,缺点在于无法控制服务时间长度以及顾客的迟到、违约导致的低效率。

2. 预订

预订类似于预约,但顾客接受服务时通常需要占用相关设施的服务,如顾客预订旅馆房间、火车或飞机票等。其优点在于能提前做出计划,实现设施的充分利用。

3. 排队等待

排队等待是一种允许需求积压,通过让顾客排队等待为顾客排序的不太准确的方法,例如,餐馆、银行、零售商店等。通常,这种排序方式的基本规则是先到先服务,但也允许某些顾客有特殊的优先权(如 VIP)。尽量缩短顾客等待时间是这一方法顺利应用的基础。

(二) 通过安排服务人员进行服务业作业排序

安排服务人员,就是将服务人员安排到顾客需求的不同时间段内,为服务人员排序。当需要快速响应顾客需求且需求量大致可以预计时,通常使用这种方法。通过适当安排人员来调整服务能力,以满足不同时间段的需求负荷要求。下面结合几类常见的服务排序问题,对安排服务人员的排序方法进行说明。

1. 连续休息日下的人员安排

商场、医院、邮局、银行等一周七天都需要开门的单位,既要使人员配备满足每天不同的顾客需求,又要考虑法律、人员精神需求等约束条件,保证每个员工一周内的工作日和休息日。为此,可以借助下面的方法进行人员安排,在保证上述目标实现的同时,还可以使每一位员工能够连续休息两天。该方法的基本步骤为:

(1) 在一周中(也可以是 10 天、一个月等),分别计算连续两日的人员需求量,并找出最小值,当出现最小值相同时,任选其一;

(2) 指定一名员工在需求量最小值对应的两天休息,将其余各天的人员需求量减 1,作为新的人员需求量;

(3) 重复上述过程,直至安排好所有员工。

【例 8－5】 邮局包裹服务部统计出了一周内每天顾客对包裹寄送服务的平均人员需求量，如表 8－20 所示。请据此对包裹服务部进行人员配置，使其在满足顾客需求的同时，能够保证每位员工都有两日连休。

表 8－20　一周内对包裹服务部服务人员的需求量

	周一	周二	周三	周四	周五	周六	周日
人员需求	5	4	6	8	9	3	2

解：

(1) 分别计算一周内连续两日的人员需求量，并找出最小值。由表 8－20 可知，这一最小值出现在周六、周日两天，所以，安排员工 1 在周六、周日连休，其他时间上班，安排结果见表 8－21。

表 8－21　对员工 1 的工作与休息时间安排

	周一		周二		周三		周四		周五		周六		周日	
人员需求	5		4		6		8		9		3		2	
员工 1	5	√	4	√	6	√	8	√	9	√	3	×	2	×

注："√"代表上班，"×"代表休息，下同。

(2) 将已经安排员工 1 上班的那五天的人员需求量减 1，作为新的人员需求量，重复上述过程，安排员工 2 的工作与休息时间。安排结果见表 8－22。

表 8－22　对员工 1、员工 2 的工作与休息时间安排

	周一		周二		周三		周四		周五		周六		周日	
人员需求	5		4		6		8		9		3		2	
员工 1	5	√	4	√	6	√	8	√	9	√	3	×	2	×
员工 2	4	√	3	√	5	√	7	√	8	√	3	×	2	×

(3) 重复上述过程，直至所有的员工安排完毕。结果见表 8－23。

表 8－23　对包裹服务部员工的工作与休息时间安排

	周一		周二		周三		周四		周五		周六		周日	
员工 1	5	√	4	√	6	√	8	√	9	√	3	×	2	×
员工 2	4	√	3	√	5	√	7	√	8	√	3	×	2	×
员工 3	3	√	2	√	4	√	6	√	7	√	3	×	2	×
员工 4	2	×	1	×	3	√	5	√	6	√	3	√	2	√
员工 5	2	√	1	√	2	√	4	√	5	√	2	×	1	×
员工 6	1	×	0	×	1	√	3	√	4	√	2	√	1	√
员工 7	1	√	0	×	0	×	2	√	3	√	1	√	0	√
员工 8	0	√	0	√	0	√	1	√	2	√	0	×	0	×
员工 9	0	√	0	√	0	√	0	√	1	√	0	×	0	×

续　表

在岗人数	7	6	8	9	9	3	3
人员需求	5	4	6	8	9	3	2
空闲人数	2	2	2	1	0	0	1

由表8—23可知，包裹服务部最多需要9名员工即可满足日常的包裹收发服务。事实上，对于员工9来说，一周中只需要工作一天，也就是说，按照目前的安排，实际上仍然存在一定的人员富余情况，从节约人工成本的角度，可以考虑取消第9名员工，采取其他方式，比如雇用临时人手、加班等，来解决周五人手不足的情况。此外，上述作业排序也不是唯一的优选方案，比如员工5可以安排在周六、周日两天连休，也可以安排在周日、周一或周一与周二连休。员工6、员工8、员工9同样存在这样的情况。

2. 小时工作制下的人员安排

餐饮类服务业面临的一个主要问题是每小时都在变动的需求：在高峰时间需要很多员工，在高峰时间之间则所需员工较少。管理层必须考虑怎样调整来适应这种变化的需求。此时，可以参考以下方法。

假定采取8小时轮班工作制，每个员工在8小时的工作时间中连续工作。选取某一时点作为起点时间，在第一小时，安排与需求量相等的员工数，接下来的时间段，安排额外的人员来满足需求。

【例8—6】 表8—24是一家24小时营业的西餐厅在前12小时的员工需求量。请以10:00作为起点时间，采取8小时轮班制，进行人员安排，以满足顾客的就餐需求。

表8—24　西餐厅12小时员工需求量

	10:00	11:00	12:00	1:00	2:00	3:00	4:00	5:00	6:00	7:00	8:00	9:00
员工需求量	5	7	9	9	6	5	5	6	9	10	10	6

解：人员安排过程及结果见表8—25。

表8—25　西餐厅人员安排过程及结果

	10:00	11:00	12:00	1:00	2:00	3:00	4:00	5:00	6:00	7:00	8:00	9:00
需求人数	5	7	9	9	6	5	5	6	9	10	10	6
分配人数	5	2	2	0	0	0	0	0	5	3	2	0
当班人数	5	7	9	9	9	9	9	9	9	10	10	10

第五节　生 产 控 制

一、生产控制的定义

生产控制是指为保证生产作业计划目标的实现，按照生产作业计划的要求，对企业的生产活动全过程的检查、监督、分析偏差和合理调节的系列活动。

生产控制有广义和狭义之分。广义的生产控制是指从生产准备开始到进行生产，直至成品出产入库为止的全过程的全面控制。它包括计划安排、生产进度控制及调度、库存控制、质量控制、成本控制等内容。狭义的生产控制主要指的是生产作业控制。

二、生产控制的主要内容

本部分主要介绍狭义的生产控制，即生产作业控制的主要内容。所谓生产作业控制，是指在生产作业计划执行过程中，为保证生产作业计划目标的实现而进行的监督、检查、调度和调节。其主要目的是保证完成生产作业计划所规定的产品产量和交货期限指标。其中，生产进度控制与生产调度是生产作业控制的两项重要内容。

（一）生产进度控制

生产进度控制是指按照已经制订出的生产作业计划，检查各种零部件的投入和产出时间、数量以及产品和生产过程的配套性，从而保证生产过程平衡进行并准时产出。生产进度控制是生产控制的核心，其基本内容主要包括投入进度控制、工序进度控制和出产进度控制。

(1) 投入进度控制。投入进度控制是指在产品生产中对产成品的投入日期、数量及对原材料、零部件投入提前期的控制。

(2) 工序进度控制。工序进度控制是指在生产中对每道工序上的加工进度的控制。

(3) 出产进度控制。出产进度控制主要是指对成品的出产日期、出产数量的控制。

（二）生产调度

生产调度是指对生产作业计划执行过程中可能出现的偏差进行监控、处理，保证生产活动协调进行的活动。编制生产计划和生产作业计划，无论考虑多么周密，安排如何具体，也不可能预见到实际生产过程中的一切变化。因此，必须加强生产调度工作，以便及时掌握情况，组织有关部门、有关人员处理解决这些不平衡因素，消除隐患，保证生产计划和生产作业计划按要求实现。

生产调度工作一般包括以下几方面的内容。

(1) 检查、督促和协助有关部门及时做好各项生产作业准备工作。

(2) 实时监控、了解各生产环节的运行状况，检查各生产环节物料的投入和产出进度，及时发现生产进度计划执行过程中的问题。

(3) 对生产作业计划完成情况的统计资料和其他生产信息(如由于各种原因造成的工时损失记录等)进行分析研究。

(4) 根据生产需要合理调配劳动力等资源，积极采取措施解决出现的问题。

关键名词

总生产计划　主生产计划　生产作业计划　追逐策略　平准策略　作业排序　约一贝法则　生产控制

复习思考题

1. 简述生产计划体系的层次关系。
2. 编制总生产计划的常见策略有哪些?
3. 生产作业计划要解决的主要问题是什么?
4. 什么是作业排序?
5. 制造业作业排序与服务业作业排序的目标有什么不同?
6. 简述约一贝法则排序的基本步骤。
7. 有一批 6 个工件同时到达某个工作中心，要在该工作中心的一台设备上进行加工。表 8—26 是这 6 个工件的加工时间及交货期的信息。试用 SPT 准则与 EDD 准则分别为 6 个工件进行作业排序，并计算平均流程时间与平均延期数。

表 8－26　6 个工件的加工信息表

工件	加工时间(天)	交货日期(天)
A	5	10
B	10	22
C	4	12
D	8	16
E	1	8
F	6	20

8. 某一车间有 A、B 两台设备，要完成 7 个工件的加工任务。每个工件在设备上的加工时间如表 8—27 所示。试确定总流程时间最短的作业排序方案，并计算总流程时间。

表 8－27　工件在两台设备上的加工时间

工件编号	J_1	J_2	J_3	J_4	J_5	J_6	J_7
设备 A	3	12	7	1	10	5	9
设备 B	2	6	9	4	3	8	11

案例分析

表 8—28 是某元器件制造公司市场部经理、生产经理以及财务主管提供的未来 6 个月的需求预测、材料成本等数据。

表 8－28　元器件公司的基本数据信息表

	需求与工作天数						
	1 月	2 月	3 月	4 月	5 月	6 月	总计
需求预测	5000	6000	7000	8000	9000	1000	42000
工作天数	20	18	21	20	19	22	120
材料成本				10 元/件			
库存成本				2 元/件·月			
缺货成本				8 元/件·月			
外包边际成本				18 元/件·月(120～100)			
招聘与培训成本				300 元/人			
解聘费用				350 元/人			
单位产品加工时间				5 小时/件			
正常人工成本(每天 8 小时)				8 元/小时			
加班人工成本(正常费用的 1.5 倍)				12 元/小时			
期初库存				100 件			
安全库存				月需求预测量的 10%			

讨论题

1. 试用平准策略与追逐策略制订公司的总生产计划方案。
2. 如果考虑将成本最小作为决策目标，你会推荐哪个方案？

第九章 库 存 管 理

【学习目的与要求】

了解库存的概念，理解库存的作用与弊端，了解定量订货系统与定期订货系统的特点，掌握多周期库存控制模型中的经济订货量基础模型，理解有效库存管理的ABC分类法。

【教学重点与难点】

教学重点：库存的利弊以及有效库存管理的必要条件。教学难点：几种库存控制模型的理解与应用。

第一节 库存管理概述

进行运营活动的计划与控制时，针对对象的特点，可以采取不同的方法。比如，借助库存管理的方法来管理有形物料的库存以满足最终需求；采用物料需求计划MRP来控制相关需求；通过准时化生产JIT实现对生产的实时计划与控制，仅在需要时精确地生产产品和服务；对于复杂的活动则可以采取项目管理的思路来解决问题。本章主要介绍有形物料的库存管理问题。

一、库存及其分类

（一）库存的定义

所谓库存，是指用于保证顺利生产或满足客户需要的物料储备。比如，一家典型的制造企业持有的库存主要包括原材料和买入的部件、在制品、产成品、工具、包装等物料以及运往仓库或顾客的在途商品等；一家超市的库存则通常包括各种新鲜、罐装、冷冻食品，家居用品，日用品等。

（二）库存的分类

为了便于管理库存，需要对库存进行分类。有几种常见的库存分类标准，可以将库存分为不同的类型。

1. 按物料的状态分

按物料的状态可以将库存分为原材料库存、在制品库存、成品库存、包装和低值易耗品库存、备件库存，这是一种常见的库存分类方法。

2. 按对库存的需求状况分

按对库存的需求状况可以将库存分为单周期库存和多周期库存。单周期库存是指在一定时期内一次性订货的库存，很少重复发生。比如中秋节的月饼、新年贺卡、报纸杂志等。多周期库存是指在一个较长时期内多次需要、不断补充的库存，如日常生产中需要的原材料库存等。

3. 按对库存的需求特性分

按对库存的需求特性可以将库存分为独立需求库存与相关需求库存。独立需求是指具有随机性、由市场决定的需求，是企业的外部需求；相关需求是指受其他物料需求影响的需求，是企业的内部需求。本章主要介绍独立需求库存管理问题，对相关需求库存的控制将放在第十章介绍。

二、库存的作用

企业之所以保留库存，通常是基于以下几方面的考虑，这也是库存作用的重要体现。

（一）缓冲作用

库存之所以存在，很重要的一个原因在于供需双方在时间、空间或数量上存在不确定性。企业通过保留库存，可以消除或对付需求或供应的不确定性影响，满足不确定的顾客需求，或者借助库存来缓解运营过程中不可预料的问题。

（二）经济作用

库存在经济方面的作用主要体现在：通过保留合理的库存来实现订购、存储等费用之和的最小化；避免物料价格上涨带来的成本增加；通过大量购买、增加库存来获得数量折扣等。

（三）充分利用生产能力，平滑生产的作用

对于企业，尤其是季节性需求模式的企业而言，面对波动的需求，将现在的剩余能力利用起来转化为产品库存，在能力不足、需求超量的时候利用库存以丰补歉，是实现企业能力与需求平衡、平滑生产的重要手段。

（四）增加计划的灵活性

企业可以凭借库存相对灵活地调整各环节的生产，从而增加计划的灵活性。

三、库存管理及其重要性

库存管理又称为库存控制，是企业以支持生产运作为目的而进行的与库存物料的计划与控制有关的各项活动。

长期以来，库存作为企业生产和销售的物资保障服务环节，在企业的经营中占有重要

地位。库存有助于保证生产正常、连续、稳定进行，也有助于保质、保量地满足客户需求，维护企业声誉，巩固市场的占有率。但是，库存过多，又会影响资金的周转，导致成本增加等问题。资料统计显示，在美国，有些企业库存周期只有 8 天，但有些中国企业的库存周期长达 51 天。而从管理业绩的度量指标来看，投资收益率是常用指标之一，投资收益率等于税后利润除以总资产，库存是流动资产的重要组成部分，减少库存可以使投资收益率明显提高。因此，合理控制库存水平、加强库存管理对企业来说至关重要。

第二节 有效库存管理的条件

一、有效库存管理的目标与核心

对企业而言，库存量过大或过小都有可能带来问题。库存量过大会占用大量的流动资金，增加仓库面积，从而导致资金利息支出和库存保管费用等的增加，提高了产品成本，影响资金的时间价值和机会收益；大量库存还掩盖了企业生产、经营全过程的各种矛盾和问题，不利于企业提高管理水平。但是，库存量过小又有可能造成服务水平的下降，导致原材料、其他物料或产品的供应不足，影响生产过程的正常进行或因不能及时交货而影响企业信誉，错失销售机会。

因此，对企业来说，如何确定并维持一个合理的库存水平，使其既保证生产（销售）需求（较高的顾客服务水平），又不占用过多的资金（较低的库存成本），就成为有效库存管理的目标与核心了。

二、有效库存管理的基本条件

（一）采取适当的库存订购系统

对企业来说，要实现对库存的有效控制，至少应该能够回答三个问题：(1) 隔多长时间检查一次库存？(2) 一次订购多少物料？(3) 何时订购？这三个问题的回答，都与企业采用什么样的库存订购系统有关。

企业常用的库存订购系统有两类，一是定量订购系统，二是定期订购系统。下面对这两类订购系统进行介绍。

1. 定量订购系统

定量订购系统，又称永续盘存系统，是指持续跟踪库存变化，提供各种物料的当前库存水平信息，当库存持有量达到预先确定的水平时，就进行固定数量 Q 的订货的库存订购系统。其示意图见图 9－1。

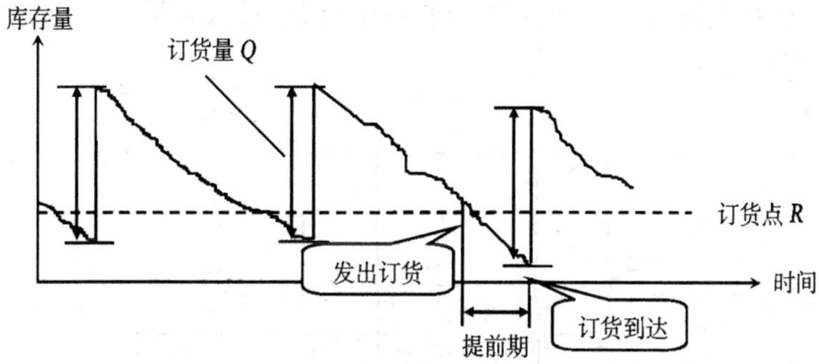

图 9－1　定量订购系统示意图

在定量订购系统下，需要连续地检查库存，当库存量下降到订货点 R 时就发出订货通知，每次按相同的订货批量 Q 补充库存。所以，定量订购系统的订购间隔时间不定，但订购数量确定，是否订货、什么时间订货是由订货点触发的。系统运行的关键点在于确定订货批量 Q 与订货点 R。其中，订货点 R＝每日需求量×提前期＋安全库存，订货批量 Q 如何确定将在第三节介绍。

定量订购系统的优点如下。

(1) 订货量不变，不易出错；

(2) 随时盘点，安全库存量较少(只需预防提前期缺货即可)，存储费用低；

(3) 随时观察，避免缺货。

其缺点如下。

(1) 工作量大，所需人力多；

(2) 各种物资独立订货，订货次数多，订货费用高，难以享受联合订货的数量折扣；

(3) 订货量不变，需求变动大时，需在较短时间内多次订货，有时会增加订货费用和工作量。

对于定量订购系统存在的缺点，随着技术的发展，也有了一些改进措施。比如，随着信息技术的发展，可以借助于条形码技术、RFID 技术等实现对零件、部件、成品或商品等的动态跟踪，获取库存的即时信息，从而在大大提高库存盘点速度与精确度的同时，提高用户服务水平。此外，也可以借助双堆系统来减少盘点的工作量。其示意图见图9－2。在双堆系统下，将物料分为两部分存放，一部分的存储量恰好等于该种物料的订货点存量，其他作为另一部分。使用时先动用非订货点存量的那部分物料，一旦使用完毕需要动用订货点存量部分的物料时，就需要对该种物料按照订货量进行订货了。

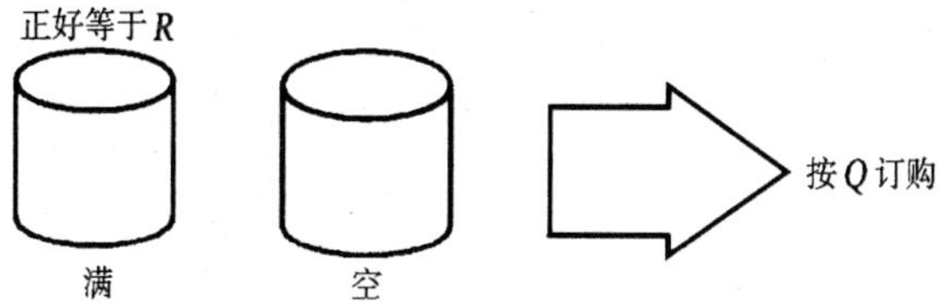

图 9－2　双堆系统示意图

2. 定期订购系统

定期订购系统又称为定期盘存系统，是指每经过一个相同的时间间隔(例如每周、每月)盘点一次库存的实际数量,以确定各种物料的订货数量,并进行一次订货的库存订购系统。其示意图见图 9—3。

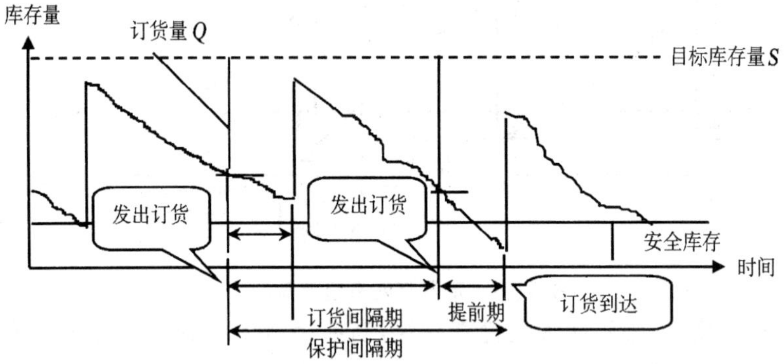

图 9—3　定期订购系统示意图

在定期订购系统下,按照设定的订货间隔期到期进行盘存,根据盘存结果计算订货量并进行订购。所以,定期订购系统的订购间隔时间一定,但订购数量不定,什么时间盘存、什么时间订货是由时间(即订货间隔期)触发的。这一系统运行的关键是要确定订货间隔期和预定的库存水平。

其中,目标库存量=(订货间隔期+提前期)×日需求量+安全库存;

订货量=目标库存量-现有库存量-在途库存。

定期订购系统的优点如下。

(1) 定期检查,工作量小;

(2) 各种物资能同时定期订货,订货次数少、费用低,有折扣机会。

其缺点如下。

(1) 目标库存量较多,需满足订货周期和提前期内需求的变化,存储费用高;

(2) 动态性差,有时会缺货;

(3) 订货周期不变,不管需求多少,到期就进货,有时会增加订货费用和工作量。

针对定期订购系统的缺点,可以考虑应用选择性补充系统这一变通模型来加以调整。其示意图见图 9—4。

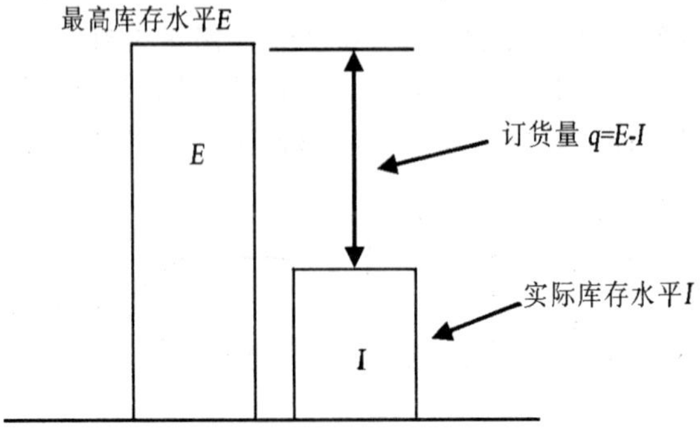

图 9—4　选择性补充系统示意图

在定期订购系统下,到期订货,物料的订货量为 q。但是,如果某一期需求过少时,到期就进货可能会增加订货费用和订货的工作量。针对这一问题,选择性补充系统设置了一个最小可接受的订货量 Q,当定期强制进行盘点(属于定期订购系统)后,如果 $q>Q$,则订购 q,否则,不订购。这可以大大减少因为一次订货量过少而引起的浪费。

(二) 建立严格的出入库制度

企业对于各类物料应该及时办理出入库手续,同时输入计算机记账核算,做到在任何时刻账面数据都应与库存货品规格、品种、数量相符。为此,需要做好以下四项工作。

(1) 验收:准确,及时,单据完备。

(2) 保管:合格存放,妥善保管,账物相符。

(3) 发放:按质、按量、按品种规格及时发货。

(4) 盘点:经常清仓、查库、盘点,账与实物相符。

(三) 科学的控制方法——ABC 分类法

ABC 分类法又称帕累托分析法,是根据事物在技术或经济方面的主要特征,进行分类排队,分清重点和一般,从而有区别地确定管理方式的一种分析方法。由于它把被分析的对象分成 A、B、C 三类,所以又称为 ABC 分类法。该种方法在库存管理、质量管理、成本管理和营销管理等管理的各个方面都可以应用。

从库存管理的角度来看,应用 ABC 分类法找出占用资金量大的少数物料加以重点管理和控制,是提高库存管理效率的一种有效的手段。其基本分析步骤如下。

(1) 计算每一种物料的资金占用额。

(2) 按照资金占用额由大到小的顺序排序。

(3) 计算每一种物料资金占用额占库存资金总额的比率和累计百分比。

(4) 列表分类(分类标准见表 9－1)。

表 9－1　ABC 分类法的物料分类标准

	品种	金额
A 类	10%～20%(10%)	70%～85%(70%)
B 类	20%～30%(20%)	10%～20%(20%)
C 类	50%～70%(70%)	5%～10%(10%)

(5) 绘制累计百分比图(参见图 9－5)。

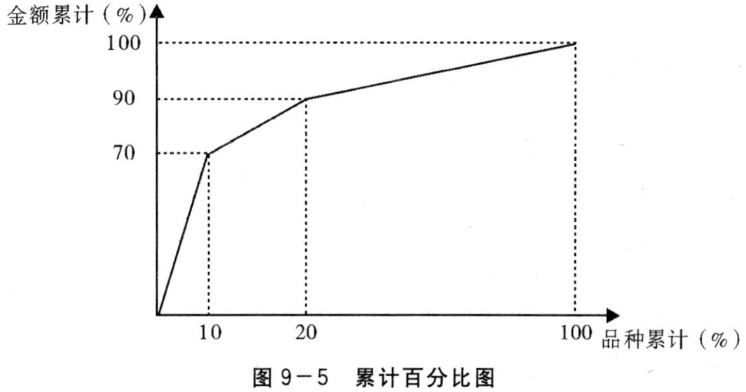

图 9－5　累计百分比图

(6) 确定控制方法。其中,A 类物资通常是控制工作的重点,应该制订详细的计划,严格控制其采购、库存储备量、订货量和订货时间,在保证生产的前提下,尽可能地减少库存,定期与不定期相结合地进行库存盘点;B 类物资应该适当控制,在保证生产的前提下减少库存;C 类物资则可以放宽控制,按年度或季度检查盘存。

第三节　常见的库存控制模型

固定批量订购的定量订购系统下,对于每种物料一次订购多少的问题,可以借助库存控制模型来寻求最优解。本节主要介绍几种常见的库存控制模型。

一、多周期库存控制模型

多周期库存是指在一个较长时期内多次需要、不断补充的库存,如日常生产中需要的原材料库存等。在多周期库存控制模型中,将介绍最常用的经济订货量基础(EOQ)模型,以及在这一模型基础上,结合实际应用扩展的两个变通模型,即经济生产批量模型与基于数量折扣的 EOQ 模型。

(一) 经济订货量基础模型

1. 库存成本

与库存相关的成本主要包括四类。

(1) 购置成本,即购买产品所支付的货款。

(2) 存储成本,即发生在库存存储过程中的成本,包括资金占用成本(利息)、存储空间成本(租金等)、库存服务成本(保安、保管等)、库存风险成本(丢失、损坏、变质等)等。

(3) 订货成本,即运输成本,准备发货单、装运、检验等的成本,差旅费,通信费等,与订货次数相关。

(4) 缺货成本,即中断造成的停工、延迟发货、丧失销售机会的损失,加班或紧急采购造成的额外成本等。

以上各类成本,发生于生产、采购的不同环节,具体情况参见图 9－6。

2. 经济订货量基础模型的假定条件

经济订货量基础模型的应用,是建立在以下假定条件之下的。

(1) 需求量已知且稳定不变;

(2) 交货期为预先知道的常数;

(3) 瞬时补充库存;

(4) 单位产品价格或成本为常数(无折扣,购置成本不变);

(5) 库存量随时间均匀下降(均匀消耗);

(6) 订货成本为常数;

(7) 不存在订不到货等约束(无缺货成本)。

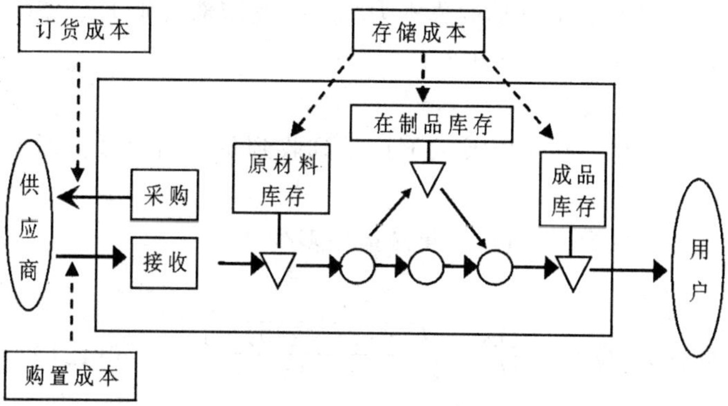

图 9－6 库存相关成本图

3. 经济订货量基础模型的基本内容

在上述假定条件下，存在着与库存相关的两种不同的成本：一种是订货成本，与原材料采购和产品订货的批量相关；另一种是存储成本，随着库存的增加而增加。前一种成本的存在使经营活动倾向于使用大的采购和生产批量，以降低办理订货和调整设备的单位成本，后一种成本则使经营活动倾向于使用小的订货批量，以维持较低的库存成本，因此，应用经济订货量基础模型进行库存控制的目标就是寻找使库存总成本最小时的订货批量。其示意图参见图 9－7。

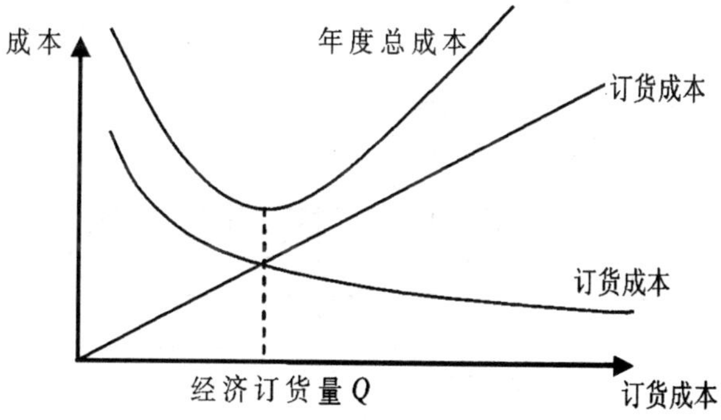

图 9－7 经济订货量示意图

其中，年度库存总成本为年订购成本与年存储成本之和。用公式 9－1 表示为：

$$TC=\frac{D}{Q}S+\frac{Q}{2}H \qquad (公式\ 9-1)$$

式中，TC 代表年度库存总成本；D 代表全年需求量；Q 代表一次订购的数量，即订货量；S 代表一次订购或准备调整的成本；H 代表单位库存年存储成本。

求总成本函数对 Q 的一阶导数，并令其等于零，可以得到计算经济订货量的公式（公式 9－2）：

$$EOQ=\sqrt{\frac{2DS}{H}} \qquad (公式\ 9-2)$$

每次按照这一公式计算得到的订货量订货，可以使年度库存总成本最小。

【例 9－1】 某复印部每天使用 75 包复印纸，每包纸的价格为 10 元，每年一包纸的库存成本为 1 元。如果每次下订单的成本为 15 元，复印部每年工作 250 天，试计算：

(1) 复印纸的经济订货量是多少？

(2) 每年需要订几次货？

(3) 考虑到安全库存 100 包以及从下订单到收到货物需要 3 天时间，订货点的库存量是多少？

(4) 假若每次订货量为 200 包，一年净损失多少钱？

解：

(1) 经济订货量 $EOQ=\sqrt{\frac{2DS}{H}}=\sqrt{\frac{2\times(75\times250)\times15}{1}}=750$(包)

(2) 每年订货次数 $=\frac{D}{Q}=\frac{250\times75}{750}=25$(次)

(3) 订货点的库存量 $=100+3\times75=325$(包)

(4) 订货量为 200 包时，每年订货次数 $=(75\times250)/200\approx94$(次)

每年增加的订货成本 $=(94-25)\times15=1035$(元)

每年减少的存储成本 $=(750/2-200/2)\times1=275$(元)

每年净损失 $=1035-275=760$(元)

计算所得相关数据的关系见图 9－8。

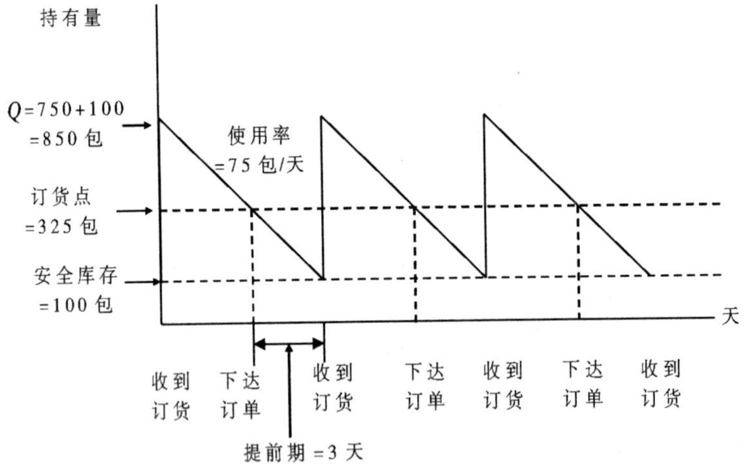

图 9－8　经济订货量计算结果

(二) 经济生产批量(EPQ)模型

经济订货量基础模型假设生产或采购到达后，瞬时补充库存，但实际中，物料的采购或生产通常是边进货边使用，或者生产是分期进行的，产品使用是持续进行的，在这种情况下，需要对原有的经济订货量基础模型进行修正。为此，提出了一个经济生产批量模型。所谓经济生产批量(Economic production quantity，EPQ)，是指使生产准备成本与存储成本之和最低时的生产批量，见公式 9－3：

$$EPQ=\sqrt{\frac{2DS}{H(1-q/p)}}\qquad\text{(公式 9－3)}$$

式中，D 代表某期间内总需求量，S 代表一次备货的成本，H 代表某期间内单位产品库存成本，p 代表生产率(或交货率)，q 代表使用率(每天需用量)，$p-q$ 代表库存生成率，$p>q$。

【例 9—2】 一家玩具制造厂每年使用 48000 个橡胶轮子制造自动装卸卡车系列玩具。该厂以每天 800 个的速度自己制造轮子。每个轮子的持有成本是每年 1 元，每一次生产运作的备货成本是 45 元，工厂每年运营 240 天。试计算最优生产批量。

解：由已知条件可知：

$D=48000$ 个轮子/年，$S=45$ 元，$H=1$ 元，$p=800$ 个/天，$q=48000/240=200$ 个/天

所以，最优生产批量 $EPQ=\sqrt{\dfrac{2DS}{H(1-q/p)}}=\sqrt{\dfrac{2\times48000\times45}{1\times(1-200/800)}}=2400$(个)

(三) 基于数量折扣的 EOQ 模型

数量折扣(Quantitu Discout，QD)是企业对大量购买产品的顾客给予的一种减价优惠。基本经济订货量基础模型假设单位产品价格或成本为常数，也就是说不管一次订货多少，都不存在数量折扣，因此，物料的全年总购置成本是不变的。但在很多情况下，当一次订货数量达到一定值时，是可以享受价格折扣的。此时，年度库存总成本还要考虑不同订货量下的年度总购置成本问题，即：

$$TC=\frac{Q}{2}H+\frac{D}{Q}S+PD \qquad \text{(公式 9—4)}$$

式中，P 表示单位价格。

所以，需要应用数量折扣模型来解决这类问题。

在基于数量折扣的 EOQ 模型下，确定最优订货量有两种情况：一是存储成本是用价格的百分比来表示的，二是单位存储成本为常数。

1. 存储成本用价格百分比表示的数量折扣模型

当库存的存储成本是按照购置该类物料价格的百分比来表示时，需要采用下面的步骤确定最优订货量。

(1) 选取所有参考价格中的最低价格，将其代入基本 EOQ 公式，求出最优订货量 Q。若 Q 可行，即为最佳订货量，停止计算；否则，转步骤(2)。

(2) 选取所有参考价格中的次低价格，代入基本 EOQ 公式，求出 Q。如果 Q 可行，计算订货量为 Q 时的总成本和数量折扣点所对应的总成本，取其最小的总成本所对应的数量，该数量即为最优订货量，停止计算。

(3) 如果 Q 不可行，重复步骤(2)，直到找到一个可行的 EOQ 为止。

【例 9—3】 鸿佳公司每年要购入 2000 台 X 产品，供应商的供货条件是：订货量大于等于 120 单位时，单价 40 元；订货量小于 120 单位时，单价 45 元。每次订货成本 10 元，单位产品的年库存维持费为单价的 10%。试求最优订货量。

解：

(1) 选取所有参考价格中的最低价格，将其代入基本 EOQ 公式，求出最优订货量 Q。由题目可知，最低参考价格为 40 元。

当 $C=40$ 时，单位库存成本 $H=40\times10\%=4$，$S=10$，$D=2000$。此时，

$$EOQ(40)=\sqrt{\frac{2\times2000\times10}{4}}=100(台)$$

由于 100<120,不能享受数量折扣,所以此价格不可行。

(2) 选取所有参考价格中的次低价格,代入基本 EOQ 公式,求出 Q。

当 $C=45$ 时,单位库存成本 $H=45\times10\%=4.5$,$S=10$,$D=2000$。此时,

$$EOQ(45)=\sqrt{\frac{2\times2000\times10}{4.5}}\approx95(台)$$

由于 95<120,按供货条件,此价格可行。

(3) 比较订货量为 95 台和 120 台时的年库存总成本:

$$TC_{120}=\frac{120}{2}\times4+\frac{2000}{120}\times10+2000\times40=80406.67(元)$$

$$TC_{95}=\frac{95}{2}\times4.5+\frac{2000}{95}\times10+2000\times45=90424.28(元)$$

$TC_{120}<TC_{95}$,所以最优订货量应为 120 台。

2. 单位存储成本为常数的数量折扣模型

当库存的存储成本不与购置该类物料的价格挂钩,为一个常数时,可以采用下面的步骤来确定最优的订货量。

(1) 计算通常的经济订货量 EOQ。

(2) 看可行的经济订货量落在哪一个价格范围内:

如果可行的经济订货量 Q 在最低价格范围内,则为最优订货量;

如果 Q 在其他范围内,则需分别计算经济订货量对应的总成本以及各价格范围内最低订货量的总成本,比较后选出最低值,对应的批量即为最优订货量。

【例 9—4】 一家大酒店的清洁部每年大约使用 800 箱消毒液。订货成本为 20 元,存储成本为每年每箱 5 元。供货商开出的价目如表 9—2。试确定该酒店消毒液的最优订货量。

表 9-2　消毒液价目表

范围(箱)	单位价格(元)
1～69	30
70～99	28
100 以上	25

解:

由题目可知,$D=800$,$S=20$,$H=5$。

(1) 首先计算一般的经济订货量。

$$EOQ=\sqrt{\frac{2DS}{H}}=\sqrt{\frac{2\times800\times20}{5}}=80(箱)$$

(2) 由于 80 箱落在 70～99 箱的范围内,根据价目表,可以以每箱 28 元的价格购买,此时,库存总成本为:

$$TC_{80}=\frac{80}{2}\times 5+\frac{800}{80}\times 20+800\times 28=22800(\text{元})$$

(3) 由于存在更低的订货价格每箱 25 元，因此，需要确定是否有总成本更低的订货方案。由于总成本是上升的，所以当以每箱 25 元的价格购买时，购买 100 箱时的总成本是该价格范围内最低的。此时，库存总成本为：

$$TC_{100}=\frac{100}{2}\times 5+\frac{800}{100}\times 20+800\times 25=20410(\text{元})$$

所以，最优经济订货量为 100 箱，按照该批量订货的总成本为 20410 元。

二、单周期库存控制模型

单周期库存是指在一定时期内一次性订货的库存，很少重复发生。比如中秋节的月饼、新年贺卡、报纸杂志等。对于单周期库存，确定其订货量的常用方法之一是期望损失最小值法。所谓期望损失最小值法，是指通过计算、比较不同订货量的期望损失值，取期望损失值最小的订货量作为最优订货量的方法。期望损失值的基本计算公式为：

$$E_L(Q)=\sum_{d=0}^{Q}C_0(Q-d)P(d)+\sum_{d=Q+1}^{\infty}C_u(d-Q)P(d) \quad \text{(公式 9－5)}$$

$$C_0=C-S \quad \text{(公式 9－6)}$$

$$C_u=P-C \quad \text{(公式 9－7)}$$

其中，$E_L(Q)$代表订货量为 Q 时的期望损失值；C 代表产品的单位成本；S 代表产品在预定时间卖不出去，降价处理时的单价($S<C$)；C_0 代表单位超储损失；P 代表产品的单位售价；C_u 代表单位缺货损失，即需求超过存货时的单位机会损失；d 代表需求量；Q 代表订货量；$P(d)$代表需求量为 d 的概率。

【例 9－5】 按过去的记录，新年期间某商店台历的需求情况如表 9－3 所示。已知每本台历进价为 15 元，售价为 20 元。若 1 个月卖不出去，只能按每本 8 元卖出。求该商店应该进购多少台历。

表 9－3　商场台历需求情况

需求量 d	0	200	400	600	800	1000
概率 $P(d)$	0.05	0.15	0.20	0.25	0.20	0.15

解：

设订货量为 Q，则

当 $d<Q$ 时，单位超储损失为 $C_0=C-S=15-8=7$(元)

当 $d>Q$ 时，单位缺货损失为 $C_u=P-C=25-15=10$(元)

根据公式 9－5，可以计算得到各种情况下的每个方案的期望损失值。计算结果见表 9－4。

表 9－4　期望损失值计算过程及结果

订货量 Q	需求量 d						期望损失值 $E_L(Q)$(元)
	0	200	400	600	800	1000	
	$P(d)$						
	0.05	0.15	0.20	0.25	0.20	0.15	
0	0	2000	4000	6000	8000	10000	5700
200	1400	0	2000	4000	6000	8000	3870
400	2800	1400	0	2000	4000	6000	2550
600	4200	2800	1200	0	2000	4000	1870
800	5600	4200	2800	1400	0	2000	2120
1000	7000	5600	4200	2800	1000	0	2930

由表 9—4 的计算结果可知，商店应该订购台历 600 本，此时，期望损失值最小。

关键名词

库存　多周期库存　单周期库存　定量订购系统　定期订购系统　经济订货量　订货点

复习思考题

1. 什么是库存？
2. 简述库存的利弊。
3. 有效库存管理追求的目标是什么？
4. 简述定量订购系统的优缺点。
5. 简述定期订购系统的优缺点。
6. 与库存相关的成本主要包括哪些？
7. 试述有效库存管理的条件。

8. 一家大型面粉店平均每年使用 4860 袋面粉，每袋面粉重 25 千克。准备订单与接收面粉到货的成本为每次 10 元，年存储成本为 70 元/袋。

(1) 求面粉的经济订货量。

(2) 若按上述批量订货，每年需要订货几次？

(3) 计算面粉订购与存储的总成本。

9. 一家企业每年使用某种包装箱 18000 只，年平均存储成本为 6 元，订货成本为 96 元。包装箱的价格如表 9—5 所示。试求包装箱的最优订货量。

表 9-5　包装箱价目表

箱子数量(只)	单位价格(元)
1000～1999	1.25
2000～4999	1.20
5000～9999	1.15
10000 以上	1.10

10. 一家化肥厂生产的钾肥包装为每袋 50 千克,该产品的需求是每天 40 吨,生产能力是每天 100 吨。备货成本为 100 元/次,年存储成本为 5 元/吨。该厂每年工作日为 200 天。

(1) 求该厂的经济生产量;

(2) 假如备货成本降为 25 元/次,该厂每年会节约多少成本?

案例分析

王华是一家建筑公司的运营主管,由于公司董事会一直关注如何使成本最小化的问题,因此王华在最近四年里大大减少了所有仓库里的库存。现在看来,似乎存货减少的过多,各项目运营经理一直抱怨缺货,尤其是抱怨缺少铜管与密封剂。工程所需材料通常从总部的大仓库中发货,送到开工项目附近的 14 个地区仓库中。一般而言,各开工项目的工地材料部可以按照预订的订单数量采用电子邮件方式给任何产品下订单,货物一般能在 3 周内送到。例外的是便携式发电机,这种发电机一般由供应商直接发货,整个送货过程大约需要 6 个月。任何零件的订货成本都是 45 元,存储成本为产品成本的 10%。此外,安全库存一般按产品全年需用量的 1%设置,全年的有效工作时间为 40 周。

在去视察一个新项目的路上,王华抽查了一家地区仓库电脑里的部分存货记录,检查结果如表 9—6 所示。在对仓库进行现场检查时,王华注意到一些罐头食品已经超过了保质期;他找不到一管密封剂,却在墙角发现了约 100 米的铜管……王华觉得很迷惑:董事会一直认为存货占用了太多资金,自己已经最大限度地减少了存货,以至于项目运营经理抱怨缺货,但是仓库里却有大堆的设备和正在腐坏的东西。

表 9－6　王华抽查的 13 种产品

产品	年预计需用量	单位产品成本(元)
塑料接口	12000	3
支架	10000	7
粪管	8500	28
压力接口	7500	38
罐头食品	5500	3.5
铜管(2 米长)	4600	36.5

续　表

桶	3500	5
密封剂(管)	3200	2
脱水食品箱	2050	4
汽油罐	60	29
水管	9	555
便携式发电机	4	1050
水车	3	450

讨论题

1. 试对王华抽查的13种产品进行ABC分类。
2. 该公司的库存管理存在什么问题？请结合案例给出你的改进建议。

第十章　物料需求计划及其发展

【学习目的与要求】

了解相关需求的基本概念，掌握物料需求计划的基本原理、运行逻辑，熟悉计划订单下达与计划订单入库的计算，了解物料需求计划的发展阶段以及不同阶段的变化。

【教学重点与难点】

教学重点：物料需求计划的基本原理与运行逻辑。教学难点：理解物料需求计划的运行逻辑，会计算计划订单入库与计划订单下达。

第一节　物料需求计划(MRP)

库存管理主要是对独立需求进行的计划与控制。本章将针对相关需求的特点，介绍一种有效的计划与控制方法，即物料需求计划。

一、物料需求计划的提出

20 世纪 40 年代提出的订货点法，对于库存物料的有效控制起到了积极作用。但是，订货点法在使用上也有一定的局限性：一方面，订货点法要求物料的消耗和供应都是相对稳定的，而在制造业的实际生产中，对产品零部件的需求恰恰是不均匀、不稳定的，由于很难把握各类物料的准确需求时间，往往不得不提前备货，从而导致各类物料库存的积压；另一方面，由于各种物料的订货点是独立确定的，没有考虑到某些物料之间的关联性，在每一种物料都允许存在一定缺货比例的情况下，各类相关物料的联合缺货比例就会被放大，从而导致总装配环节经常性的缺货，影响到生产的顺利进行。为此，企业又不得不进一步提高订货点数量，从而引起库存的进一步积压。

针对这种情况，美国 IBM 公司的约瑟夫·奥利奇博士(Dr. Joseph A. Orlicky)于 1965 年提出了把对物料的需求分为独立需求与相关需求的概念，并以此为基础，发展形成了物料需求计划(MRP)理论。

二、物料需求计划的基本原理

（一）独立需求与相关需求

1. 独立需求

独立需求是指某种物料的需求与其他物料互不相关，物料的需求量和需求时间由企业外部的需求决定，是企业的一种外部需求。对于企业而言，生产出来用于对外出售的最终产品或项目，通常都是企业的独立需求，比如，一辆轿车、一台电视机、一个水杯等。

独立需求具有两个特征。

(1) 需求具有随机性，是连续的；

(2) 需求时间与数量无法精确确定，只能通过预测获得。

2. 相关需求

相关需求又称非独立需求，是指某种物料的需求与其他物料或产品的需求直接相关，其往往是由对其他产品的需求引起的。对于企业而言，用于构成最终产品或项目的各级零部件、原材料通常都是相关需求。比如，组装一辆汽车所需要的发动机、变速箱、轮胎等。

相关需求具有的特征如下。

(1) 需求具有确定性，是非连续的；

(2) 需求时间与数量可以通过推算精确确定。

对独立需求与相关需求的理解，可通过图 10－1 做进一步说明。

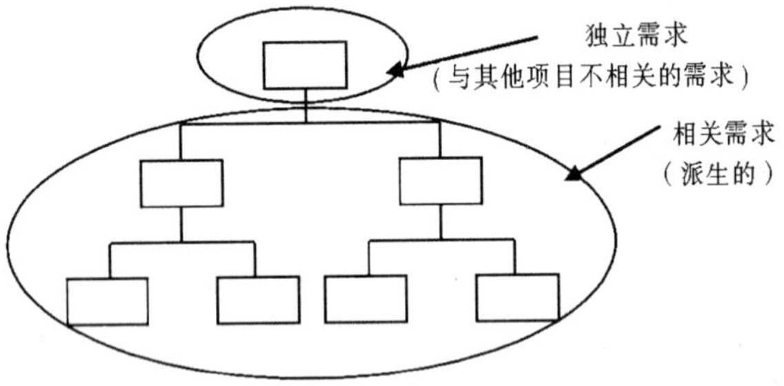

图 10－1　独立需求与相关需求

（二）MRP 的基本思想

在对物料需求划分的基础上，发展形成了物料需求计划。所谓物料需求计划(Material Requirements Planning，MRP)，是指由主生产进度计划驱动的、基于计算机的、用以处理相关需求项目的订货和生产进度的计划信息系统。

根据对需求的划分，MRP 的基本思想在于：从最终产品（独立需求）的生产计划导出相关物料（零部件、原材料等）的需求量和需求时间，并根据相关物料的需求时间和生产（订货）周期来确定其开始生产（订货）的时间。

对企业而言，MRP 既是一种由独立需求驱动的、能够准确确定某种项目需要多少，以及何时需要的库存控制技术，也是一种时间进度的安排方法，还是一种管理企业的哲学理念。其逻辑关系如图 10－2 所示。

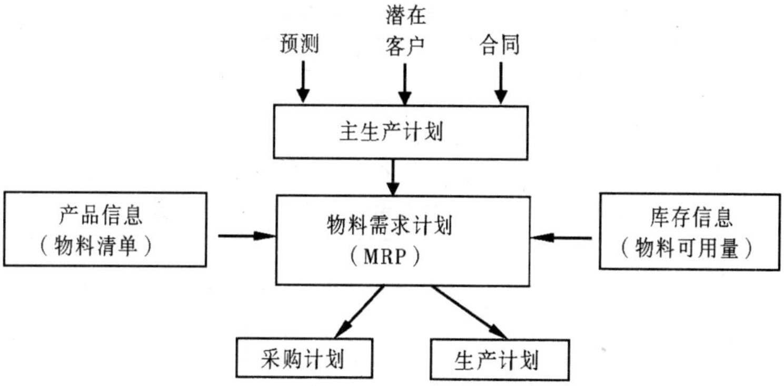

图 10－2　MRP 的逻辑关系

其中，主生产计划解决了根据市场的需要，企业应该生产什么的问题；产品信息解决了生产用到什么的问题；库存信息解决了已有什么的问题；根据物料需求计划展开计算得到的零部件采购计划与生产计划，则解决了需要什么（做什么、买什么）的问题。这几个问题，恰恰是一个企业运营中的关键问题。

三、物料需求计划的处理逻辑

MRP 系统的概览如图 10－3 所示。

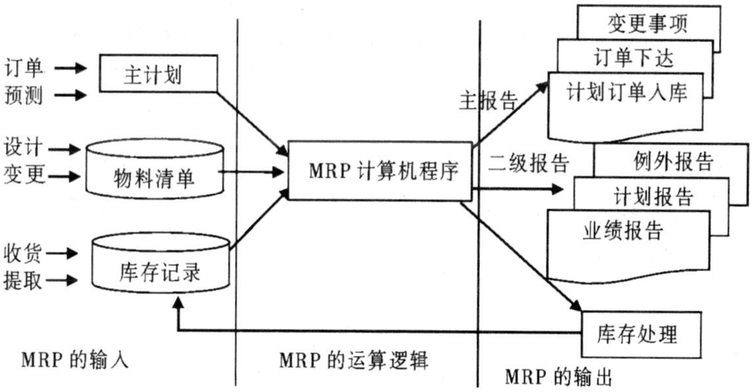

图 10－3　MRP 系统概览

下面，将根据 MRP 的系统概览，对 MRP 的输入、运算、输出分别进行介绍。

（一）MRP 的输入

要想通过 MRP 计算回答需要什么、需要多少以及何时需要的问题，离不开三类基本信息的输入，即主生产计划、物料清单与库存记录。

1. 主生产计划

主生产计划（Master Production Scheduling，MPS），简称主计划，是将生产计划的计划期分割成一系列（往往用周表示）的时间单元，并描述一定时间段内各时间单元企业将要具体生产的产品品种与数量的计划。比如，表 10－1 是一家自行车生产企业第一季度的总生产计划。

表 10－1 某自行车厂第一季度的总生产计划

	1月	2月	3月
产量(辆)	10000	15000	20000

根据总生产计划,需要具体化为主生产计划,结果如表 10－2 所示。

表 10－2 某自行车厂第一季度的主生产计划

MPS	1月				2月				3月			
周次	1	2	3	4	5	6	7	8	9	10	11	12
C型产量		1600		1600		2400		2400		3200		3200
D型产量	1500	1500	1500	1500	2250	2250	2250	2250	3000	3000	3000	3000
R型产量	400		400		600		600		800		800	
月产量	10000				15000				20000			

2. 物料清单

物料清单(Bill of Materials,BOM)是一张列表,包含着生产每单位产品所需的所有部件、组件、零件与原材料等。每件产品都有自己的物料清单。物料清单可以以产品结构树的形式描述。

图 10－4 是产品 A 的产品结构树图。在用结构树图描述产品结构时,有两点尤其需要注意。

(1) 产品结构树图各细项数量只是完成紧邻上层组件所需的数量。比如,B(2)、C(3)表示产品 A 由 2 个 B 与 3 个 C 直接组装而成;而 D(2)、E(3)则表示 1 个 B 是由 2 个 D 与 3 个 E 组装而成。

(2) 相同的物料应该在同一层次。如果存在相同的物料出现在不同层次,应该采取低层编码原则。比如零件 D 既出现在第 2 层,又出现在第 3 层,则根据低层编码原则,应该将 D 放在第 3 层处理。

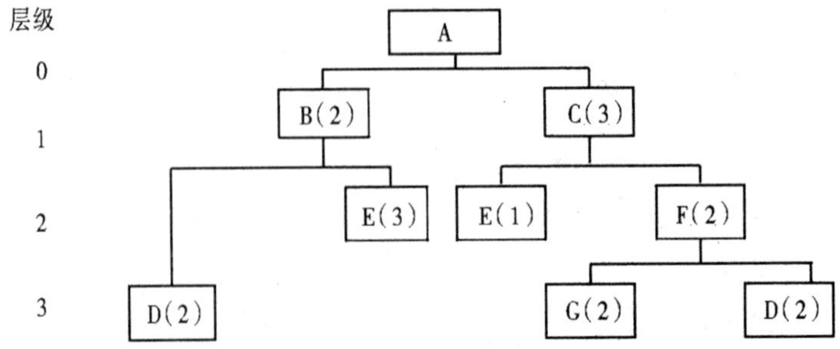

图 10－4 产品 A 的产品结构树图

根据产品 A 的产品结构树图,我们可以精确推算出组装一个 A 需要的 B、C、D、E、F、G 等各种零部件的数量。

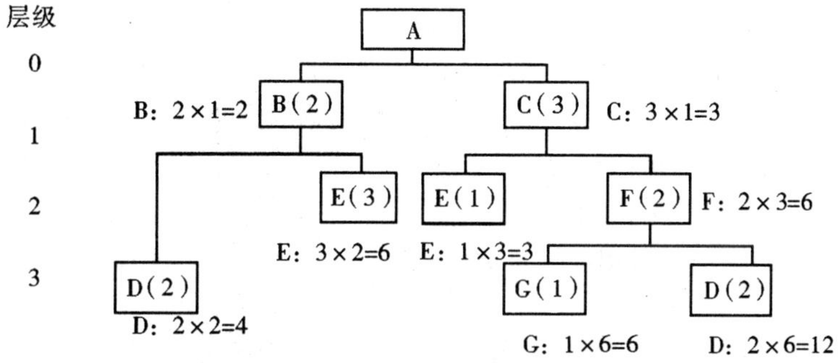

图 10－5　产品 A 的零部件数量计算过程

由图 10－5 的计算可知，一个产品 A 需要：

B： 2

C： 3

D： 16

E： 9

F： 6

G： 6

需要注意的是，由于组成产品的各种零部件的数量是通过物料清单计算得到的，因此，准确的物料清单是有效实施物料需求计划的基本前提之一。

3. 库存信息

库存信息包括供应商信息、提前期、订货量、计划库存、计划入库等，能够提供成品、半成品、在制品、原材料等各物料项目的订货信息和可用量信息，是展开 MRP 计算的又一个基本条件。及时登记所有物料的库存事务，比如物料的入库、出库、残废料损失、报废和取消订单等，对于生成准确的库存信息十分重要。

(二) MRP 的运算逻辑

1. MRP 的几个术语

在借助输入信息展开 MRP 计算时，需要涉及几个关键术语，现介绍如下。

(1) 总(毛)需求量。物料的总需求量是指在不考虑可用库存量时，根据产成品的数量及物料需求的比例关系计算出来的各时间期间各物料的期望需求量，通常用 $G(t)$ 表示。其中，最终产品的总需求量通过主生产计划获得，各零部件的总需求量则由其直接父项的计划订单下达决定。

(2) 计划入库。计划入库又被称为在途量，或预期到货量，是指已经发出订单进行生产或采购，预计在本期到达入库的物料的数量，通常用 $S(t)$ 表示。

(3) 计划库存。计划库存是指计划本期期末的库存数量，通常用 $H(t)$ 表示。$H(t)=H(t-1)+S(t)+P(t)-G(t)$。

(4) 预计可用库存量。预计可用库存量是指在考虑现有库存、计划入库以及安全库存的基础上，本期实际可用的物料数量，通常用 $A(t)$ 表示。$A(t)=H(t-1)+S(t)-SS$（安全库存）。

(5) 净需求量。净需求量是扣除预计可用库存量后的总需求量，通常用 $N(t)$ 表示，

即 $N(t)=G(t)-A(t)$。

(6) 计划订单入库。计划订单入库是指在规定的时间内必须到货的物料数量，通常用 $P(t)$表示。在确定计划订单入库量时，需要根据物料的订货或生产批量，结合净需求量进行计算。这就涉及各种物料的生产或采购批量的确定问题。常用的批量确定方法包括配套订货法和经济订货量模型法。

① 配套订货法。如果采用配套订货的方法，则生产或采购的批量就是各期的净需求量，此时，$P(t)=N(t)$。

配套订货法的优点在于简化了计算量，同时避免了跨期库存的增加。但是，这种方法有几个明显的不足：一是各期订货规模不同，操作比较麻烦且容易出错；二是备货成本较高（如标准货柜或标准采购过程等）；三是当需求量小且需求频繁时，必须频繁订货或生产，从而导致备货工作量与备货成本的增加。

② 经济订货量模型法。经济订货量模型法适用于物料耗用量比较均衡的情况。借助经济订货量来确定计划订单下达时，通常用 Q 或 Q 的整数倍来调整。具体情况如下：

当 $N(t)\leqslant 0$ 时，$P(t)=0$；

当 $0<N(t)\leqslant Q$ 时，$P(t)=Q$（生产或采购批量）；

当 $N(t)>Q$ 时，$P(t)=nQ$ 或令 $P(t)=N(t)$。

(7) 计划订单发出。计划订单发出，又称计划订单下达，通常用 $R(t)$表示，是指在规定的时间内必须发出的订单数量，它与计划订单入库在数量上相等，时间上提前一个提前期，即 $R(t-LT)=P(t)$。

上述各量的计算，可以在 MRP 数据表上实现，如表 10－3 所示。MRP 计算通常是以相对周为单位，第 0 周这一列是用来列出初始库存的。

表 10－3　MRP 数据表

计划期(周)	0	1	2	3	4	5	6
毛需求量 $G(t)$							
计划入库 $S(t)$							
计划库存 $H(t)$							
净需求量 $N(t)$							
计划订单入库 $P(t)$							
计划订单下达 $R(t)$							

【例 10－1】 X 产品的期初库存为 10，提前期 LT 为 2，经济批量 Q 为 25，每周的需求量分别为 10，20，25，30，30，45，20，35。其中，第一、二周的计划入库（在途量）分别为 15 和 25。假设 X 的安全库存为 0，采用经济订货量模型法调整批量，且当 $N(t)\geqslant Q$ 时，取 $P(t)=N(t)$。试计算 X 各期的计划订单下达。

解：

根据题目要求，有关各量的计算顺序如下。

(1) 计算 t 周期的净需求量 $N(t)$。

当 $N(t)\leqslant 0$ 时，取 $N(t)=0$。

(2) 由于按经济订货量确定批量，因此计划订单入库 $P(t)$ 的取值为：

$N(t) \geqslant Q$ 时，$P(t)=N(t)$，

$0<N<Q$ 时，$P(t)=Q$，

$N(t)=0$ 时，$P(t)=0$。

(3) 计算计划库存 $H(t)$。

(4) 根据提前期确定计划订单下达 $R(t)$。

具体计算过程及结果见表 10－4。

表 10－4　产品 X 的计划订单下达的计算

计算顺序		0	1	2	3	4	5	6	7	8
	毛需求量 $G(t)$		10	20	25	30	30	45	20	35
	计划入库 $S(t)$		15	25						
3	计划库存 $H(t)$	10	15	20	20	15	10	0	5	0
1	净需求量 $N(t)$		0	0	5	10	15	35	20	30
2	计划订单入库 $P(t)$		0	0	25	25	25	35	25	30
4	计划订单下达 $R(t)$		25	25	25	35	25	30		

通过计算可以看到，MRP 不仅可以精确地确定物料什么时间生产、生产多少、什么时间交货、交货数量多少，而且在一定程度上能够通过库存的调节来实现生产的稳定性。由本例可知，通过库存的调节，X 产品各期的计划订单下达基本上为 25，这就使得每期产品 X 的实际生产量基本上保持在 25 单位左右，与波动比较大的毛需求量相比，实际生产的数量波动较小。在实现稳定生产的同时，计划库存也可降低，最高仅为 20。因此，在对待库存的态度上，MRP 是“允许保留适度库存以调节生产，从而实现生产的稳定”的。

2. MRP 的运算逻辑

例 10－1 仅介绍了一种物料的计划订单入库与计划订单下达是如何确定的，对于企业而言，在实际生产中，由于组成产品的零部件、原材料众多，因而会涉及多个层次、多种物料的 MRP 计算。其基本运算逻辑如图 10－6 所示。

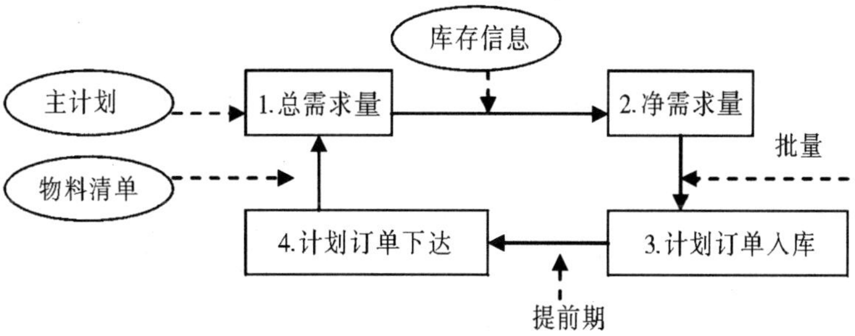

图 10－6　MRP 的运算逻辑

在展开 MRP 计算时，首先根据主计划确定最终产品各期的总需求量，借助库存状态信息确定的预计可用库存量调整后，获得最终产品各期的净需求量，然后根据批量与提前期，计算最终产品的计划订单入库与计划订单下达。根据最终产品的计划订单下达以及

物料清单，可以确定最终产品的直接子项的总需求量，借助直接子项物料的库存信息、批量以及提前期，可以计算出其计划订单入库与计划订单下达。依此类推，直至所有物料的计划订单下达计算完毕为止，完成基本的 MRP 运算。

下面举一个书桌的例子来说明 MRP 的完整运算流程。

【例 10－2】 生产木制书桌的某厂商收到两份书桌的订单：一份要 200 个，第 4 周交货；另一份要 150 个，第 8 周交货。每个书桌包括 2 个木面、3 个支柱和 4 个桌腿。木面的制作过程耗时 2 周，生产批量为 70 个。支柱的生产提前期是 1 周，生产批量为 240 个。桌腿的生产提前期为 1 周，生产批量为 300 个。组装书桌需要 1 周。其中，各零部件按照经济订货量的整数倍制订 MRP 计划，而书桌的装配则按配套订货法实施。木面第一周、第二周（即初始时）的计划入库分别是 140，70。目前尚有 60 个支柱和 120 个桌腿。为简便起见，假设各种物料的安全库存均为 0。试展开 MRP 运算，确定各物料的计划订单入库与计划订单下达。

解：(1) 制订书桌的主生产计划。见表 10－5。

表 10－5　书桌的主生产计划

周数	1	2	3	4	5	6	7	8
数量				200				150

(2) 绘制书桌的产品结构树图。见图 10－7。

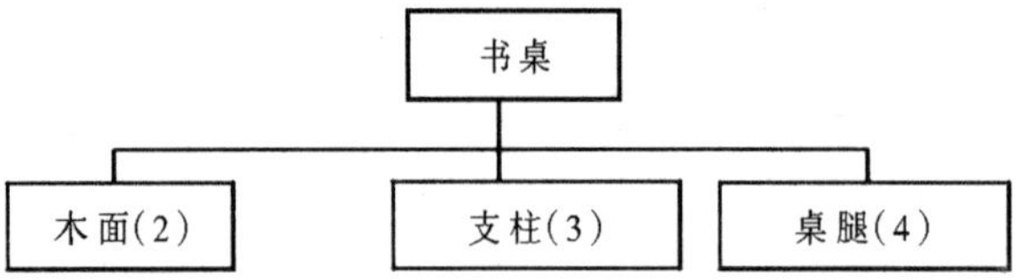

图 10－7　书桌的产品结构树图

(3) 利用主生产计划，根据已知条件求解。求解过程见综合表 10－6。

表 10－6　书桌的 MRP 计算过程及结果

周数	1	2	3	4	5	6	7	8
数量				200				150

书桌：LT＝1 周 订货量＝配套订货		0	1	2	3	4	5	6	7	8
	毛需求量 $G(t)$					200				150
	计划入库 $S(t)$									
	计划库存 $H(t)$									
	净需求量 $N(t)$									
	计划订单入库 $P(t)$					200				150
	计划订单下达 $R(t)$				200				150	

×2　×2

木面：LT＝2 周 订货量＝70 的倍数		0	1	2	3	4	5	6	7	8
	毛需求量 $G(t)$				400				300	
	计划入库 $S(t)$		140	70						
	计划库存 $H(t)$		140	210	20	20	20	20	0	0
	净需求量 $N(t)$				190				280	
	计划订单入库 $P(t)$				210				280	
	计划订单下达 $R(t)$		210				280			

×3　×3

支柱：LT＝1 周 订货量＝240 的倍数		0	1	2	3	4	5	6	7	8
	毛需求量 $G(t)$				600				450	
	计划入库 $S(t)$									
	计划库存 $H(t)$	60	60	60	180	180	180	180	210	210
	净需求量 $N(t)$				540				270	
	计划订单入库 $P(t)$				720				480	
	计划订单下达 $R(t)$			720			480			

×4　×4

桌腿：LT＝1 周 订货量＝300 的倍数		0	1	2	3	4	5	6	7	8
	毛需求量 $G(t)$				800				600	
	计划入库 $S(t)$									
	计划库存 $H(t)$	120	120	120	220	220	220	220	220	220
	净需求量 $N(t)$				680				380	
	计划订单入库 $P(t)$				900				600	
	计划订单下达 $R(t)$			900				600		

由 MRP 计算结果可知，各物料的作业计划如下。

木面：第一周投产生产 210 个，第三周交货；第五周投产生产 280 个，第七周交货。

支柱：第二周投产生产 720 个，第三周交货；第五周投产生产 480 个，第七周交货。

桌腿：第二周投产生产 900 个，第三周交货；第六周投产生产 600 个，第七周交货。

书桌：第三周开始组装 200 张，第四周交付订单；第七周开始组装 150 张，第八周交付订单。

（三）MRP 的输出

MRP 的输出包括主报告与二级报告，其中，主报告是基本输出，二级报告则是可选输出。

1. 主报告

主报告通常包括三块内容。

（1）计划订单下达，明确了物料的生产（采购）时间与数量。

（2）计划订单入库，明确了物料交货的时间与数量。

（3）计划变更，包括预计日期、订货数量的改变与取消订单等。

2. 二级报告

二级报告通常可以包括下述内容。

（1）计划执行情况报告，用于评价系统运作状况，帮助管理者判断是否存在偏差，并可以提供评定成本绩效的信息。

（2）计划报告，主要提供用于评价未来物料需求的信息。

（3）例外报告，提供关于最新订单、到货延迟、过多的残次品率等重大异常信息，引起管理者的关注。

四、物料需求计划的实施条件及利弊

（一）实施 MRP 的基本条件

为了贯彻实施高效的 MRP 系统，必须具备以下条件。

1. 计算机系统

根据前面对 MRP 过程的描述，计算机的重要性在 MRP 应用中是不言而喻的。一方面，企业通常不止生产一种最终产品，需要对组成产品的每一种部件、零件、原材料展开 MRP 计算，而且还会存在同一个组件、部件、原材料用于许多不同产品的情形，其计算量无疑是巨大的；另一方面，一旦情况发生变化，比如延迟送货导致计划修正、高残次品率、订单取消等，或者进度作了重新安排，都必须修正库存的持有、进度安排等信息，没有计算机的支持，要顺利完成这些任务几乎是不可能的。所以，MRP 系统必须借助计算机与必备软件进行计算和记录维护。

2. 准确及时地输入信息

在一个成功的 MRP 系统中，准确及时的信息是最核心的内容。这包括准确的主计划、准确的物料清单以及准确的库存状态信息。不准确、不能动态及时更新的库存、物料清单等数据信息，将会导致零部件、原材料等不足或过量，无法按期执行进度安排，从而带来错过交货期、顾客服务低劣、库存过多、资源利用无效等诸多问题。

3. 主要用于离散型产品的生产

离散型产品，通常指加工装配型产品，对此类生产 MRP 的实施效果更明显。

4. 稳定的订货提前期

订货提前期是推算物料计划订单下达的基础，如果订货提前期经常变动，则将无法维持 MRP 系统的稳定。

(二) MRP 的利弊

MRP 的优势在于，通过 MRP 计算，可以精确地确定各种相关需求的需求数量、需求时间及生产（采购）数量、生产（采购）时间，从而实现对生产的有效控制。

但是，由于要求相关数据准确及时，还要具备一些严格的条件，因此，MRP 的实施过程可能是费力费钱的。此外，在每年只生产少量产品的公司，尤其是那些生产复杂昂贵且技术含量很高的产品的公司中，由于其产品结构太复杂，提前期太长和不确定，应用 MRP 很难有效控制。因此，这样的公司借助项目规划思想，应用网络计划技术进行控制会更好些。

五、物料需求计划在服务业中的应用

MRP 既可以应用在制造业中，也可以应用在服务业中。MRP 在服务业中应用的一个典型例子是公共饮食服务。在需要为很多人准备饮食的情况下，比如举办一次参加人数众多的婚宴，餐饮部经理可以根据婚宴的预订桌数、选定菜单中涉及的菜品、每个菜的成分等制订菜品、食材等的物料需求计划，从而估算数量与成本。

第二节　物料需求计划的发展

物料需求计划是为了制造企业更精确地计算生产一件产品需要什么原材料、所需原材料的需求数量与需求时间而发展起来的。但是，早期的 MRP 没有考虑企业的生产能力和采购的约束，也没有对计划执行情况的反馈，因此被称为开环 MRP。在开环 MRP 的基础上，随着企业需求的变化，逐步发展形成了闭环 MRP、制造资源计划（MRP Ⅱ）以及企业资源计划（ERP）。

一、闭环 MRP

(一) 闭环 MRP 的基本思想

由于基本物料需求计划的制订仅考虑了产品结构信息和库存状态信息，而没有考虑实际生产中的其他条件，因此，根据基本 MRP 生成的采购计划可能因为受到运输能力、供货能力的限制而无法保证物料的及时供应，生产计划也可能会因为生产能力的不足而导致执行的偏离，难以顺利完成。因此，随着开环 MRP 应用实践的积累和市场发展的需求，逐步形成了闭环 MRP。与开环 MRP 相比，闭环 MRP 考虑计划实施过程中的生产、采购能力问题，增加了能力需求计划的编制功能，并增加了对计划制订、执行的反馈环节，以便修改计划与实施控制。其示意图如图 10—8 所示。

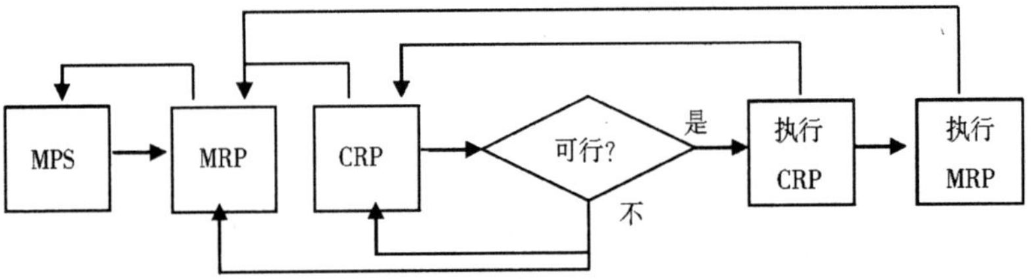

图 10－8　闭环 MRP 示意图

在闭环 MRP 中，首先根据主生产计划、库存状态信息和产品结构清单进行物料需求计划计算，确定采购与生产任务。然后，由物料需求计划、产品生产工艺路线和各工作中心能力等数据生成能力需求计划，并判断生产能力与物料需求计划中的能力需求是否平衡。当出现能力与需求不平衡的情况时，通过调整各工序的生产能力或调整计划来进行修正，直至计划可以执行为止。然后，采购与生产环节按照平衡后的物料需求计划执行，并进行能力的控制和执行结果的反馈。

(二) 能力需求计划(CRP)

能力需求计划(Capacity Requirements Planning，CRP)，是将对物料需求计划中对各项目的需求转换成对人力和机器等能力的需求的计划，其转换过程是用单位项目对人力和机器需求的标准乘以各期的需求量来实现的。

1. 能力需求计划输入

能力需求计划的必要输入有 MRP 的计划订单下达、流程文件、工作中心文件、当前加工中心负荷以及作业时间标准等。

2. 能力需求计划过程

能力需求计划过程的一个重要问题就是把对项目的数量需求转化为对人工与机器的需求，为此，需要借助标准人工时间、机器时间对各期的数量需求进行转换。其转换过程参见例题 10－3。

【例 10－3】 按照计划安排，某加工中心在某周需要加工某种零件 200 件，每件需 1 个人力 1 个小时的标准时间、一台机器 2.5 个小时的标准时间。假设该加工中心目前无其他任何生产任务，一周共有标准人力 300 小时、标准机器力 500 小时，利用率为 90%。试确定该任务能否完成。

解：(1) 加工 100 件零件的能力需求为：

人力：200 件×1 小时/件＝200 小时

机器：200 件×2.5 小时/件＝500 小时

(2) 该加工中心可用的实际能力为：

人力：300 小时×0.9＝270 小时

机器：500 小时×0.9＝450 小时

(3) 将能力需求与可用能力进行比较：

人力的负荷率＝200/270≈74.1%

机器的负荷率＝500/450≈111.1%

由计算结果可知，该工作中心的人工负荷为 74.1%，尚有一部分能力剩余，可用于完成其他任务；机器负荷为 111.1%，实际提供的机器能力不足以应付需求。

3. 能力需求计划输出

能力需求计划的主要输出是各加工中心的负荷报告(Load Reports)，它可以反映各工作中心各期的能力负荷状况。图 10－9 是某个工作中心的负荷报告，从图中可以看出该工作中心一段时间内各周的负荷情况。

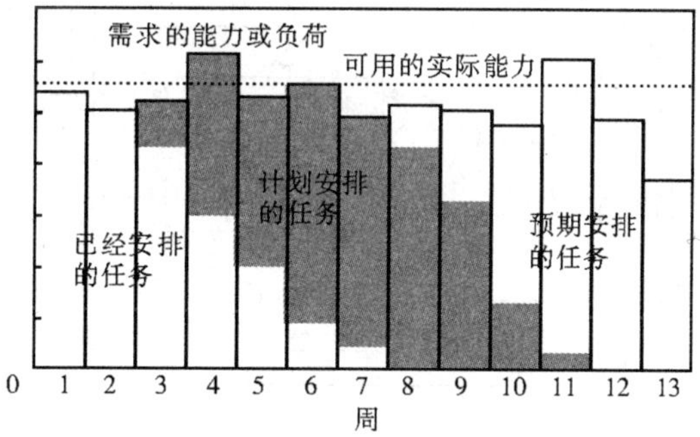

图 10－9 某工作中心负荷报告

4. 能力平衡方法

当工作中心能力超负荷或负荷不足时，需要采取措施实现能力与需求的平衡。为此，可以考虑两种思路。

(1) 增加能力。比如，通过安排加班，从其他地方抽调人手、设备等方式增加能力的供给。

(2) 修正主计划。修正主计划可以考虑交叉工序或分割批的方式。其中，交叉工序(Overlap Operations)是在时间上对任务需求的分流，即在工序全部完成之前就开始向下一工序交运，从而减少生产提前期，错开需求；分割批(Split Lots)则是通过分解订单，快速执行一部分订单，然后再执行另一部分的方式来分散需求的数量。

二、制造资源计划(MRP Ⅱ)

(一) MRP Ⅱ 的基本框架

闭环 MRP 的提出，比较好地解决了生产过程中物流的计划与控制问题，但没有涉及伴随企业整个运营过程的资金流的控制问题。同时，企业内部是由包括生产、财务、营销、技术等在内的多个职能部门组成的，传统上，由于缺乏一个统一有效的系统，这些部门往往各自独立运行，缺乏协调，在向同一个对象提供服务时，部门之间存在相互推诿、数据不一致等诸多管理上的混乱。为此，需要建立一个统一的系统，对制造企业的资源进行有效地计划与控制，制造资源计划便应运而生了。

制造资源计划(Manufacturing Resource Planning，MRP Ⅱ)是从 MRP 中衍生发展出来的，以 MRP 为核心，覆盖企业制造、营销、财务、工程等领域，能够有效利用资源的一种生产管理思想和方法，是一个围绕企业的基本经营目标，以生产计划为主线，对制造企业的各种资源进行统一计划和控制，使企业的物料流、信息流、资金流流动畅通的动态反馈系统。其框架图参见图 10－10。

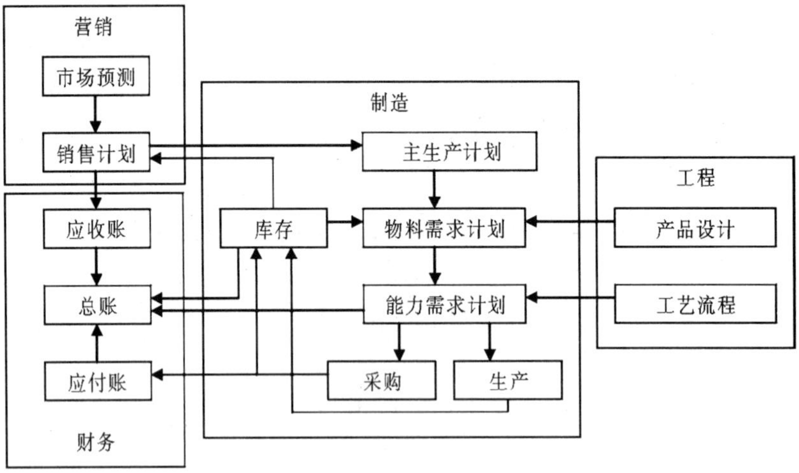

图 10－10　MRPⅡ框架图

从图 10－10 可以看出，MRPⅡ提供了一个完整的框架，使企业各部门的活动可以协调一致，成为一个统一的整体。首先，营销部门通过根据市场预测、客户订货以及库存状况制订的销售计划与生产部门建立了密切联系，大大提高了按期交货的比率。而充分考虑内外条件变化、借助计算机编制的日生产作业计划与采购计划，为采购部门和生产部门提供了各类物料采购、生产的准确时间与数量，一方面使得采购部门能够按时、按量采购供应各类物资，避免了由于不能提早确定需要的物料数量和交货期而盲目多订货、早订货的情况；另一方面使得生产部门的生产调度严密、有序，工作质量大大提高。对工程部门而言，准确的产品结构清单与工艺流程是整个系统运行的基础，而不再是无关紧要的参考信息，对这些数据的设计与修改必须经过严格的手续，否则就会造成系统的混乱。对财务部门而言，实行 MRPⅡ，可以使营销、生产、采购等不同部门的数据通过应收账、应付账、总账统一起来，使决策者可以迅速了解生产计划等的变更给财务造成的影响，进而做出正确的决策。

(二) MRPⅡ的优点

MRPⅡ解决了企业内部管理系统一体化的问题，其主要优点如下。

(1) 可以改善企业的经营决策。企业决策者借助 MRPⅡ系统可以随时了解企业生产、销售、库存等运作情况和财务状况，在此基础上进行决策，从而改善了决策的质量与速度，提高了企业的应变能力和竞争能力。

(2) MRPⅡ将企业所有与生产经营直接相关部门的工作联结成一个有机的整体，在周密的计划下有效地利用各种制造资源，实行规范管理，这有助于企业合理利用资源，缩短生产周期，提高劳动生产率，以最佳的产品和服务占领市场。

(3) 能够有效降低库存。据国外有关资料统计，在实施 MRPⅡ的企业中，库存资金的占用一般可降低 15％～40％，资金的周转次数可提高 50％～200％。

(4) 由于与财务系统的集成，可以大大减少财务收支上的差错与延误，减少经济损失。同时还可以及时了解生产成本，辅助财务管理业务的运行。

三、企业资源计划(ERP)

(一) ERP的含义

20世纪90年代，随着全球竞争的日益加剧，能否对顾客不断变化的需求做出迅速敏捷的反应已成为企业构建竞争优势的关键。由于制造资源计划主要是针对企业的内部资源进行整合，没有涉及客户、供应商等这些与企业竞争力密切相关的外部资源，在决策方法上也主要针对结构化问题的处理，因此在适用范围上是有局限性的。在这一背景下，企业资源计划逐步产生了。

企业资源计划 (Enterprise Resource Planning，ERP)是在MRPⅡ的基础上扩展了管理范围，把客户需求和企业内部的制造活动以及供应商的制造资源整合在一起的一种新型管理工具。我们可以从管理思想、应用软件、管理系统三个层次来理解它的含义(参见图10－11)。

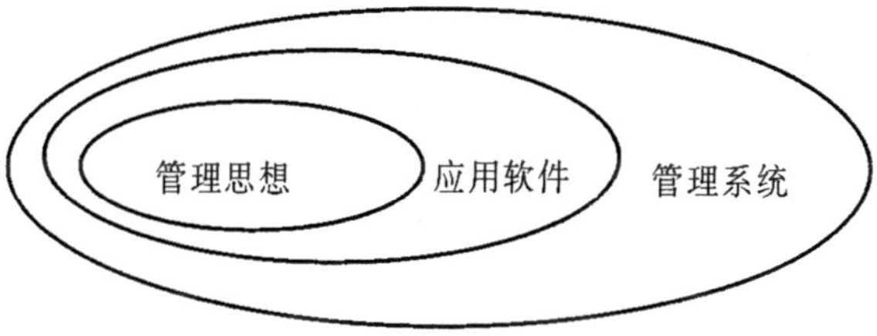

图10－11　ERP的三层含义

(1) ERP是由美国著名的计算机技术咨询和评估集团Garter Group Inc.提出的一整套企业管理系统体系标准，其实质是在MRPⅡ基础上进一步发展而成的面向供应链(Supply Chain)的管理思想；

(2) ERP是综合应用了客户机/服务器体系、关系数据库结构、面向对象技术、图形用户界面、第四代语言(4GL)、网络通信等信息产业成果，以ERP管理思想为灵魂的软件产品；

(3) ERP是整合了企业管理理念、业务流程、基础数据、人力物力、计算机硬件和软件的企业资源管理系统。

(二) ERP的主要特点

归纳起来，ERP系统主要有以下四个特点。

1. 以业务流程重组(BPR)为先导

ERP系统要求实现从传统的“面向职能配置资源”向“面向流程配置资源”的过渡，因此，为了建立与实施ERP系统，首先要求对企业进行业务流程重组。

2. 以供应链管理(SCM)为重点

ERP的基本思想是将制造业的制造流程看作是一个紧密连接的供应链，从而对包括供应商、制造工厂、分销网络和客户在内的供应链上的所有环节进行有效管理。

3. 以客户关系管理(CRM)为中心

ERP系统要求实现从“以产品为中心”向“以客户为中心”的过渡，坚持面向市场、面向销售的管理思路，以客户关系管理为中心，借助先进的信息技术实现对市场的快速响应。

4. 集功能之大成，全面整合企业内外资源

ERP系统把企业内部包括经营预测、客户关系管理、营销管理、质量管理、计划与调度、成本管理、财务管理、技术管理、业务流程管理等在内的各项专业管理职能集成于一体，借助其全面、完善的功能来整合企业的内外资源。

因此，有人把MRP到MRPⅡ称为是功能和技术上的发展，而把MRPⅡ到ERP称为是一场革命。

关键名词

独立需求　相关需求　物料需求计划(MRP)　制造资源计划(MRPⅡ)
企业资源计划(ERP)

复习思考题

1. 什么是独立需求？有什么特性？
2. 什么是相关需求？有什么特性？
3. MRP的主要输入、输出是什么？
4. 简述MRP的运算逻辑。
5. 简述开环MRP的局限性。
6. MRP的发展主要经过了哪几个阶段？
7. MRP是如何看待库存的？

案例分析

一家小型花园工具制造商主要生产A、B两种型号的花园工具，其产品结构树图如图10－12所示。产品的其他信息在表10－7中。根据工具A、B的产品结构树图可知，生产这两种产品需要用到许多通用件。

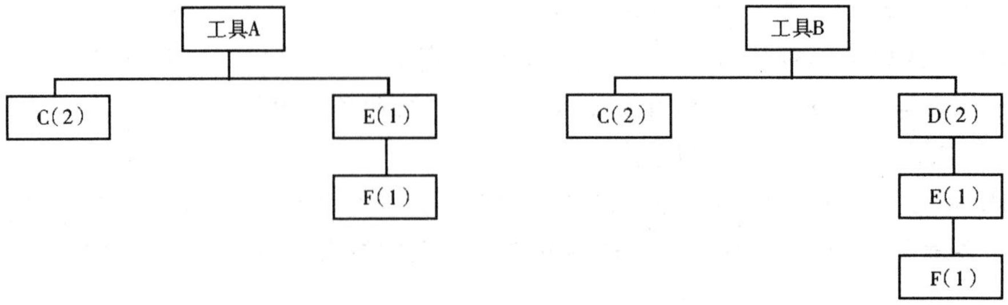

图10－12　A、B两种产品的产品结构树图

表 10－7　A、B 两种产品的零部件信息

数据类别	项目			
	C	D	E	F
批量规则	Q=400	配套订货	配套订货	配套订货
提前期	1 周	2 周	2 周	1 周
计划入库	第 1 周 450	第 1 周 50	—	—
期初库存	100	70	50	900

工具 A 的 MPS 要求在第 5 周完成 100 个 A、第 7 周完成 200 个 A，装配 A 的提前期为 2 周。工具 B 的 MPS 要求在第 7 周完成 300 个 B，装配 B 的提前期为 1 周。

讨论题

1. 请对生产两种产品所需的物料展开 MRP 计算。

2. 由于目前公司的生产是按照预测进行的，但实际订单的要求往往与这些库存产品不相一致，结果导致一些产品供不应求，而另一些产品则必须回到车间重新加工。对此，你有什么解决的建议吗？

第十一章 项目管理

【学习目的与要求】

了解项目生命周期各个阶段的管理任务，说明项目计划主要工具的应用要点，掌握以节点表示活动的网络图和以箭线表示活动的网络图的画法，熟练地计算网络的各项时间参数，掌握关键路线的确定方法，对活动时间和项目工期进行概率估计，掌握时间费用优化。

【教学难点与重点】

教学重点：了解项目以及项目管理的概念，掌握项目计划内容，会用网络计划方法进行项目进度安排。教学难点：网络参数的计算，时间与费用优化的计算。

当今社会，大到载人航天飞行、三峡大坝兴建，小到企业新产品开发、技术改造，还有筹备体育比赛、举办大型展览，甚至电影拍摄和广告制作等，无不用到项目管理方法。其实，项目管理古已有之，像我国古代著名的都江堰水利工程、故宫的建筑工程，甚至永乐大钟的铸造等，都堪称项目管理的典范。但项目管理真正成为一门科学，还是 20 世纪 50 年代以后从开发研制耗资巨大、完工期限紧迫的复杂系统的需要开始的。目前，项目管理已渗透到企业经营和社会生活的许多方面。

项目是一种具有一次性特征的、跨职能的任务或工程。它是由专门委任的管理者或专门成立的组织负责，在规定的期限内和限定的资源条件下，通过协作完成的。一般来说，项目一旦完成，这种专门组织就予撤销。故新颖性、一次性和严格的时间限制是项目的最主要特征，也是项目管理有别于一般管理的主要原因。项目管理是通过计划、组织和控制资源（人员、设备、物料、资金），使其满足项目预期的技术、成本和时间等方面的要求的管理活动。项目的特殊性，项目管理的普遍性，使得对项目的计划、组织和控制的研究成为生产与运营管理研究的一个重要分支。

第一节 项目计划

尽管不同的项目之间千差万别，但从项目管理的角度来看，项目存在着类似的模式。任何项目都要经历从可行性研究、项目计划、项目组织、项目实施到项目完成的过程，通常把这一过程称为项目的生命周期。实践表明，采用项目生命周期的概念，并将其划分为几个典型的阶段，便于明确不同阶段的任务和管理重点以及从一个阶段到下一个阶段的交接程序。

一、项目生命周期

典型的项目生命周期结构如图 11－1 所示。项日生命周期一般分为规划阶段、计划阶段、实施阶段和完成阶段，对有些项目，例如新产品开发，还会有生命周期管理阶段，后者主要是对产品的不断改进和何时退出市场进行管理。从图 11－1 中我们看到，在各个阶段上和各个阶段之间，项目管理的各项工作存在着严格的前后依存关系。例如，在规划阶段，没有对项目的目标、范围和需求的明确界定，就不能建立起项目的框架，就不能对项目进行可行性分析。又比如，没有项目计划、预算和进度计划，就不可能进行承发包、责任分派和组织工作；没有在项目计划中明确规定项目整体和各个阶段的完成标准和交付形式，就很难对项目进行控制、验收和鉴定。因此，项目管理必须遵循严格的步骤和程序。

正是由于项目管理工作的这种前后依存关系，任何一项管理工作的质量和进度都会影响到其后的管理工作，甚至对整个项目的完成进度和质量产生影响。例如，如果项目计划比较粗略，预算就不可能细致，进而在实施过程中对成本和费用支出的考核和控制就很难十分严格，最终可能导致实际成本支出大大超过预算，结果由于资金链中断而拖延项目进度，使项目计划目标落空。因此，项目管理应当是一种严密的、系统化的管理，是一项系统工程。

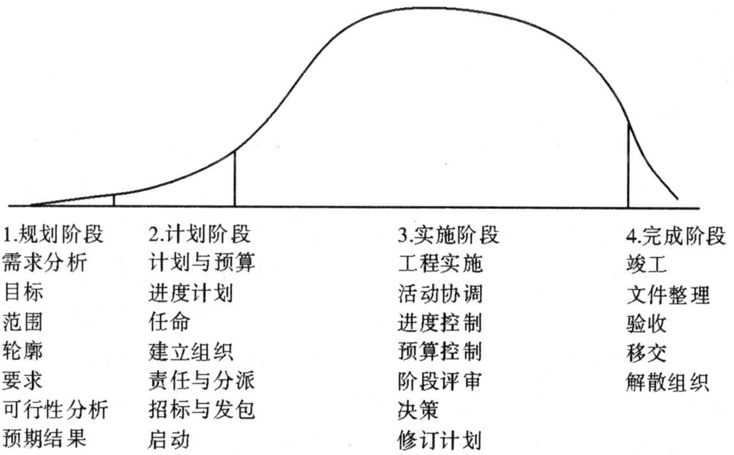

图 11－1　项目生命周期结构图

二、项目规划

项目规划阶段是项目的概念形成阶段和定义阶段。在项目的规划阶段，要做好项目的用户需求分析、关键技术的可行性分析、主要资源的需求与供给分析、项目的成本/效益分析以及项目风险分析等。在分析的基础上设计出多个备选方案，以从中择优。

大量实践表明，由于项目规划阶段的工作是概念性的、软性的，不像项目实施阶段那样能够提供实物的样机和可测试的阶段性成果,因此许多企业或单位往往容易忽视规划阶段的工作。比如,用户需求的调查不充分,关键技术预研的覆盖不全面,可行性分析的立场不客观,变成了"可批性分析",结果导致严重的后果。有的是在项目的样机设计阶段发现遗漏了重要的客户需求,不得不对设计和样机进行重大更改;有的是耗在关键的新技术上,长期不能突破,不得不重新考虑项目计划或重新定义产品规格等。这些都导致项目的完工期限被大大延长,费用预算被大大突破,有些项目不得不因此而中途下马。

国外一家著名的咨询公司在对我国一家高新技术企业的新产品开发流程进行诊断后下了这样的断语:"你们有足够的时间返工,却没有时间一次把事情做对。"可见,在项目规划阶段扎扎实实地一次把事情做对有多么重要。正如一句管理箴言所言:"重要的事情不着急,着急的事情不重要。"项目规划阶段工作进度的"慢"是项目实施阶段"快"的保证。

三、项目计划

一旦项目的规划方案和可行性分析报告得到批准,就进入了项目计划阶段。项目计划要将项目的规划分解为工作,要对项目整个实施过程的目标、任务、进度和责任委派做出具体规定和部署,要编制项目预算以作为投资和费用的控制依据。所以,项目计划在项目管理中处在中心的位置。

一个好的项目计划应符合下述要求。

第一是目标和任务要求要明确详尽。项目计划中的各项目标和任务要求都应当是定量化的、可考核的。如果不能度量一项工作,我们就不能控制它。

第二是使用标准的说明格式。有关项目目标、任务、工作、预算、进度、成本、控制报告等,必须采用标准化的统一格式。标准化的文件格式对准确地传递信息是非常必要的。

第三是统一编码。对项目中包含的各项工作要统一编码,这样可以在项目计划和控制的各种文件中建立起一致性。统一编码是应用计算机进行项目管理的一个前提。

第四是采用模块化方法对计划任务进行分解。这样可以简化对计划任务的描述,清楚地规定主作业计划与子作业计划的关系,以及可以明确各项任务的等级和隶属关系。

第五是保持计划和控制文件的动态性。项目计划尤其是进度计划应当是动态的,随时反映出下一步应当做什么,在哪里做,什么时间开始和结束,由谁来负责,由哪些人去完成以及定期报告计划的进展情况。实践表明,很少有哪个项目,其计划是直到完成都不做任何修改的。环境的变化,计划的疏漏,意外事件的发生,都会影响和冲击原有的计划,从而必须按最终的目标和完成期限对计划进行修订。当然,计划文件的动态性绝不意味着可以随意修改计划。

项目计划要陈述项目实施要点和说明项目的技术要求。

在项目实施要点中,要对项目整体目标、主要任务、资源需求、阶段划分、项目管理团队以及项目的技术要求和项目的风险分析作扼要的交代。在对项目范围的说明中,要把项目任务与整个组织任务的关系以及项目的主要成果,尤其是可交付的成果交代清楚。

对项目技术要求的说明,一般包括设计要求、工艺要求、工程要求以及设计、工艺和工程等技术部门之间的相互支持关系。同时还要说明项目要求的设备和设施,包括工厂设施、办公设备、制造设备、运输条件、实验室设备、检验设备以及设计和工程所需的软件，如CAD/CAM等。如果涉及购置或开发新的设备或软件，或者涉及建筑工程，还需补充各自的单项计划。

一个有效的项目计划应当提供下述信息和文件：(1) 项目组织；(2) 工作分解结构(WBS)；(3) 工作说明书(SOW)；(4) 任务和责任分派；(5) 项目预算和成本估算；(6) 进度和网络计划；(7) 工作授权；(8) 报告和检查制度。

(一) 项目组织

项目计划阶段的一项重要任务是建立项目组织。

由于实际中大多数项目是在原有的职能组织系统中实施的，为了落实项目的责任，推动项目的实施，考核项目的质量和进度，控制项目的预算和成本，有必要单独设立项目组织和任命项目经理。项目组织最一般的形式是跨部门团队。项目团队成员来自不同的职能部门，是该职能部门在项目中的代表，在项目上向项目经理报告，负责将项目任务在职能部门中落实。另一方面，这些参与项目的职能部门人员，在行政上隶属职能部门，接受职能部门管理者的领导，同时还承担着职能部门的日常工作和职责，一旦项目结束，他们还会回到职能部门中去。这样，项目目标的完成责任在项目经理和项目团队身上，而项目任务的实施由项目团队的各职能代表负责落实，由各职能部门具体承担，这就形成了一种交叉的职权系统，这种系统在组织上称为矩阵组织(见图 11－2)。

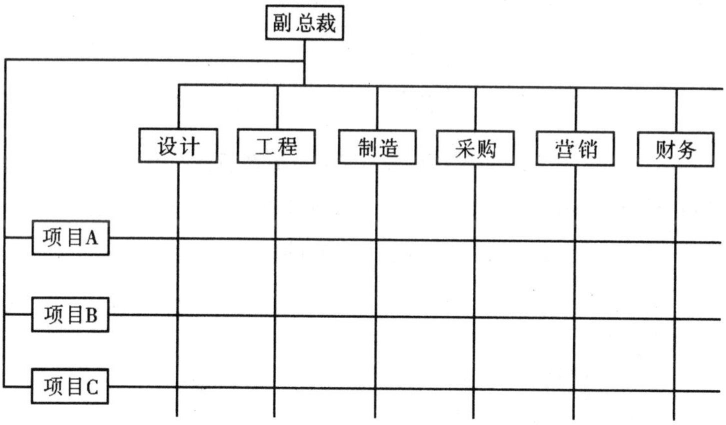

图 11－2　矩阵组织示意图

处在矩阵组织中，执行部门(如制造部门、采购部门以及营销部门等)接受来自职能部门管理者和项目经理的双重领导，从形式上讲，这违反了统一指挥这条基本的组织原则，容易产生矛盾和冲突。因此，为了协调二者的关系，确保项目的实施，需要从组织上、职权关系上对项目经理的责权以及职能部门管理者对项目实施的责任做出明确规定，并规定一旦发生资源和时间的冲突时，由哪一级的哪位高层主管来协调解决。实践中，矩阵式组织在运作上的多头领导问题以及由此引起的冲突通常采取统一计划的方式加以解决。也就是将项目任务与职能部门的日常任务纳入统一的计划，放在一起排出优先级，统一下达，统一考核。这可以在很大程度上避免各自分别运作可能产生的冲突。

（二）工作分解结构

工作分解结构（Work Breakdown Structure，WBS），又称为项目分解结构（PBS），它是一种将项目的最终交付成果，包括硬件、软件和服务，分解为各自的组成要素（或子系统），再将各组成要素一直分解到工作的一种描述项目各项任务之间关系的数据结构。它是项目管理的一项基础文件，其作用类似产品零件表和物料清单。图 11－3 给出了一个新型小型计算机系统研制项目的 WBS。

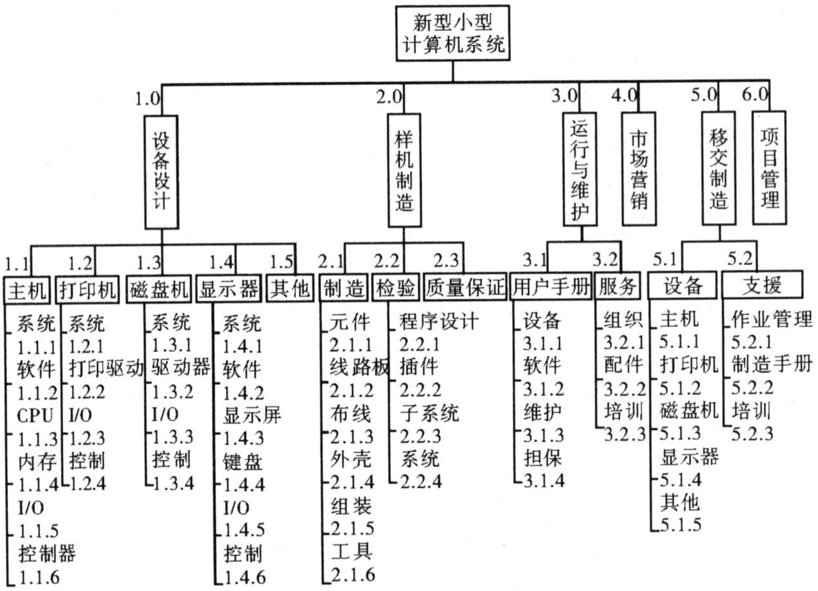

图 11－3　新型小型计算机系统研制项目的 WBS

为了方便地检索项目中的某项任务，对 WBS 中的各子系统和各项任务要统一编码。例如对图 11－3 所示的工作分解结构可进行如下的编码。

1.0　设备设计

　1.1　主机

　　1.1.1　系统

　　1.1.2　软件

　　1.1.3　中央处理器（CPU）

　　1.1.4　内存

　　1.1.5　输入/输出（I/O）

　　1.1.6　控制器

　1.2　打印机

　　1.2.1　系统

　　1.2.2　打印驱动

　　1.2.3　输入/输出（I/O）

　　1.2.4　控制

　1.3　磁盘机

1.3.1　系统
1.3.2　驱动器
1.3.3　输入/输出(I/O)
1.3.4　控制
1.4　显示器
1.4.1　系统
1.4.2　软件
1.4.3　显示屏
1.4.4　键盘
1.4.5　输入/输出(I/O)
1.4.6　控制
1.5　其他
2.0　样机制造
2.1　制造
2.1.1　元件
……

这种任务编码表称为 WBS 索引表。如果在此基础上增加对每项任务的简短的工作说明，就成为 WBS 字典。图 11—3 只列到 WBS 的第 3 层，实际中，可根据项目的复杂程度分解到需要的层数。

一个好的 WBS 一般具有下述特征。

(1) 允许各项任务独立地进行；

(2) 任务规模是合理的；

(3) 有利于明确职责与合理授权；

(4) 能够监控和度量计划完成情况；

(5) 便于在此基础上编制预算和估计所需的资源。

WBS 为项目的计划、预算和进度计划编制提供了一种依据。一方面，项目的其他管理工具和文件，如网络计划、任务说明书、预算文件、进度报告和成本报告，都是在此基础上生成的；另一方面，WBS 还提供了一个清晰的成本模型，使得财务分析人员很容易在 WBS 基础上预测出全部项目成本，并编制预算对成本进行有效的控制。甚至项目可行性分析都应当以 WBS 为基础来进行。所以，WBS 是项目管理的一项重要标准，是项目管理中信息沟通的基础。

WBS 的作用如下。

(1) 明确和准确说明项目的范围；

(2) 为各独立单元分派人员，规定这些人员的相应职责；

(3) 针对各独立单元，进行时间、费用和资源需要量的估算，提高时间、费用和资源需要量估算的准确度；

(4) 为计划、成本、进度计划、质量、安全和费用控制奠定共同基础，确定项目进度测量和控制的基准；

(5) 将项目工作与项目的财务账目联系起来；

(6) 便于划分和分派责任；

(7) 确定工作内容和工作顺序；

(8) 估算项目整体和全过程的费用。

(三) 工作说明书

工作说明书(Statement of Work,SOW)是对需要进行的每项工作的一个精确说明，要说明的各项工作在 WBS 中都有一个确定的编码。SOW 的主要内容如下。

(1) 定义一项任务，说明该项任务在 WBS 中的位置和关系；

(2) 描述该项任务，包括它的内容、要求和完成标准；

(3) 该项任务的结果和可交付成果的形式，比如，是硬件、软件、试验报告、文件还是培训成绩等；

(4) 完成该项任务还应参照的标准、指南、程序以及有关文件；

(5) 完成该项任务所需的各种投入。

因此，SOW 是分派任务和责任的依据。

(四) 任务和责任分派

任务和责任分派，是将 WBS 中规定的各项任务和 SOW 中规定的任务要求分派给组织中的部门或个人。任务和责任分派采用任务矩阵说明结果。

任务矩阵是将 WBS 与组织结构结合在一起，说明 WBS 中各项任务在组织中的负责部门。表 11－1 是一个在图 11－3 的 WBS 基础上形成的任务矩阵示意图。在项目计划阶段，任务矩阵既可用来说明任务责任的落实情况，也可用来说明成本责任和预算责任的落实情况。

表 11－1　基于 WBS 的任务矩阵

说明:图中,P 代表主要责任,S 代表辅助责任

任务				部门或个人责任						
任务描述	WBS 码	WBS 级		研究开发	工程部A	工程部B	工程部C	制造部X	制造部Y	
设备设计	1.0	Ⅰ			P					
主机	1.1	Ⅱ			P					
系统	1.1.1	Ⅲ		S	P	S				
软件	1.1.2	Ⅲ		S		P	S			
CPU	1.1.3	Ⅲ			S	S	P			
内存	1.1.4	Ⅲ			S	S	P			
I/O	1.1.5	Ⅲ			S	S	P			
控制器	1.1.6	Ⅲ				S	P			
打印机	1.2	Ⅱ				P				
系统	1.2.1	Ⅲ		S	P			S		
……										
样机制造	2.0	Ⅰ						P		
制造	2.1	Ⅱ						P		
元件	2.1.1	Ⅲ						P		
线路板	2.1.2	Ⅲ						S	P	
布线	2.1.3	Ⅲ		S				S	P	
外壳	2.1.4	Ⅲ						S	P	
	……									

(五) 项目预算和成本估算

项目预算对于控制资源投入和取得预期的项目收益来说是一项重要的管理手段,成本估算是项目预算的基础,也是实际成本控制的依据。实践证明,项目预算编制过程是一个最难控制的过程。实践中存在着这样一种倾向,即各职能部门主管从部门的利益出发,极力把成本估算夸大,以便争取到更多的资源使任务容易进行,从而使得根据部门上报的预算草案汇总的总预算大大超出合理限度。为了提高预算编制过程的效率和效果,要首先依据 WBS 把总预算额度控制住,然后层层分解。在分解的过程中,认真按 WBS 做好每项具体任务的成本估算,经过几次上下综合平衡,确定出最终的预算方案。

项目预算和成本估算程序的主要步骤如下。

(1) 确定整个项目的成本目标，该目标取决于用户、承包商或市场竞争的要求。

(2) 在 WBS 基础上开发出成本模型(或成本分解结构)。

(3) 确定有关人力、材料、差旅等事项的预算标准。

(4) 从 WBS 的顶层开始，首先将预算分解到下一级的子系统上，包括人力、材料和差旅等预算指标的分解。

(5) 将第一步预算指标的分解方案交给项目管理团队。

(6) 征求负责项目实施责任的各职能部门主管的意见。首先就第一步预算分解方案提出部门的预算方案。在这一步，部门的预算方案一般只做到 WBS 的第二级。无论预算分解方案还是部门的预算方案，主要是依据过去的经验做出的。在对第一步预算分解方案取得一致意见的基础上，各有关职能部门参与项目管理团队，再进一步制定本部门详细的预算方案。

(7) 各部门提交预算方案。该方案中要包括每项任务的预算数据。对关键任务的预算还应附有成本/效益分析资料。

(8) 由项目管理团队对各部门提交的预算进行审核，在审核任务预算时，可参照企业现行的目标成本资料和定额资料。

(9) 在审核通过的部门预算方案基础上，编制详细的项目总预算，提交高层领导机构批准，然后正式下达。

(10) 第(6)步到第(8)步的预算编制过程可能要反复数次。

(六) 进度和网络计划

进度计划，又称为作业计划，是所有项目管理的基础。如果说预算是确保限定的资源得到最充分利用的条件，进度计划则是确保按期完工的关键手段，二者缺一不可。预算提供了对项目支出总额和各个阶段、各项任务成本支出额的控制标准，而进度计划则提供了对项目进展、各阶段成果以及各方面协作，包括各部门和各个分包商之间协作的控制和协调依据。

项目包含的各项活动(即完成各项任务的过程)在时间进程上形成一种动态的网络。对于确保按期完工来说，重要的是明确哪些活动和路线是关键活动和关键路线，其之所以关键，是由于在该项活动和路线上的任何延迟都将导致项目完工期的延迟。在一个复杂的网络中发现关键活动和关键路线不是一件容易的事情，它需要一定的方法和程序。这方面最有效的、应用最普遍的制订进度计划和寻找关键活动的方法是计划评审技术(Program Evaluation and Review Technique, PERT)和关键路线法(Critical Path Method, CPM)，统称为网络计划技术。

按照项目管理的要求，项目进度计划通常分为两个级别：较高级别的进度计划，称为主进度计划(master schedule)；较低级别的进度计划，称为详细进度计划(detail schedule)。前者适用于企业经理、项目承包商以及项目经理从全局角度对项目进行管理；后者适用于实施项目的部门管理者或工作队负责人对项目的实施进行计划和监控。因此，主进度计划通常采用人们熟知的甘特图来表示，或者采用粗略的 PERT 图来表示。而详细进度计划需要应用 PERT 图和 CPM 方法。

（七）工作授权

工作授权是明确哪项工作或任务应由哪个部门或个人负责完成，或者承包给哪个组织去完成。它包括：(1) 明确某个部门或个人完成某项工作的责任；(2) 提供完整的工作说明书；(3) 规定完成工作的进度；(4)下达预算；(5) 明确考核制度、报告制度和奖惩制度。

工作授权最好采取签订合同或协议的方式，工作授权的对象实质是个人，即便在形式上是明确某个部门完成工作的责任，实际上是明确该部门主管的责任。道理很简单，因为责任实质上是对个人而言的。

第二节　网络计划方法

一、项目进度计划方法简介

项目进度计划是项目计划的一个核心内容，其目的是有效规划项目的时间安排，从而保证项目严格按照规定的时间完成，保证资源在需要的时间内得到合理的利用，降低项目的成本。

项目的进度安排常用的方法如下。

(1) 关键日期法。这种方法只列出项目进度中的关键活动与日期，是一种比较简单的进度计划方法。

(2) 甘特图法。甘特图是一种最常用的项目进度计划工具，这种方法简单直观。传统的甘特图的缺点是不能反映不同活动之间的关系，不能对整个项目进行动态的优化控制。但是，目前有些项目管理软件已经实现了具有逻辑关系的甘特图，能够找到关键路线和非关键路线，使甘特图的应用价值更大。

(3) 网络计划方法。网络计划方法是用网络图来表示项目活动之间的关系和进度，最著名的两种网络模型都产生于 20 世纪 50 年代，分别是关键路线法(CPM)和计划评审技术(PERT)。尽管 CPM 和 PERT 在专业术语和网络结构方面有所不同，但是它们的目标和分析方法十分相近。它们主要的不同是 CPM 假定项目中各项活动的时间预测准确并且固定不变，而 PERT 对各项活动的不确定时间进行三点估计，计算每项活动的期望值和标准差。

与甘特图相比，网络计划方法能够反映整个项目活动的逻辑性，清晰地显示关键路线，对整个项目进行优化，因此在项目管理中被广泛采用。

二、网络计划方法的应用

(1) WBS。WBS 是项目计划的起点，正如 BOM 是 MRP 系统的核心文件一样，WBS

就是项目管理的核心文件。

它将项目分解为更小的活动单元，从上到下按规模大小一般分为以下几个层次：① 项目；② 项目中的任务；③ 任务中的子任务；④ 子任务中的作业（工作包）。

表 11－2 是以表格的方式表示的软件开发项目的 WBS。

表 11－2　软件开发项目的 WBS

1.0	立项		3.0	系统计划	
	1.1	提出建议书		3.1	硬件设备选择
	1.2	可行性分析		3.2	物理模型设计
	1.3	评审			
2.0	系统分析		4.0	系统实施	
	2.1	详细调查		4.1	程序设计
	2.2	需求分析		4.2	系统调试
	2.3	逻辑模型设计		4.3	文档编号
				4.4	人员培训
				4.5	系统切换
			5.0	系统评价维护	

（2）编制作业清单。工作任务分解完后，要根据工作结构的关系列出作业清单，以便绘制网络图。作业清单一般包括作业代号、作业名称、作业时间和作业关系。其中两项关键工作是确定作业之间的关系和估计作业时间。

① 确定作业之间的关系。在项目活动中，作业之间的关系一般用紧前或紧后关系表示。

要确定作业的关系，一定要对整个项目过程有一个比较清晰的了解，结合工作分解结构图进行分析，明确哪些活动在前，哪些活动在后。为了压缩整个项目的工期，能平行进行的作业尽量使之平行进行。表 11－3 为采用单一作业时间表示的 X 公司新产品生产项目的作业清单。

表 11－3　X 公司新产品生产项目的作业清单（用单一作业时间表示）

序号	作业代号	作业名称	作业时间（天）	紧前作业
1	A	产品设计	20	—
2	B	编制工艺	15	A
3	C	外购原料	20	B
4	D	零件加工	30	B
5	E	装配	12	C、D
6	F	验收	4	E
7	G	入库	1	F
8	H	发货	1	G

② 估计作业时间。CPM 和 PERT 分别采用两种时间估计方法：单一时间估计法和三种时间估计法。

单一时间估计法。这种方法就是用一个时间变量表示作业的时间。作业时间可采用类比法、定额法计算确定。类比法就是以已经从事过的类似的工作为依据，进行对比分析，估算出该作业的工作时间。定额法就是根据定额资料，计算作业时间，例如，作业时间＝定额×（1±调整系数）。

三种时间估计法。这种方法用三种时间参数确定一个作业的时间。三种时间分别是：最乐观的时间——在最有利的条件下完成一项作业的时间，用 a 表示；最可能的时间——在正常的条件下完成一项作业的时间，用 m 表示；最悲观的时间——在最不利的条件下完成一项作业的时间，用 b 表示。

用三种时间参数表示作业时间，需要计算作业的期望值，用如下公式：

$$t=\frac{a+4m+b}{6} \qquad \text{(公式 11—1)}$$

$$\sigma^2=\left(\frac{b-a}{6}\right)^2 \qquad \text{(公式 11—2)}$$

【例 11—1】 Y 公司软件开发项目的作业清单如表 11—4 所示，其作业时间用三种时间表示，请计算所有作业的期望值和方差。

解：利用公式 11—1，作业 A 的期望值为：

$$t=\frac{a+4m+b}{6}=\frac{15+4\times18+20}{6}=18$$

利用公式 11—2，作业 A 的方差为：

$$\sigma^2=\left(\frac{b-a}{6}\right)^2=\left[\frac{20-15}{6}\right]^2=0.69$$

其他各作业的计算结果见表 11—4。

表 11—4 Y 公司软件开发项目的作业清单（用三种作业时间表示）及计算结果

序号	作业代号	作业名称	紧前作业	作业时间（天）			期望值	方差
				a	m	b		
1	A	需求分析	—	15	18	20	18	0.69
2	B	系统设计	A	30	45	60	45	25.00
3	C	软件设计	B	100	150	180	147	177.78
4	D	硬件配置	B	30	50	80	52	69.44
5	E	系统测试	C、D	8	12	15	12	1.36
6	F	系统安装	E	3	5	7	5	0.44
7	G	培训	F	10	15	20	15	2.78

（3）绘制网络图。绘制网络图有两种方法：节点型（activity on node，AON）和箭线型（activity on arrow，AOA）。在节点型网络图中，节点表示作业；在箭线型网络图中，连接两个节点的箭线表示作业，节点表示作业开始和结束的时间。图 11—4 是 AON 和 AOA 的作业表示方法。

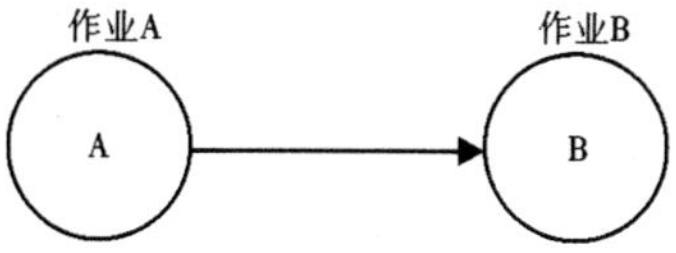

（a）节点型网络图（AON）

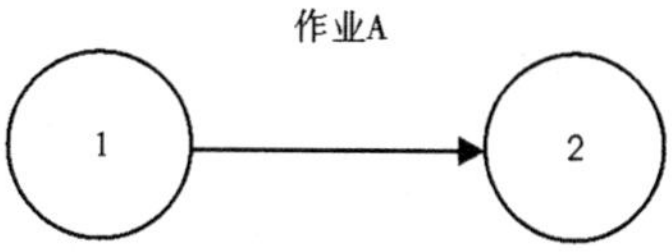
（b）箭线型网络图（AOA）

图 11—4 网络图的两种绘制方法

尽管早期的 PERT 和 CPM 都使用箭线型网络图，但是节点型网络图比箭线型网络图更容易构建和修改，从而得到了更广泛的应用，有望成为项目网络图的标准。因此，接下来我们只讨论节点型网络图。值得注意的是，在节点型网络图中，只有唯一的起始节点和唯一的终止节点。如果有多个起始节点，必须增加一个“虚”的起始作业，项目中的所有作业是该“虚”作业的紧后作业；如果有多个终止节点，则必须增加一个“虚”的结束作业，项目中的所有作业是该“虚”作业的紧前作业。这个“虚”作业实际上并不存在，也不占用时间和资源。

【例 11－2】 Z 装修公司办公楼项目的作业清单如表 11－5 所示，绘制该项目的节点型网络图。

表 11－5　Z 装修公司办公楼项目的作业清单

作业代号	作业描述	紧前作业	作业时间期望值(天)	方 差
A	修补办公楼	—	3	1/9
B	安装外部管道	A	5	4/9
C	安装内部管道	A	4	4/9
D	粉刷外墙	B	10	1/9
E	铺地板	A	7	4/9
F	粉刷内墙	C	8	1/9
G	安装内部设备	E、F	6	4/9
H	安装外部设备	D	8	4/9

解：上文提到绘制节点型网络图的方法，用节点代表每一项作业，带箭头的线段或弧代表作业间的先后关系。

在本例中，作业 A 没有任何紧前活动，是整个项目的开始。首先，画出作业 A。接着，画出作业 B，因为作业 A 在作业 B 之前，所以画从节点 A 到节点 B 的箭线（见图 11－5）。同样的，画节点代表作业 C 和 E，然后画从 A 到 C 和 E 的箭线(见图 11－5)。

按照这个步骤继续画出作业 D、H、F，并画从 B 到 D、从 D 到 H、从 C 到 F 的箭线。因为作业 E 和 F 都在作业 G 之前，所以画从 F 到 G、从 E 到 G 的箭线，见图 11－6。

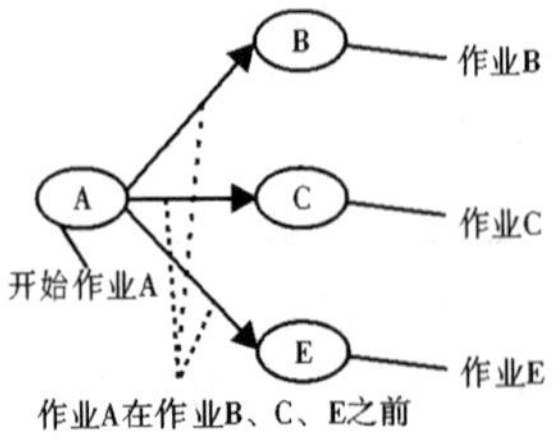

图 11－5　节点网络图的开始部分

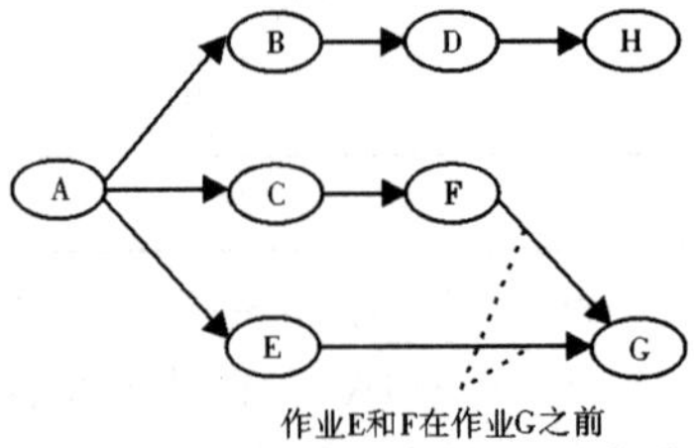

图 11－6　节点网络图的中间部分

该项目有两个终止节点，因此需要加一个“虚”的结束作业。完整的节点网络图如图 11－7 所示。

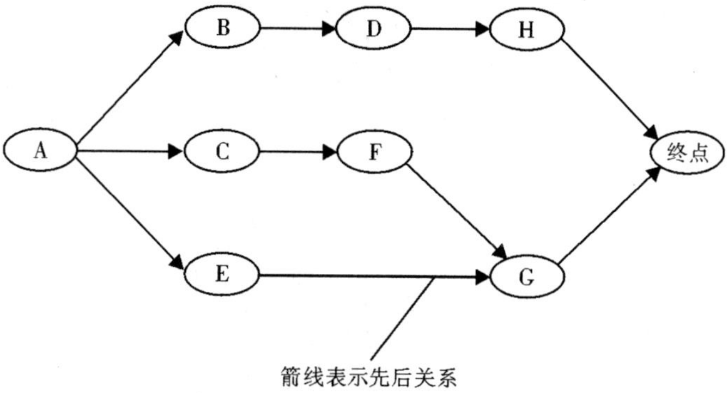

图 11－7　节点网络图的结束部分

正确地绘制项目网络图需要时间和经验。刚开始绘制项目网络图时，一定记住节点要按顺序放置，并尽量避免连接线的交叉。为了达到这个目标，应该先绘制粗略的网络草图，确保绘出每个节点，再不断地调整节点的位置以改进网络图。

（4）计算网络时间参数，确定关键路线和工期。绘制好网络图以后，就可以计算有关作业的时间参数。对于节点型网络图，需要计算每个作业的两种开始时间和两种结束时间：最早开始时间（ES）和最早结束时间（EF）、最迟开始时间（LS）和最迟结束时间（LF）。具体计算将在下节中介绍。

（5）网络计划的优化。为了加快项目的进度、减少成本和平衡资源的利用率，常常需要对网络图进行优化，包括时间优化、时间—成本优化、时间—资源优化。

（6）网络计划的控制。网络计划制订以后，就需要下达网络计划，并对计划执行进行控制，包括严格监控资源、成本、质量和预算。控制也涉及不间断的信息反馈，从而对项目计划进行调整，将资源分配到最需要的地方。目前，许多项目管理软件（Microsoft project 等）可以输出各种 PERT/CPM 报告和图表，例如整个项目的人员需求曲线、成本分配表格、时间分析报告、工作进展报告等。

第三节　网络参数的计算与优化

网络计划的核心是安排各作业（活动）的时间，确定关键路线，然后优化网络计划。因此本节介绍有关网络参数的计算方法与网络的优化。

一、网络参数计算

每个项目都是由许多作业组成，每个作业都有两种开始时间和两种结束时间，即最早开始时间（ES）和最早结束时间（EF）、最迟开始时间（LS）和最迟结束时间（LF）。

为了清楚地表示项目网络中各作业的进度，我们使用如图 11－8 的符号。ES 写在代表作业的节点的左上方，EF 写在右上方。LS 和 LF 分别写在左下方和右下方。

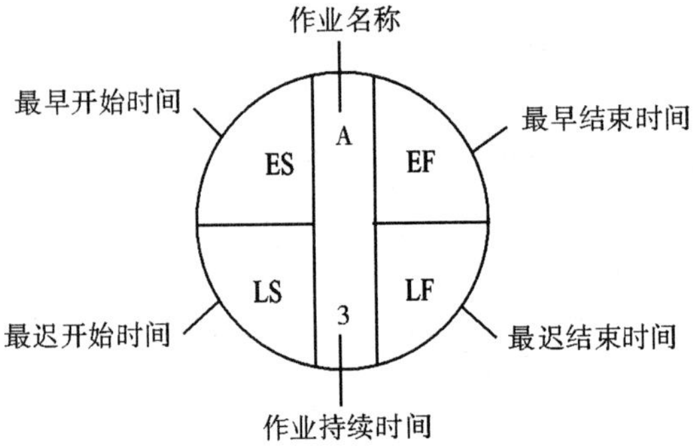

图 11－8　作业的四种时间表示方法

(一) ES 和 EF

ES 指所有紧前活动都完成，作业最早可以开始的时间。

(1) 如果一项作业只有一个紧前作业，那么它的最早开始时间就是紧前作业的最早结束时间。

(2) 如果一项作业有多个紧前作业，那么它的最早开始时间就是所有紧前作业的最早结束时间的最大值，即：

ES＝max{所有紧前作业的 EF}　　（公式 11－3）

EF 指作业最早可以完成的时间，是该作业的最早开始时间与该作业持续时间之和，即：

EF＝ES＋作业持续时间　　（公式 11－4）

我们可以用"顺序推进"的方法计算 ES 和 EF，即以项目网络图开始节点为始，从左向右计算到终点为止。值得注意的是，由于开始活动没有紧前作业，所以它的最早开始时间为 0。

【例 11－3】 计算 Z 装修公司办公楼项目中各作业的最早开始时间和最早结束时间，表 11－5 列出了各作业的持续时间。

解：因为作业 A 是开始活动，所以它的 ES 是 0；A 的持续时间是 3，所以它的 EF 是 3（0＋3）。接着，考虑作业 B、C、E，它们都只有一个紧前作业 A，因此它们的 ES 也就是 A 的 EF，那么它们的 EF 分别是 8(3＋5)、7(3＋4)、10(3＋7)。

接着是作业 D，由于作业 B 是其紧前作业，所以 D 的 ES 也就是 B 的 EF(8)，于是 D 的 EF 是 18(8＋10)。同理，由于作业 D 是作业 H 的紧前作业，可以计算作业 H 的 ES 和 EF 分别是 18 和 26；作业 C 是作业 F 的紧前作业，所以作业 F 的 ES 和 EF 分别是 7 和 15。

接着是作业 G，由于 F 和 E 都是其紧前作业，作业 F 和 E 的 EF 分别是 15 和 10，因此 G 的最早开始时间为：

ES＝max{E 的 EF，F 的 EF}＝max{15，10}＝15

于是 G 的 EF 是 21(15＋6)。最后是结束作业，由于作业 H 和 G 都是其紧前活动，同上，终点的最早开始时间为：

ES＝max{H 的 EF，G 的 EF}＝max{26，21}＝26

由于结束作业是“虚”作业，其持续时间是 0，所以终点的 EF 也是 26，也就是说整个项目的最早完成时间是 26 天。

图 11－9 是 Z 装修公司办公楼项目的网络图，包括每项作业的最早开始时间和最早结束时间。

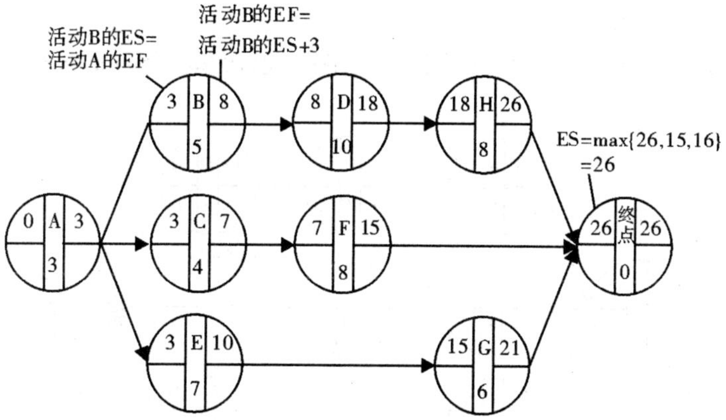

图 11－9 Z 装修公司办公楼项目的 ES 和 EF

（二）LS 和 LF

LF 指在不推迟整个项目工期的前提下作业最迟的结束时间。

（1）如果某项作业只有一个紧后作业，那么它的最迟结束时间就是后面这项作业的最迟开始时间。

（2）如果某项作业有多项紧后作业，那么它的最迟结束时间就是其所有紧后作业的最迟开始时间中的最小值，即：

$$LF=\min\{所有紧后作业的\ LS\} \quad （公式\ 11-5）$$

LS 指在不推迟整个项目工期的前提下作业最迟的开始时间，是其最迟结束时间与该作业持续时间之差，即：

$$LS=LF-作业持续时间 \quad （公式\ 11-6）$$

我们可以用“逆序推进”的方法计算 LF 和 LS，即从项目网络图的终点开始，从右向左进行计算，直到开始节点为止。值得注意的是，整个项目的最迟结束时间也就是它的最迟开始时间。

【例 11－4】 计算 Z 装修公司办公楼项目中各作业的最迟结束时间和最迟开始时间，表 11－5 列出了各作业的持续时间。

解：从结束作业开始，它的 LF 是 EF(26)，由于它的持续时间是 0，所以其 LS 也是 26（26－0）。

因为终点是作业 H 和 G 的唯一紧后作业，所以 H 和 G 的 LF 是 26。作业 H 的 LS 是 18(26－8)，作业 G 的 LS 是 20(26－6)。

同理，作业 H 是作业 D 的唯一紧后作业，所以 D 的 LF 是 18，LS 是 8(18－10)。作业 D 是作业 B 的唯一紧后作业，所以 B 的 LF 是 8，LS 是 3(8－5)。

接着，由于 G 是作业 F 和 E 的唯一紧后作业，所以 E 和 F 的 LF 是 20。作业 F 的 LS 是 12(20－8)，作业 E 的 LS 是 13(20－7)。而 F 是作业 C 的唯一紧后作业，所以 C 的 LF

是 12,LS 是 8(12－4)。

最后是作业 A,它是作业 B、C、E 的紧前作业,因此它的最迟结束时间为:

LF＝min{所有紧后作业的 LS}＝min{作业 B 的 LS,作业 C 的 LS,作业 E 的 LS}
＝min{3,8,13}＝3

于是,作业 A 的 LS 是 0(3－3)。

图 11－10 是 Z 装修公司办公楼项目的网络图,包括每项作业的最迟结束时间和最迟开始时间。

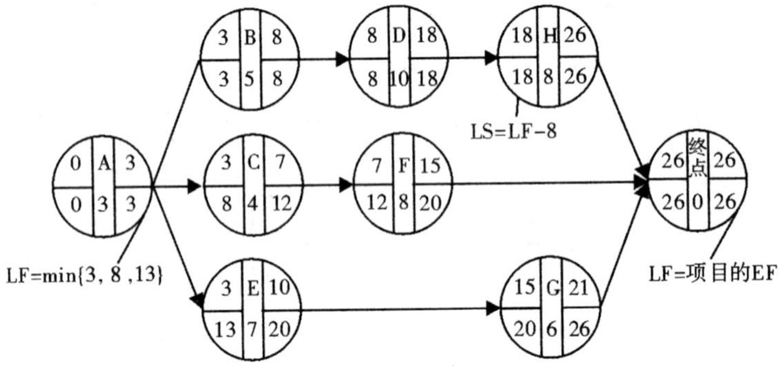

图 11－10　Z 装修公司办公楼项目的 LF 和 LS

(三) 关键路线和时差

关键路线是整个项目网络中耗时最长的路线,在项目计划和控制中扮演着重要角色,因为它是影响整个项目进度的路线,缩短或延长关键路线上的作业的持续时间会缩短或延长整个项目的工期。

关键路线的确定有不同的方法,最直接的方法就是把项目中各路线的时间计算出来,然后进行比较,选择最长的路线。另一个方法是计算各作业的时差,时差为零的所有作业组成的路线即为关键路线。

时差是指作业在不推迟整个项目工期的前提下的富余时间。其计算公式如下:

时差＝LS－ES 或时差＝LF－EF　　　　(公式 11－7)

【例 11－5】 计算 Z 装修公司办公楼项目中各作业的时差并确定该项目的关键路线。

解:利用图 11－10 中的数据可以得到各作业的 ES、EF、LS 和 LF,再利用公式 11－7 可以计算各作业的时差,如表 11－6 所示。

作业 A、B、D、H 的时差为零,所以它们处在关键路线上,即该项目的关键路线为 A—B—D—H—终点,图 11－11 画出了 Z 装修公司办公楼项目的关键路线和时差。

表 11－6 Z 装修公司办公楼项目的进度安排和时差

作业代号	最早开始时间(ES)	最早结束时间(EF)	最迟开始时间(LS)	最迟结束时间(LF)	时差(LS－ES)	是否在关键路线上
A	0	3	0	3	0	是
B	3	8	3	8	0	是
C	3	7	8	12	5	否
D	8	18	8	18	0	是
E	3	10	13	20	10	否
F	7	15	12	20	5	否
G	15	21	20	26	5	否
H	18	26	18	26	0	是

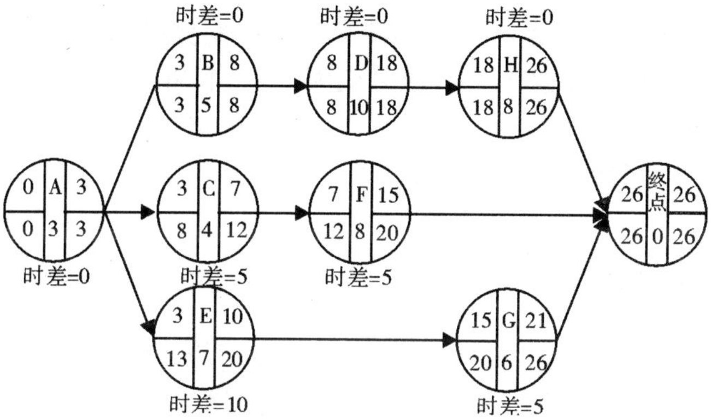

图 11－11 Z 装修公司办公楼项目的关键路线和时差

(四) 不确定性因素与项目完成的概率

前面关于项目网络时间参数的计算没有考虑作业时间的不确定性，作业时间的方差对于估算整个项目的工期十分重要。位于关键路线上的作业的方差会影响整个项目的完成时间。

(1) 项目的期望工期与方差。

$$T(\text{项目的期望工期})=\sum \text{关键路线上所有作业时间的期望值} \quad \text{(公式 11－8)}$$

$$\sigma^2(\text{项目的方差})=\sum \text{关键路线上所有作业时间的方差} \quad \text{(公式 11－9)}$$

(2) 给定工期下的完成概率。计划评审技术假设整个项目的完成时间满足正态分布，并且各个作业时间相互独立。因此，我们可以先计算给定工期与期望工期之差与标准差的比值，即：

$$Z=\frac{\text{给定工期}-\text{期望工期}}{\sigma_P} \quad \text{(公式 11－10)}$$

再通过查正态分布表，找出给定工期下的完成概率 $p(z)$。

(3) 给定完成概率下的工期。如果给定各按时完工的概率 p，那么可以先通过查正态分布表找出系数 z，再计算预计工期，即：

预计工期＝期望工期＋$Z\times\sigma_P$　　（公式 11－11）

【例 11－6】 根据 Z 装修公司办公楼项目的作业清单（表 11－5）和关键路线（图 11－11），计算：

（1）项目在 28 天内完成的概率是多少？

（2）完成概率为 95％的工期为多少？

解：根据图 11－11，可知 $T=26$ 天

根据公式 11－9，可得：

$$\sigma_P^2=\sum \text{关键路线上所有作业时间的方差}=1/9+4/9+1/9+4/9=10/9$$

也就是说，$\sigma_P=\sqrt{\text{项目的方差}}=\sqrt{10/9}=1.05$

（1）根据公式 11－10，可得：

$$Z=\frac{\text{给定工期}-\text{期望工期}}{\sigma_P}=\frac{28-26}{1.05}=1.9$$

查正态分布表，得出概率为 0.97，即项目在 28 天内完成的概率是 97％。

（2）查正态分布表，找出对应 95％的 Z 值为 1.65，利用公式 11－11，可得：

$$\text{预计工期}=\text{期望工期}+Z\times\sigma_P=26+1.65\times1.05=27.7(\text{天})$$

即完成概率为 95％的工期为 28 天。

二、时间与费用优化

管理项目时，项目经理除了关心工期之外还关心费用。以最低的费用来缩短工期就是项目时间与费用优化。在介绍解决此问题的方法之前，我们先介绍与项目有关的费用及其变化规律。

（一）直接费用

项目的直接费用是直接发生在每一作业上的费用。一方面是与人工有关的费用，例如加班费、雇用更多工人的费用或从其他岗位借调工人的费用等；另一方面是与资源有关的费用，例如购买或租赁更多的设备以及借用辅助设施的费用等。

一般而言，作业时间越短，直接费用越大。通常假设赶工费用与时间是线性函数关系，即：

$$\text{某作业的直接费用变化率}=\frac{\text{赶工费用}-\text{正常费用}}{\text{正常时间}-\text{赶工时间}}$$　　（公式 11－12）

（二）间接费用

项目的间接费用是与整个项目有关的费用，包括日常行政管理费用、设备维护费用、资金的利息、合同约束下的罚款等。一般而言，间接费用与总工期成正比。

（三）总费用

项目的总费用是直接费用与间接费用的和，项目费用变化关系可以用图 11－12 的曲线表示。从图中，可以看出项目的总费用随着工期的变化呈现凹形，总费用最低的工期为 T，因此项目的时间－费用优化就是寻找这个最低总费用的项目工期。

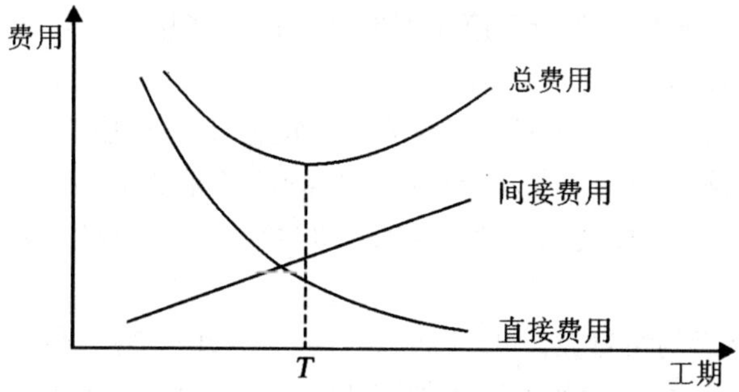

图 11－12　项目的工期－费用变化曲线

（四）时间—费用优化

时间—费用优化的步骤如下。

第一步，利用公式 11－12，计算每个作业的直接费用变化率。

第二步，利用现有参数找出网络中的关键路线，确定关键作业。

第三步，如果仅有一条关键路线，则选择直接费用变化率最小并且可以赶工的关键作业，采用试探方法压缩其工期，并保证压缩后的作业仍然在关键路线上；如果有多条关键路线，则从每条关键路线上选择一个直接费用变化率最小并且可以赶工的关键作业，采用试探方法压缩其工期，并保证压缩后的作业仍然在关键路线上。要注意，某些作业可能同时处在多条关键路线上。

第四步，更新项目网络中每条路线上的工期，计算压缩后的直接费用、间接费用和总费用；直到项目的总费用不再减少，得到费用最小的工期就停止；否则，回到第二步。

【例 11－7】　Z 装修公司办公楼项目各作业的正常时间、正常费用、赶工时间和赶工费用如表 11－7 所示，该项目每天的间接费用为 400 元。求最佳工期。

表 11－7　Z 装修公司办公楼项目的费用统计表

作业代号	作业时间（天）		直接费用（元）		直接费用变化率
	正常时间	赶工时间	正常费用	赶工费用	
A	3	2	1000	1500	500
B	5	3	800	1200	200
C	4	3	1200	1400	200
D	10	4	2000	3800	300
E	7	6	1600	1900	300
F	8	6	1500	1800	150
G	6	5	800	1200	400
H	8	4	500	900	100

解：

（1）根据公式 11－12 计算各作业的直接费用变化率，结果填入表 11－7 最后一列。

（2）根据例 11－5 可知，关键路线为 A—B—D—H—终点，总工期为 26 天。

直接费用＝9400(元)(表 11－7 第 4 列之和),间接费用＝26×400＝10400(元),总费用＝9400＋10400＝19800(元)。

(3) 从关键路线 A—B—D—H—终点入手,作业 H 的直接费用变化率最小,将其压缩 4 天,更新后的网络图如图 11－13 所示。作业 H 不能再赶工了。此时的直接费用＝9400＋400＝9800(元),间接费用＝22×400＝8800(元),总费用＝9800＋8800＝18600(元)。

(4) 第一次压缩后的关键路线仍然是 A—B—D—H—终点,作业 B 的直接费用变化率最小,将其压缩 2 天,更新后的网络图如图 11－14 所示。作业 B 不能再赶工了。此时的直接费用＝9800＋400＝10200(元),间接费用＝20×400＝8000(元),总费用＝10200＋8000＝18200(元)。

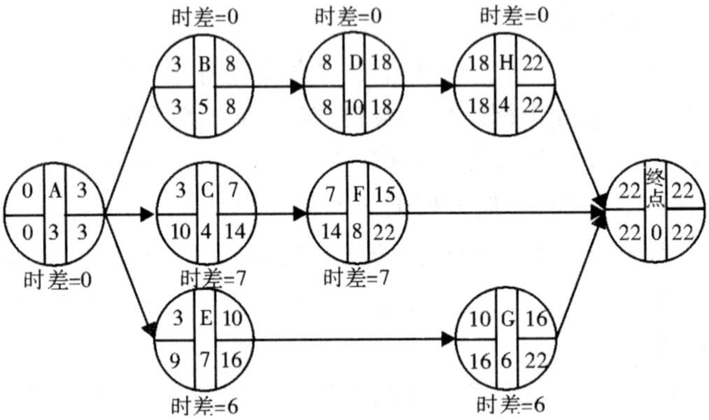

图 11－13　第一次压缩后的网络图(H 压缩 4 天)

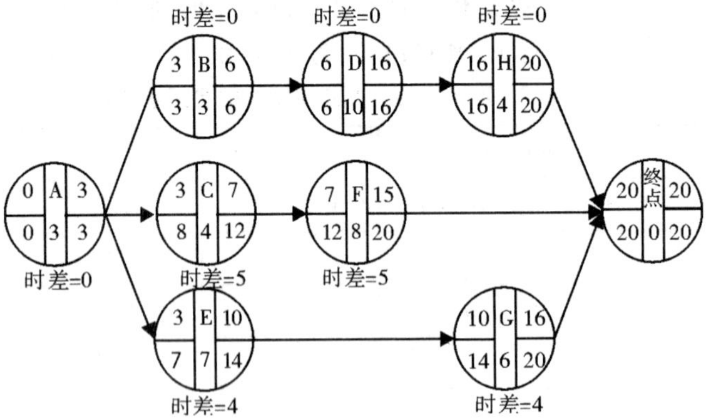

图 11－14　第二次压缩后的网络图(B 压缩 2 天)

(5) 第二次压缩后的关键路线还是 A—B—D—H—终点,作业 D 的直接费用变化率最小,为了保证压缩后 D 还在关键路线上,只能压缩 4 天,更新后的网络图如图 11－15 所示。此时的直接费用＝10200＋4×300＝11400(元),间接费用＝16×400＝6400(元),总费用＝11400＋6400＝17800(元)。压缩后关键路线有两路:A—B—D—H 和 A—E—G。

第三次压缩后,关键路线 A－B－D－H 只有 D 可以压缩。要压缩 D,另一个关键路线 A－E－G 也要压缩才能减少项目工期,但综合考虑直接费用与间接费用的关系,直接

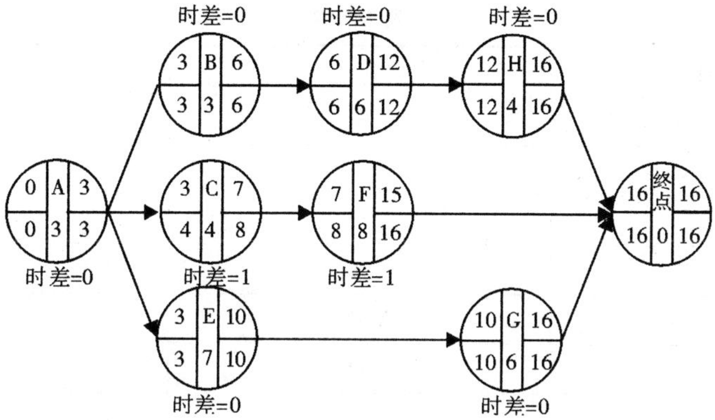

图 11－15 第三次压缩后的网络图(D 压缩 4 天)

费用增加多于间接费用的减少,因此项目工期不能再压缩。最后,最佳工期是 16 天。

关键名词

项目 项目管理 项目组织 项目计划 工作分解结构 关键路线法 计划评审技术 时间—费用优化

复习思考题

1. 商学院正在计划一场垒球比赛,该项目的每项作业如表 11—8 所示。

(1) 画出这个项目的网络图;

(2) 计算项目工期,指出关键路线。

表 11－8

作业代号	作业描述	紧前作业	作业时间(天)
A	邀请球队	—	5
B	安排食宿	—	9
C	促进计划	A、B	3
D	印刷门票	A、B	4
E	销售门票	D	9
F	完成准备	B	7
G	制定赛程	F	3
H	球队练习	C、G	2
I	进行比赛	E、H	3

2. 已知某项目的作业关系与时间如表 11—9 表示。

表 11—9

作业代号	紧前作业	作业时间(天)
A	—	3
B	—	4
C	—	2
D	A	5
E	A、B、C	5
F	D	1
G	D	7
H	F	3
I	H、E	2
J	F	7
K	G	4
L	K	8

(1) 画出这个项目的网络图;

(2) 确定项目工期,指出关键路线。

3. 已知某项目的作业关系与时间如表 11—10 所示。

表 11—10

作业代号	紧前作业	作业时间(天)		
		a	m	b
A	—	2	3	4
B	—	4	5	6
C	—	5	6	7
D	A	7	8	9
E	C	2	3	4
F	B、E	5	7	8
G	D、F	6	7	8
H	D、F	8	9	10
I	B、E	1	2	3
J	H、I	4	5	7
K	B、E	3	4	5

(1) 画出这个项目的网络图;

(2) 计算所有作业的期望时间;

(3) 计算项目的期望完工工期,指出关键路线。

4. 已知某项目各项作业的正常时间、赶工时间及在正常时间、赶工时间下的直接费用、间接费用等情况如表 11—11 所示。

表 11－11

作业代号	紧前作业	作业时间(天)		直接费用(元)		间接费用(元)
		正常时间	赶工时间	正常费用	赶工费用	
A	—	8	5	2000	300	每天合计 400
B	—	4	2	800	1600	
C	A	5	3	600	900	
D	B	6	4	500	800	
E	C、D	3	1	1000	2000	
F	C、D	4	2	600	1000	
G	E	9	6	1500	2500	
H	F	4	2	750	1000	
I	C、D	8	6	1200	1800	

(1) 确定正常完工时间与总费用；

(2) 确定最低成本下的完工工期。

案例分析

丘比玩具公司

不久前，丘比玩具公司的项目经理向新产品审议委员会提交了一份经费申请书。他建议丘比玩具公司通过它的零售流通网络，引进一款以流行卡通形象为基础的新型儿童玩具。按照项目经理的设想，如果这项产品能在春节前投入市场，市场需求将十分旺盛，而丘比公司也将从中获益。然而，由于市场对这一类型的玩具的需求有着极大的不确定性，项目经理不能确定该产品在下一年度是否还会有同样的市场受欢迎度。现在是 2008 年 9 月 3 日，项目经理明白他必须认真、仔细地利用接下来的 19 周的时间，在 2009 年 1 月 17 日前将产品提供给市场。

丘比玩具公司的总部位于东安市，它在这里拥有一家制造工厂和一家配售中心。因此，如果时间充足，丘比玩具公司希望自己生产该项产品。

项目经理希望能在周末到来之前得到委员会反馈过来的意见。那么从得到反馈意见开始，他将开始对项目的实施做出调整。作为一个拥有丰富经验的项目经理，他为作业设计了一个初步的图表，这些作业展示在表 11—12 中。

表 11－12　引入新产品所需要的作业

作业代号	作业描述	紧前作业	估计时间(周)
A	获得经费批准	—	1
B	确定最终产品	A	1
C	引进新的设备	A	8
D	建立操作工具	B	12
E	安装设备	C	1
F	训练员工	D、E	1
G	调试过程	F	1
H	设计广告计划	A	1
I	确定包装与艺术设计	H	2
J	做广告	H	12
K	订购原材料	D、I	2
L	初始生产运行	G、K	3
M	装运产品	J、L	1

根据这张表,项目经理发现他可以立刻开始一些工作,例如确定最终的产品设计、列出需要的设备的清单。当然,大多数的作业都必须按照顺序进行。例如,项目经理无法在设备安装所需操作工具到来之前对员工进行培训。同样的,项目经理也无法订购原材料,除非设计工作和广告计划已经完成,因为广告计划对产品颜色的选择可能会产生影响。

根据提交出来的表,项目经理还对减少项目完成时间的可能性作了估计和调整。在与市场营销经理商谈之后,项目经理发现他可以适当减少产品的广告。经估计,减少广告会给丘比玩具公司的销售额带来每周两个百分点的损失。而对于这一类型的新产品,产品一旦投入市场,广告的投入不能少于六个星期。

项目经理还与器具商店的生产经理进行了沟通。生产经理表示愿意通过加班来提高工具的生产速度,只要项目经理能够承担 5000 元的额外支出,操作工具的交付时间可以压缩到两周。

讨论题

1. 为丘比玩具公司绘制这个项目的网络图,找出关键路线。
2. 尝试最大限度压缩项目完成时间并计算赶工费用。

第十二章　质 量 管 理

【学习目的与要求】

掌握质量和质量管理的基本概念和理论，了解质量管理理论的实践发展，能够运用质量管理的方法和工具来分析和解决质量管理的实际问题，并深刻理解质量成本、质量管理体系等内容，培养学生的工作能力和创新能力。

【教学重点与难点】

教学重点：掌握质量和质量管理的基本概念、基本思想、基本理论、基本方法和基本技能，特别是质量管理体系、质量改进工具的应用、工序能力、过程控制和抽样检验。教学难点：要能用数学方法分析与解决质量管理问题。

现代企业之间的竞争中，质量、成本和交货期是决定成败的三个关键性要素，而质量是产品和服务中最基础的首要性要素，只有依靠近乎完美的达到世界级水平的产品质量才能跻身国际市场，并取得市场的领先地位。

高质量绝不意味着高成本，正像美国著名质量管理专家 P. B. 克劳斯比（P. B. Crosby）所说的："质量是免费的，真正费钱的是不合质量标准的事情——没有在第一次就把事情做对。"管理实践表明，质量问题和成本问题往往出自共同的根源。因此，消除根源性问题，从根本上改造传统的生产和运营管理方式，既是提高质量的有效途径，也是降低成本和提高效率的有效途径。

质量是一种责任，是企业对顾客、对社会的一种持续承诺。质量管理是一门学问，它不仅包含如何发现质量问题、定义质量问题、寻找问题原因和制定整改方案的方法和工具，还蕴含着丰富的以人为本的管理思想。质量管理更是一种管理实践，一种从企业领导到每个员工主动参与的永无止境的改进活动。

第一节　质量与质量管理

自从美国统计学家 W. A. 休哈特（W. A. Shewhart）1924 年首次将数理统计学应用于质量控制以来，质量管理的思想和方法不断丰富和发展。我们注意到，一种新的质量管理思想或质量管理体系的提出通常伴随着对质量概念的新的理解和诠释。那么到底什么是质量？

一、质量的概念

对于什么是质量，现代质量管理概念认为，必须以用户的观点下定义。美国质量协会(American Society for Quality)采用的质量的定义是："与满足用户明确或隐含需求能力有关的产品或服务的特征和特征的总和。"质量的定义可以分为几类。一些是基于用户的定义。这些定义提出，质量"存在于观察者的心目中"。对市场营销人员和用户来讲，更高的质量意味着更好的性能、更好的特性和其他(有时成本高昂)的改进。对生产运作经理来讲，质量是以生产为基础的，他们认为，质量意味着符合标准，并且"第一次就达到标准"。第三种定义是基于产品的，他们把质量看作是一个准确和可测量的计量值。

国际标准 ISO 9000:2000 族标准中给出的质量定义为：一组固有特性满足要求的程度。

"固有的"(其反义是"赋予的")就是指在某事或某物中本来就有的，尤其是那种永久的特性。

所谓的"特性"(characteristic)是指可区分的特征。

但是适用性或满足顾客要求是比较抽象的概念，为了使之对质量管理工作起到指导作用，还应当将其具体化。在这方面，美国质量管理专家戴维·戈文(David Garvin)教授将适用性的概念具体化为 8 个方面的含义。

(1) 性能。指产品主要功能达到的技术水平和等级。如环绕立体声音响系统的信噪比、频率范围，液晶电视的对比度等。

(2) 附加功能。指为使顾客更加方便、舒适等所增加的产品功能。如电视机的遥控器、数码相机的即插即打印功能等。

(3) 可靠性。指产品或服务完成规定功能的准确性和概率。如燃气灶电子打火器每次一打就着火的概率、快递信件在规定时间内送达顾客手中的概率等。

(4) 一致性。指产品或服务符合产品说明书或服务手册规定的程度。如汽车的百公里等速油耗是否不超过说明书规定的公升数、饮料中的天然固形物含量是否达到产品标签上标明的百分比等。

(5) 耐久性。指产品或服务达到规定的使用寿命的概率。如电视机显示屏是否达到规定的无障碍使用小时、烫发发型是否保持规定的天数等。

(6) 维护性。指产品是否容易修理和维护。

(7) 美学性。指产品外观是否具有吸引力和艺术性。

(8) 感觉性。指产品或服务是否使人产生美好联想甚至妙不可言。如服装面料的手感，广告给人的感觉和使人产生的联想等。

以上这 8 个方面使适用性的概念更具体化了，从而也就更容易从这 8 个方面明确顾客对产品或服务的要求，并将这种要求转化为产品和服务的各种标准。

美国著名运营管理专家理查德·J. 施恩伯格(Richard J. Schonberger)认为，上述 8 个方面的质量含义偏重于制造作品和产品，而对于服务作业和服务，还应进一步补充下列质量内容。

（9）价值。指服务是不是最大限度地满足了顾客的期望，使其觉得钱花得值。

（10）响应速度。尤其对于服务业来说，时间是一个主要的质量要求和性能。谁也不愿坐在餐馆中饿着肚子长时间等候服务员上菜，谁也不愿买了东西却要排好长时间的队等待付款。

（11）人性。这是服务质量中一个最难把握却非常重要的质量内容。人性不仅是对顾客笑脸相迎，而且包括对顾客的谦逊、尊重、信任、理解、体谅以及与顾客的有效沟通。

（12）安全性。指无任何风险、危险和疑虑。

（13）资格。指具有必备的能力和知识提供要求的服务。如导游的服务质量就在很大程度上取决于导游人员的外语能力和知识素养。

从以上关于质量概念的表述可以看出，随着社会的进步以及人们收入水平和受教育程度的提高，顾客对产品和服务质量的要求越来越高，越来越具有丰富的文化和个性内涵，因此，如何准确地把握顾客的需求，如何将其转化为系统性的产品和服务标准，是现代质量管理首先要解决的重要问题。

美国质量管理专家 J. M. Juran 于 20 世纪 60 年代提出“Juran 质量螺旋曲线”，阐述了产品质量的五个重要的理念：① 由十三个环节组成；② 要不断改进；③ 进行全过程管理；④ 是社会系统工程；⑤ 以人为主体。

美国的另一位质量管理专家 P. B. Crosby 在 *Quality is Free* 一书中指出：质量就是符合要求；凡是有不符合“要求”的地方，就表明质量有欠缺；质量是可测量的（有明确的界限）。

日本的质量管理专家石川馨对质量概念的观点：质量反映顾客的满意程度，质量定义因顾客的需要和要求而变化；价格是质量的重要组成部分；狭义的质量指产品质量，广义的质量指工作质量、服务质量、信息质量、过程质量、部门质量、人员质量、系统质量、公司质量、目标质量等。

20 世纪，可持续发展概念的提出推动了质量概念的生态化发展——节约资源和保护环境。质量的代价——高质量的低代价和低质量的高代价，清楚地反映了质量在成本、利益和风险等方面对人类发展造成的影响。21 世纪，质量成为人类对科技创新和经济发展模式的关注重点。

二、质量内涵的外延

产品（服务）质量是任何一个企业赖以生存的基础，提高产品质量对于提高企业竞争力、促进企业的发展有着直接而重要的意义。除了作为运作的一种关键因素之外，质量还有别的内涵。以下是质量为什么这么重要的另外三个原因。

（1）公司名声。组织可以期待它的质量名声并遵循这种名声，质量会在知觉上展示公司的新产品和供应商关系。

（2）产品责任。现代社会越来越要求那些设计、生产或销售不良产品或服务的企业承担因为产品或服务的使用所带来的损害或伤害。顾客使用质量不过关产品导致的各种问题都会为企业带来巨大的法律成本、大量的纠纷或损失以及可怕的负面公众影响。

（3）全球影响。在当今的时代，质量和运作管理一样引起了国际的广泛关注。对一家公司和一个国家来讲，要想在全球经济中参与竞争，产品必须满足全球的质量、设计和价格需求。

三、提高产品质量的意义

（一）质量是企业的生命线，是实现企业兴旺发达的杠杆

一个企业有没有生命力，在经营上有没有活力，首先是看它能否生产和及时向市场提供所需要的质量优良的产品。生产质量低劣的产品，必然会被淘汰，企业也就不能兴旺发达。

（二）质量是提高企业竞争能力的重要支柱

无论在国际还是国内市场中，竞争都是一条普遍的规律。市场的竞争首先是质量的竞争，质量低劣的产品是无法进入市场的。可以说，质量是产品进入市场的通行证。企业也只能以质量开拓市场，以质量巩固市场。提高产品质量是企业管理中一项重要战略。

（三）质量是提高企业经济效益的重要条件

企业通常可以在不增加消耗的条件下，提高产品质量，向用户提供使用价值更高的产品，以优质获得优价，走质量效益型道路，使企业经济效益提高。如果粗制滥造、质量低劣，就必然导致产品滞销、无人购买，这就从根本上失去了提高经济效益的条件。经验表明，有高的质量，才可能有好的效益。

产品质量问题始终是个重大的战略问题。优质能给人们生活带来方便与安乐，能给企业带来效益和发展，最终能使社会繁荣、国家富强；劣质则会给人们生活带来无数的烦恼以至灾难，造成企业的亏损甚至倒闭，并由此给社会带来各种不良的影响，直接阻碍社会的进步，乃至造成国家的衰败。因此，我们可以把优质的产品和服务看成是人们现代生活与工作的保障。美国著名质量管理专家朱兰博士曾形象地把“质量”比喻为人们在现代社会赖以生存的大堤。要保证质量大堤的安全，就必须对质量问题常抓不懈。

四、质量管理的基本概念

（一）质量管理

2000 版 ISO 9000 族标准将质量管理（quality management）定义为：质量管理是在质量方面指挥和控制组织的协调的活动，包括制定质量方针和质量目标以及质量策划、质量控制、质量保证和质量改进。这个定义指出了质量管理是一个组织管理职能的重要组成部分，必须由一个组织的最高管理者来推动，质量管理是各级管理者的职责，并且和组织内的全体成员都有关系，他们的工作都直接或间接地影响着产品或服务的质量。因此，质量管理的涉及面很广：从横向来说，质量管理包括战略计划、资源分配和其他系统活动，如质量策划、质量控制、质量保证、质量改进等活动；从纵向来说，质量管理包括质量方针、质量目标及质量体系。

（二）质量策划

2000 版 ISO 9000 族标准将质量策划（quality planning）定义为：质量策划是质量管理的一部分，它致力于设定质量目标并规定必要的运行过程和相关资源以实现其质量目标，包括产品策划、管理和作业策划、编制质量计划。

（三）质量控制

所谓质量控制（quality control），是指“为满足质量要求所采取的作业技术和活动”（国际标准 ISO 8402—1994）。

定义中所表述的“作业技术和活动”是贯穿于质量形成全过程的各个环节，目的是为了保证质量形成全过程或其某一环节受控，通过一系列作业技术和活动对全过程影响质量的人、机、料、法、环（Man、Machine、Material、Method、Environment，简称 4M1E）诸因素来进行控制。

“作业技术和活动”的主要内容是确定控制计划和标准，实施控制计划与标准，并在实施过程中进行连续监视和验证，纠正不符合计划与程序现象，排除质量形成过程中的不良因素与偏离规范现象，恢复其正常状态。在实际运用质量控制概念时，应该明确控制对象。对具体的质量控制活动，应冠以限定词，如工序质量控制、外协件质量控制、公司范围质量控制等。

（四）质量保证

所谓质量保证（quality assurance），是指“为使人们确信某实体能满足质量要求，在质量体系内所开展的并按需要进行证实的有计划和有系统的全部活动”（国际标准 ISO 8402—1994）。

质量保证的基本思想是强调对用户负责，其核心问题在于使人们确信某一组织有能力满足确定的质量要求，给用户、第三方（政府主管部门、质量监督部门、消费者协会等）和本企业最高管理者提供信任感。为了有把握地使用户、第三方、本企业最高管理者相信本组织具有质量保证的能力，使他们树立足够的信心，必须提供充分必要的依据和记录，证明有足够能力满足他们对质量的要求。为了使质量保证系统行之有效，还必须时常接受评价，例如，用户、第三方和企业最高管理者组织实施的质量审核、质量监督、质量认证、质量评价（评审）等。

质量保证是一种有计划、有系统的活动，是实现质量管理所必需的工作保证。为保证有计划地开展质量保证活动，企业应当建立一个有效的质量保证体系（质量保证模式）。

质量保证与质量控制是相互关联的。质量保证以质量控制为基础，进一步引申到提供“信任”。企业的质量保证分为内部质量保证和外部质量保证两类。

（1）内部质量保证：目的是向企业最高管理者提供信任。

（2）外部质量保证：目的是向顾客或第三方提供信任。

（五）质量管理体系

2000 版 ISO 9000 族标准对质量管理体系（quality management system）下的定义是：在质量方面指挥和控制组织的管理体系。首先需要理解管理体系和体系的概念。组织的质量管理是通过制定质量方针和目标，建立、健全质量管理体系并使之有效运行来付诸实施的，因此，质量管理体系是企业有效开展质量管理的核心。质量管理体系的内容应以满足质量目标的需要为准，为满足实施质量管理的需要而设计。

质量体系就是质量管理的组织保证，一般包括：领导职责与质量管理职能，质量机构的设置，各机构的质量职能、职责以及它们之间的纵向与横向关系，质量工作网络和质量信息传递与反馈等。

质量体系是由若干要素构成的。根据 ISO 9000 系列标准，质量体系一般可以包括下列要素：市场调研、设计和规范、采购、工艺准备、生产过程控制、产品验证、测量和试验设备的控制、不合格控制、纠正措施、搬运和生产后的职能、质量文件和记录、人员、产品安全与责任、质量管理方法的应用等。

质量体系有两种形式。一种是用于内部管理的质量体系，一般以管理标准、工作标准、规章制度、规程等予以体现。一种是用于外部的、证明的质量保证体系。前者要求比后者宽。

质量体系作为一个有机体，还必须拥有必要的体系文件，包括质量手册、程序性文件（包括管理性程序文件、技术性程序文件）、质量计划及质量记录等。

（六）质量改进

2000 版 ISO 9000 族标准对质量改进（quality improvement）下的定义是：质量管理的一部分，致力于增强满足质量要求的能力。

质量改进的要求是多方面的，包括有效性（effectiveness）、效率（efficiency）、可追溯性（traceability）。

企业开展质量改进应关注以下几点。

（1）质量改进通过改进过程来实现。

（2）质量改进致力于经常寻求改进机会，而不是等待问题暴露后再去捕捉机会。

（3）对质量改进的考虑依据三个方面的分析结果：顾客满意度、过程效率和社会损失。

通过以上关于质量管理、质量保证、质量控制、质量体系等概念的分别阐述，我们可以说，质量管理涵括了质量保证、质量控制、质量体系。其中质量保证、质量控制是质量管理的具体实施方式与手段，质量体系是质量管理的组织、程序与资源的规范化、系统化。

总之，质量管理是一门学问，从根本上说，这是一门如何发现质量问题、定义质量问题、寻找问题原因和制定整改方案的方法论。质量管理还是一种思想，它是对企业的宗旨，即企业是干什么的、应该是干什么的这一基本使命的一种深刻的理解和不断升华的认识。质量管理更是一种实践，一种从企业最高领导到每位员工主动参与的永无止境的改进活动。

五、质量管理理论与实践的发展回顾

(一) 质量检验阶段

(1) 操作者质量管理。在 20 世纪以前,生产方式主要是小作坊形式,工人既是操作者,又是检验者,制造和检验的质量职能统一集中在操作者身上。

(2) 工长质量管理。20 世纪初,F. W. Taylor 提出了操作者与管理者的分工,建立了"工长制",由工长行使对产品质量的检验。这一变化强化了质量检验的职能。

(3) 检验员质量管理。随着科技进步和生产力的发展,企业的生产规模不断扩大,在管理分工概念的影响下,企业中逐步产生了专职的质量检验岗位、专职的质量检验员和专门的质量检验部门,使质量检验的职能得到了进一步的加强。质量检验所使用的手段是各种各样的设备和仪表,方式是严格把关,进行百分之百的检验。

质量检验阶段从操作者质量管理发展到检验员质量管理,对提高产品质量有很大的促进作用。但随着社会科技、文化和生产力的发展,质量检验阶段的事后检验、全数检验、破坏性检验等方式存在的许多不足逐渐暴露。

(二) 统计质量控制阶段

事后检验、全数检验和破坏性检验存在的不足引起了人们的关注,一些质量管理专家、数学家开始注意质量检验中的弱点,并设法运用数理统计的原理来解决这些问题。

在 20 世纪 20 年代,美国电报电话公司的贝尔(Bell)实验室成立了两个研究组。以 W. A. Shewhart 博士为首的工序控制组提出"事先控制,预防废品"的观念,发明了具有可操作性的"质量控制图",出版 *Economic Control of Quality of Manufactured Product* 一书。另一个是以 H. F. Dodge 博士为首的产品控制组,H. F. Dodge(道奇)和 H. G. Romig(罗米格)提出了"产品检查批容许不合格品率的概念及抽样方案",后又提出"平均检出质量极限的概念及其抽样方案",这些方案在贝尔实验室的大批量产品的生产中进行了无数次的应用,表明是十分有效的质量管理方法。1944 年,"道奇一罗米格抽样方案"正式公布,两人提出抽样的概念和抽样方法,并设计 "抽样检验表",用于解决全数检验和破坏性检验所带来的问题。

由于当时西方资本主义国家经济衰退,这两套理论的推广受到了一定的影响。直到第二次世界大战期间,美国需要大量生产军需用品,因而迫切要求进行质量控制,它们才得以推广。

20 世纪 40 年代,美国制定了三个战时质量控制标准:AWSZ 1.1—1941 质量控制指南、AWSZ 1.2—1941 数据分析控制图法、AWSZ 1.3—1942 工序控制图法。

20 世纪 40 年代起,W. E. Deming 博士把统计质量控制的方法传播给了日本企业,该方法对日本的质量管理作出巨大贡献。

从质量检验阶段发展到统计质量控制阶段,质量管理的理论和实践都发生了一次飞跃,从"事后把关"变为预先控制,并很好地解决了全数检验和破坏性检验的问题。但是,由于过多地强调了统计方法的作用,忽视了其他方法和组织管理对质量的影响,人们误认为质量管理就是统计方法，而且这种方法又高深莫测，让人们望而生畏，质量管理成了统计学家的事情，这限制了统计方法的推广发展，也限制了质量管理的范畴（将质量的控制和管理局限在制造和检验部门）。

（三）全面质量管理阶段

促成全面质量管理的因素有：高、精、尖产品的质量控制要求，社会进步带来的观念变革——质量责任，系统理论和行为科学理论等管理理论的出现和发展，国际市场竞争加剧。基于此，美国通用电气公司（GE）质量总经理 A. V. Feigenbaum 和著名的质量管理专家 J. M. Juran 等在 20 世纪 60 年代先后提出了“全面质量管理”的概念，开创了质量管理的一个新的时代。

1961 年，A. V. Feigenbaum 出版了 *Total Quality Control* 一书，指出“全面质量管理是为了能够在最经济的水平上和考虑充分满足用户要求的条件下进行市场研究、设计、生产和服务，把企业各部门的研制质量、维持质量和提高质量的活动构成一体的有效体系”。其全面质量管理理论强调：质量管理仅靠检验和统计控制方法是不够的，解决质量问题的方法和手段是多种多样的，而且还必须有一整套的组织管理工作；质量职能是企业全体人员的责任，企业全体人员都应具有质量意识和承担质量责任；质量问题不限于产品的制造过程，解决质量问题也是如此，应该在整个产品质量产生、形成、实现的全过程中都实施质量管理；质量管理必须综合考虑质量、价格、交货期和服务，而不能只考虑狭义的产品质量。

朱兰提出全面质量管理有三个环节——质量策划、质量控制和质量改进，这就是“朱兰三部曲”。朱兰还于 1951 年首次出版了《质量控制手册》，该书成为质量管理领域的权威著作。朱兰被誉为质量领域的“首席建筑师”，在 70 多年的质量管理生涯中，他从企业主管、政府官员、大学教授、公司董事、管理咨询师等诸多角色中积累了丰富的经验，他的理论对战后的经济复苏和质量革命的推动起到了巨大的促进作用，同时他也为世界质量管理的理念拓展和方法论作出了卓越贡献。他关于质量方面的著作已被翻译成 20 多种文字，为数以百万计人传阅。

日本在推进全面质量管理过程中进行了创新探索，提出开展 QC 小组活动，使质量管理工作扎根于员工之中，使其具有广泛的群众基础，并且提出了“质量改进七种工具”，在日本又被称为“全公司的质量控制（CWQC）”或一贯质量管理（新日本制铁公司）。日本著名 QM 专家石川馨提出“广义的质量”以及“因果图”，田口玄一提出“质量损失函数概念”，赤尾洋二提出 QFD 等方法，这些方法都对质量管理的发展作出了卓越贡献，在世界各国得到了广泛的推广。

美国虽然是全面质量管理理论的诞生地，但该理论真正取得成功却是在日本，其实施特点是结合本国实际。20 世纪 80 年代，面对国际竞争的不利局面，美国人反思了自身在质量管理上的失误，在 Deming 的推动下，又把质量管理置于企业管理的核心地位，并努力付诸实施，终于取得成效，到了 90 年代，美国的钢铁、汽车等质量又超过了日本。这种经历又为全面质量管理重在实践、重在应用作了一个最好的脚注。

从 TQC 发展为 TQM（management），管理的概念更全面、更人性化、更具有竞争性。

（四）后全面质量管理阶段

1. ISO 9000 族标准产生的社会背景和基础

ISO 9000 族标准是指"由国际标准化组织(International Organization for Standardization,简称 ISO)质量管理和质量保证技术委员会制定的所有国际标准"。

ISO 9000 族标准产生的社会背景和基础。

(1) 优胜劣汰的市场经济是产生 ISO 9000 族标准的社会基础。

(2) 消除国际贸易中的质量体系注册、认证等方面的技术壁垒,促进国际贸易顺利发展是 ISO 9000 族标准产生的经济基础。这是产生 ISO 9000 族标准的直接原因。

(3) 高科技产品的需求,是 ISO 9000 族标准产生的技术基础。

(4) 世界各国制定与颁布的质量责任、法令、法律、法规,把质量保证体系的建立与实施作为强制性的社会要求。这是 ISO 9000 族标准产生的法律基础。

(5) 各国消费者权益保护运动的广泛深入开展,成为 ISO 9000 族标准产生和发展的群众基础。

(6) ISO 9000 族标准来源于 20 世纪 40 年代的美国军工行业标准,经过半个世纪的实践,逐步发展成国家标准,最后成为国际标准,这是 ISO 9000 族标准产生和发展必不可少的实践基础。

2. ISO 9000 族标准的发展沿革

自 1986～1987 年,国际标准化组织首次发布 ISO 9000 族标准开始,至今已经过了下列三个阶段。

(1) 20 世纪 80 年代的 ISO 9000 族标准。1987 年,ISO 在总结各国全面质量管理经验的基础上,制定了 ISO 9000《质量管理和质量保证》系列标准。如图 12－1 所示。

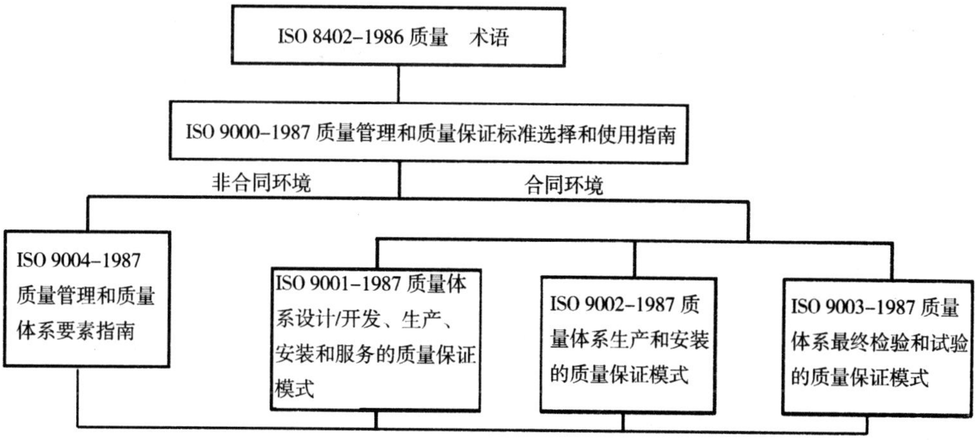

图 12－1　ISO 9000 族标准第一版的构成图

(2) 20 世纪 90 年代的 ISO 9000 族标准。这是对第一版 ISO 9000 族标准的局部修改,并补充制定了一些 ISO 10000 系列标准,对质量体系的一些要素活动作出具体的规定。

(3) 21 世纪的 ISO 9000 族标准。详见表 12－1 和图 12－2。

表 12－1 2000 版 ISO 9000 族标准文件结构表

ISO 标准		技术报告(ISO/TR)	小册子
核心标准	其他标准		
ISO 9000 ISO 9001 ISO 9004 ISO 19011	ISO 10012	ISO/TR 10006 ISO/TR 10007 ISO/TR 10013 ISO/TR 10014 ISO/TR 10015 ISO/TR 10017	1. 质量管理原理 2. 选择和使用指南 3. 小型企业的应用等

注:ISO 19011 由 ISO 10011 与 ISO 14011 合并修订而成。

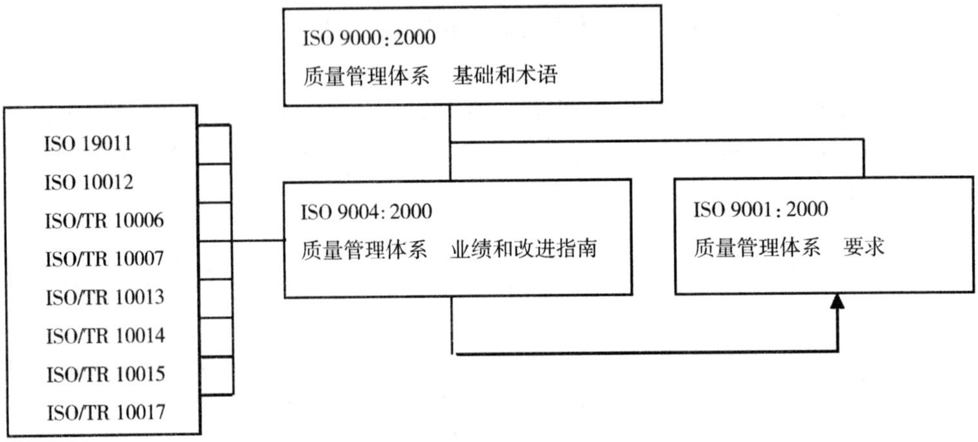

图 12－2 ISO 9000 族标准第三版的构成图

ISO 9000 族标准必须遵守下列八项质量管理原则:① 以顾客为关注焦点;② 领导作用;③ 全员参与;④ 过程方法;⑤ 管理的系统方法;⑥ 持续改进;⑦ 基于事实的决策方法;⑧ 与供方互利的关系。

3. 2000 版 ISO 9000 族标准的优点

(1) 标准通用性加强;

(2) 标准结构简化,原则性与指导性强;

(3) 语言简单明了,通俗易懂,易于翻译、理解与实施;

(4) 考虑了所有相关方的利益需求;

(5) 弱化了强制性的“形成文件的程序”的要求;

(6) 将质量管理体系与组织的管理过程联系起来;

(7) 强调对质量业绩的持续改进;

(8) 强调持续的顾客满意是推进质量管理体系的动力;

(9) ISO 9001 与 ISO 9004 内容结构一致,既避免了因认证/注册而给企业等组织带来的不必要工作量,又为持续改进组织的总体业绩与效率创造了条件;

(10) 与环境、安全等管理体系具有更好的兼容性,有利于组织建立统一的管理体系。

第二节　质量成本

一、质量成本概念

(一) 质量成本的历史沿革

质量成本的概念是由美国质量管理专家 A. V. Feigenbaum 在 20 世纪 50 年代初最早提出的。A. V. Feigenbaum 第一次将企业中质量预防和鉴定活动的费用与产品质量不合要求所引起的损失一起考虑,并形成质量成本报告。

J. M. Juran 认为企业在废次品上产生的成本好似一座金矿,提出“矿中黄金”的概念。所谓“矿中黄金”,指的是“质量上可减免成本的总额”。

(二) 质量成本的概念和构成

质量成本是构成产品成本的因素,质量成本的变化必然影响着产品总成本的变化,且直接影响企业净利润的变化。质量成本构成见表 12－2。

表 12－2　质量成本构成表

质量成本	质量保证成本	预防成本(prevention cost):为避免或减少不合格(如质量故障、不能满足质量要求或无效工作等)而投入的费用	包括质量工作费、质量培训费、质量奖励费、产品评审费、质量改进措施费、工资及福利奖金
		鉴定成本(appraisal cost):为了评定是否存在不合格而投入的费用。诸如试验、检验、检查和评判的费用	包括检测试验费、工资及福利奖金、办公费、检测设备折旧费
	质量损失成本	内部损失成本(internal failure cost):出现的不合格在交货前被检出而构成的损失。诸如为消除不合格而重新提供服务、重新加工、返工、重新鉴定或报废等	包括废品损失、返修损失、停工损失、事故分析处理费、产品降级损失
		外部损失成本(external failure cost):出现的不合格在交货后被检出而构成的损失。诸如保修、退货、折扣处理、货物回收、责任赔偿等	包括索赔费用、退货损失、保修费用、诉讼费、产品降价损失

特殊情况下,质量成本还包括外部质量保证成本。

外部质量保证成本指为提供用户要求的客观证据所支付的费用,包括特殊的和附加的质量保证措施、程序、数据、证实试验和评定的费用(如由认可的独立实验机构对特殊的安全性能进行试验的费用)。如质量保证措施费、产品质量证实试验费、评定费。

(三) 适宜的质量成本水平

质量成本等于质量保证成本加上质量损失成本。

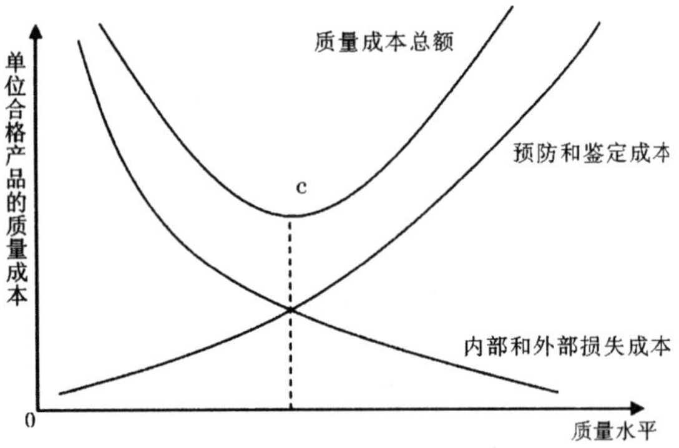

图 12－3　质量成本结构示意图

如图 12－3 所示，质量成本有一个最佳值，在质量成本总额曲线的最低点 C，即适宜的质量成本水平。这个最佳值是多少呢？它又有什么特征呢？由于企业的生产类型、产品结构等条件千差万别，其质量成本最佳值是有差异的。

质量成本各项目之间存在着相互影响、相互作用的关系，比如预防成本、鉴定成本的增加，会导致质量损失成本的减少。质量成本总额曲线显示了质量成本最佳值及其对应的适宜质量水平。将曲线上的最低点附近的区域加以放大，如图 12－4 所示。将此区域划分为三个活动区域，可以通过质量成本项目构成的比例来说明各活动区域的特点及在质量管理方面应采取的对策建议。

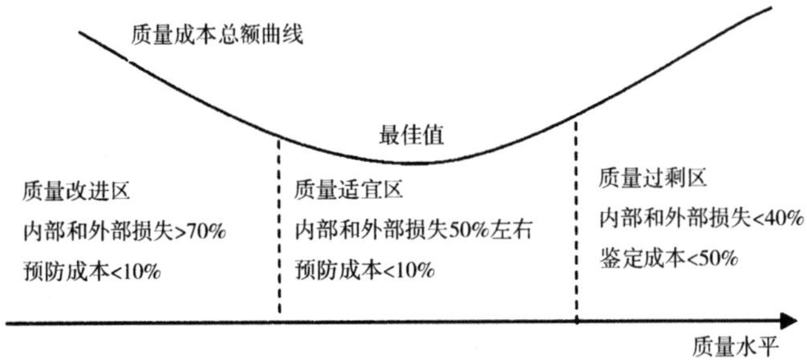

图 12－4　质量成本最佳区域图

首先，质量改进区。该区域内外部损失成本占主导地位，说明生产工艺过程很不稳定，预防性措施不利。在这种情况下，应加强质量管理，采取突破性措施予以改进，以降低质量总成本。

其次，质量适宜区。这种情况说明生产过程比较稳定，不易找到更大的潜力，应将质量管理活动的重点转向控制。

最后，质量过剩区。该区域鉴定成本大于损失成本，鉴定成本占主导地位。这种情况说明有许多鉴定检验措施失去了经济意义，应该重新审查各项鉴定检验活动的有效性，降低质量标准中过多的组分，使鉴定成本降下来。

随着时间的推移、新技术的不断出现和采用，各产品、各时期的最佳值也有变化。因此，企业应该通过自己的实践，不断积累数据，建立自己的定量模型，不断探索并向最佳区域探求预防成本、鉴定成本、内部损失成本、外部损失成本之间适合的比例关系。

（四）企业质量成本管理的目的

（1）寻找最适宜的质量成本水平；

（2）通过质量改进活动将质量成本控制在最适宜的范围之内。

二、企业开展质量成本管理的作用和主要任务

（一）质量成本管理的作用

（1）在产品质量标准一定的情况下，质量成本的高或低不反映每个合格产品的质量水平，而是显示了可能的合理化潜力和改进机会；

（2）质量成本数据是企业产品的质量缺陷和质量管理体系薄弱环节——不合格的重要指示器，开展质量成本管理就意味着为质量改进活动和企业收益提高寻求突破口；

（3）质量成本管理采用货币形式而使得质量管理工作与企业领导有了共同语言，有助于企业领导很快明确质量要求和支持实施质量改进措施。

（二）质量成本管理的主要任务

质量成本管理的主要任务是揭示企业质量管理体系运行中的不合格（无效）工作和不合格（有缺陷）产品，为企业质量改进活动和整体管理水平的提高指明方向。具体包括：

（1）建立识别不合格的工具，包括设置质量成本的财务账户、原始凭证，记录和建立核算制度、报告形式等；

（2）制定质量成本差异分析和趋势分析程序，寻找造成不合格的原因和影响因素；

（3）支持管理决策，即有效地进行管理方案的综合评价，追求高效益、低成本可操作的统一。

三、企业质量成本管理的组织与职责

（一）质量管理部门的职责

（1）协助企业领导组织和推动质量成本管理工作，组织相关的培训；

（2）编写、修定企业质量成本管理文件，研究、提出和推动实施质量成本管理的程序和方法；

（3）与财务部门一起研究和设置质量成本科目，并确定相应的责任人或部门；

（4）与财务部门一起研究和设计相关的原始凭证，要求便于记录、汇总和核算；

（5）制订、组织落实企业质量成本计划，监督和考核质量成本计划的实施；

（6）负责企业质量成本的综合分析，撰写质量成本报告，并制订和组织落实对应的质量改进计划；

（7）负责处理企业质量成本管理体系运作中的紧急情况；

（8）对有争议的质量成本责任作出仲裁。

(二) 财务部门的职责

(1) 配合质量管理部门研究和设置企业质量成本科目，力求与企业的会计科目相协调，以便更好地发挥财务支持作用；

(2) 配合质量管理部门研究和设计相关的原始凭证，为企业实施质量成本管理活动提供质量成本的原始凭证和数据；

(3) 进行质量成本核算，并按照企业质量成本管理程序的要求进行财务数据分析，为质量管理部门进行质量成本综合分析提供依据；

(4) 为质量管理部门监督和考核企业质量成本计划的实施情况提供财务支持；

(5) 审核质量成本报告，认定有关数据的真实性，并证实企业质量改进方案实施后的经济效果。

(三) 人事部门的职责

(1) 组织质量成本管理方面的培训；

(2) 明确各部门质量成本管理的职责；

(3) 明确各部门、各过程中的质量成本源；

(4) 提供相关人事工资等数据；

(5) 实施质量成本管理的考核工作。

(四) 其他各部门的职责

(1) 积极组织参加质量成本管理的培训；

(2) 确认本部门的质量成本责任，分析本部门质量成本发生的原因，制定纠正和预防措施；

(3) 实施纠正和预防措施，并协助企业质量管理部门和财务部门检查实施效果，避免质量问题再次发生。

四、企业质量损失成本分析

(一) 企业质量损失成本总额及相关指标分析

企业质量损失成本主要可细分为 11 项内容：废品损失、返工损失、停工损失、质量故障分析处理费用、产值和销售额损失、质量降级损失、索赔损失、退换货损失、保修费用、诉讼费用和折价损失。

(二) 企业质量损失成本差异分析

(1) 质量损失成本按产品分类进行汇总统计，然后根据计算结果作排列图进行 ABC 分析。

(2) 对 A 类产品进行质量损失成本源分析，目的在于发现和确定质量管理工作的薄弱环节，确定质量损失成本源可采用矩阵数据分析法。

(3) 归属质量损失成本差异分析。

企业的生产经营活动始终受到内、外环境因素的影响，各种因素的变化会对企业整个系统带来影响，导致质量损失额的差异。这种情况下，可以利用拉格郎日乘数对质量损失的构成进行系统的分析，这有利于明示环境因素的变化带来的实际质量损失差异。

（三）企业质量损失成本分析与支持决策的工作程序

1. 明确工作目标

（1）了解质量损失成本各项目的发生额、总额及趋势；

（2）了解质量损失成本占质量成本、总成本、产值或销售额、利润等的比重；

（3）掌握质量损失成本各项计划控制目标的完成情况；

（4）了解存在质量损失成本差异的原因、影响因素和主要问题；

（5）提出质量改进建议并预计建议实施的效果。

2. 汇总和整理数据

对有关的数据进行核对，并利用已设计好的各种表格对数据进行归类、汇总和整理，以供分析时使用。

3. 进行质量损失成本分析

（1）质量损失成本项目构成分析：① 对质量损失成本的 11 个项目进行统计，作 ABC 分析，确立 A 类质量损失成本项目；② 对 A 类质量损失成本项目进行影响原因分析，找到不合格或缺陷项目，并分析其影响程度；③ 确认关键不合格及缺陷项目的责任部门。

（2）质量损失成本总额及相关指标分析：① 计划期质量损失成本总额及时间序列分析；② 计划年度内质量损失成本累计总额及时间序列分析；③ 质量损失成本占质量成本、总成本、产值或销售额、利润等的比例指标分析。

（3）质量损失成本差异分析：① 质量损失成本计划控制目标与实际发生额的比较；② 责任质量损失成本差异分析；③ 归属质量损失成本差异分析。

（4）提出质量改进建议：① 对于成功的措施，提出巩固、制度化和持续改进建议，供决策过程参考；② 对于薄弱或不合格环节，提出改进措施建议，供决策过程考虑。

（5）实施审核和改进：① 审核质量损失成本分析工作文件；② 审核质量损失成本分析工作活动；③ 撰写质量损失成本分析工作审核报告，提出改进建议；④ 改进质量损失成本分析工作。

第三节　质量改进的工具

一、质量管理工具

质量管理中常用一些统计工具进行质量数据的分析与控制。常用的统计质量管理工具包括排列图、因果图、直方图、统计表（调查表）、散点图（也叫相关图）、控制图、分类表（层别法）等七种，下面重点介绍几个最常用的工具。

（一）排列图

排列图是分析质量问题的主次因素的方法，通过这种方法可以很快找出影响质量的主要因素。如图 12－5 所示。

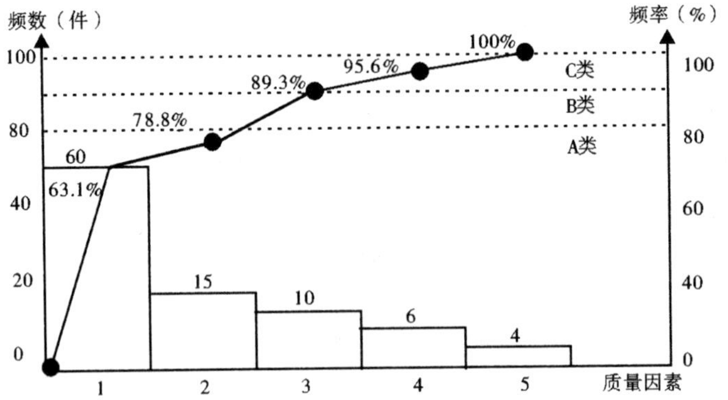

图 12－5　排列图

图 12－5 左边表示频数(不合格产品个数、金额等)，右边表示频率(百分比)，图中的折线表示累积频率，横坐标表示质量因素。图中直方块高度表示每个因素的影响程度，一般按照频数从大到小的顺序在横坐标上从左到右描绘，把因素出现的频数写在直方块的顶端，把累积频率写在折线上。

为了抓住主要因素，一般根据累积频率的大小，把不合格品(废品)分为三类：A 类为 0％～80％，B 类为 80％～90％，C 类为 90％～100％。图中因素 1 与因素 2 可以归为 A 类因素，因素 3 归为 B 类因素，其他为 C 类因素。

（二）因果图

因果图，也叫鱼刺图、树枝图，是一种系统分析质量问题原因的有效方法。一般质量问题的原因无非就是五个方面，即“4M1E”：操作者、设备、材料、方法(工艺)、环境。在因果图上，可以根据五种原因，再进行深入的分析，从大原因中找小原因，一层一层地分析，把所有的原因都找出来，根据不同的原因，采取不同的措施进行改进。图 12－6 为因果图的基本形式。

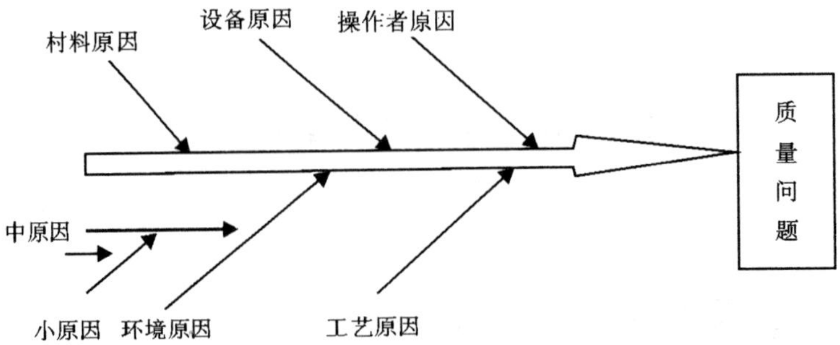

图 12－6　因果图

【例 12－1】　一家专门做无皮香肠、火腿和腊肠的冷冻存储的加工工厂近期发生了许多意外伤害事故，数量统计如表 12－3。根据分析作出的因果图如图 12－7 所示。

表 12－3　意外伤害调查结果

事故类别	第 1 周	第 2 周	第 3 周	第 4 周	合计
猪身掉落	3	4	2	5	14
切割受伤	7	9	10	10	36
牛身掉落	11	9	11	11	42
冷冻原料掉落	3	5	5	5	18
在卡车地面滑倒	3	3	2	5	13
牛身击中	2	3	3	1	9
牛身移动	4	3	2	3	17
其他	3	1	2	2	8
合计					157

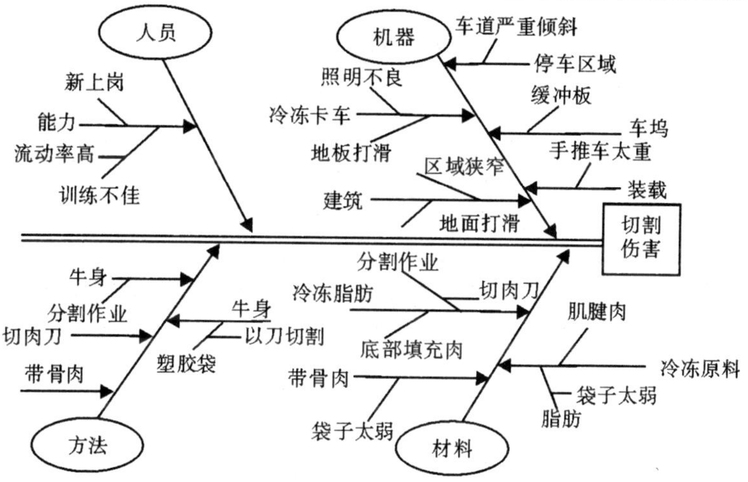

图 12－7　伤害事故因果图

（三）直方图

直方图是用于工序质量控制的一种数据分布图形，是整理质量数据、找出数据分布中心和散布规律的一种有效方法。通过直方图可以判断工序是否处于受控制状态，以此调整工序生产措施，达到控制工序质量的目的。

直方图主要用来：① 观察数据的散布规律，判断质量事故的原因；② 工序能力的计算，判断加工精度。

观察直方图的形状，我们可以判断生产状态是否正常。正常情况下的直方图是近似于标准正态分布的图形，即两边对称的钟形。如果直方图不是正态分布，可以认为生产状态出现了偏差。根据长期的实践摸索，企业可以总结出异常直方图的规律，用来分析生产状态。图 12－8 是一组典型的异常直方图。

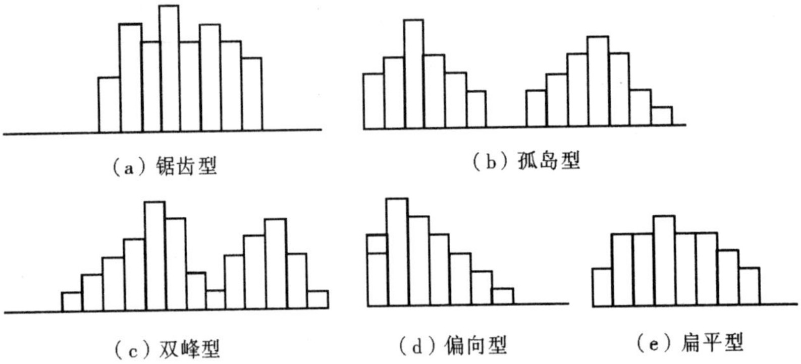

图 12－8　一组典型的异常直方图

经过长期的分析，人们总结出以上几种异常图形的原因，如表 12－4 所示。

表 12－4　几种典型异常直方图及形成原因

异常直方图	原因
锯齿型	测量方法或读数误差，分组不当
孤岛型	加工条件变动，错用仪表，读数错误，不同批号相混
双峰型	两个不同批号或不同规格的产品相混
扁平型	加工习惯(如有意放大或缩小尺寸)
偏向型	工具磨损，员工疲劳

当然，不同制造企业的产品或加工方法不同，产生异常直方图的原因也不同，需要企业质量检验人员进行长期的经验积累、归纳总结，以备出现类似情况时快速查出原因，为质量控制提供方便。

(四) 分类表

分类表，也叫层别法、分层法，是一种简单实用的统计不同条件下出现质量问题的方法。分类的方法很多，可以按照性质、来源、影响因素等划分。通过分类表可以找到问题的原因，为进一步解决问题提供参考。

数据分类的方法：① 按照班次分类；② 按照设备分类；③ 按照材料分类；④ 按照人员分类；⑤ 综合多因素的分类；⑥ 其他的分类方法。

【例 12－2】 某铁锅生产企业对铁锅的生产工序进行质量调查，分析不同设备的产品质量。另外，生产铁锅有两种不同的工艺，不同工艺生产质量有一定的差异。于是他们进行调查，抽查一天内的生产量，把两种不同的工艺与设备生产的产品进行分类分析，数据如表 12－5 所示。

表 12－5 铁锅生产质量的综合分类调查表

设备 \ 工艺		甲工艺	乙工艺	合计
设备 A	漏水	2	5	7
	不漏水	98	95	193
	漏水率	2%	5%	3.5%
设备 B	漏水	3	6	9
	不漏水	97	94	191
	漏水率	3%	6%	4.5%
设备 C	漏水	5	7	12
	不漏水	95	93	188
	漏水率	5%	7%	6%
合计	漏水	10	18	28
	不漏水	290	282	572
	漏水率	3.33%	6%	4.8%

从以上的结果可以看出，在相同工艺下，设备 C 的质量差一些，同样的设备下，乙工艺的质量差一些。因此，可以初步断定，甲工艺应该在设备 A 生产比较合适，而乙工艺应该在设备 B 生产，这样可以减少次品。

（五）控制图

控制图是最常用的一种统计质量管理工具，是统计过程质量控制（SPC）的核心工具。

控制图可以用来做质量诊断、质量控制与质量改进。控制图的应用可以让管理者知道质量是否处于受控状态，并提供有关变化的趋势信息，为改进质量提供决策依据。图 12－9 为控制图的一个基本模式。

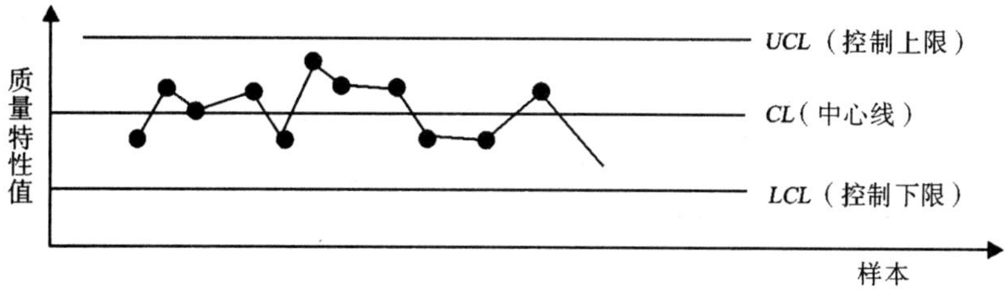

图 12－9 控制图基本模式

在控制图中，中间一条横线是中心线，用 CL 表示，是控制量的平均值。上、下两条线是控制上限和控制下限，一般取 3 倍标准方差，即 $\bar{x}\pm 3\sigma$。

控制图有两种，一种是计量值的控制图，另一种是计数值的控制图。下面分别介绍两种控制图的应用方法。

（1）计量值控制图的设计——均值、极差控制图。计量值的控制图主要有均值和极差控制，即 $\bar{x}$—R 控制图。$\bar{x}$—R 图的制作过程如下。

第一步：收集数据。从需要管理的工序中取样本，为保证数据的代表性，应定时取样，数据不少于 50 个。

第二步：数据分组。将数据按测量顺序或批数分组，一般组数为 20～25，每组数据为 2～5 个。

第三步：计算各组的平均值 $\overline{x}$ 与极差 R_i。

$$\left.\begin{aligned}\overline{x}_i &= \frac{x_{i1}+x_{i2}+x_{ij}\cdots+x_{in}}{n}=\frac{\sum_{j=1}^{n}x_{ij}}{n}\\ R_i &= x_{最大}-x_{最小}=\max_{1\leqslant j\leqslant n}\{x_{ij}\}-\min_{1\leqslant j\leqslant n}\{x_{ij}\}\end{aligned}\right\}\quad(公式\ 12-1)$$

上式中，$x_{最大}$ 和 $x_{最小}$ 是 i 组数据中的最大值和最小值。

第四步：计划总体的均值 $\overline{\overline{x}}$ 和平均极差 $\overline{R}$。

$$\left.\begin{aligned}\overline{\overline{x}} &= \frac{\overline{x}_1+\overline{x}_2+\cdots+\overline{x}_k}{k}=\frac{\sum_{i=1}^{k}\overline{x}_i}{k}\\ \overline{R} &= \frac{R_1+R_2+\cdots+R_k}{k}=\frac{\sum_{i=1}^{k}R_i}{k}\end{aligned}\right\}\quad(公式\ 12-2)$$

式中，k 为组数。

第五步：计算中心线与控制上限和下限。

$\overline{x}$ 控制图：

$$\left.\begin{aligned}&中心线:CL=\overline{\overline{x}}\\ &上限:UCL=\overline{\overline{x}}+A_2\overline{R}\\ &下限:LCL=\overline{\overline{x}}-A_2\overline{R}\end{aligned}\right\}\quad(公式\ 12-3)$$

R 控制图：

$$\left.\begin{aligned}&中心线:CL=\overline{R}\\ &上限:UCL=D_4\overline{R}\\ &下限:LCL=D_3\overline{R}\end{aligned}\right\}\quad(公式\ 12-4)$$

式中，A_2、D_3、D_4 为控制系数，与取样大小 n 有关，可参考表 12－6 选用。

表 12－6　控制图系数表

系数 / n	A_2	D_3	D_4
2	1.880	—	3.267
3	1.023	—	2.575
4	0.729	—	2.282
5	0.577	—	2.115
6	0.483	—	2.004
7	0.419	0.076	1.924
8	0.37	0.136	1.864
9	0.377	0.136	1.816
10	0.308	0.223	1.777

第六步：在坐标轴上描绘均值控制图和极差控制图。

【例 12－3】 某厂制造一线圈，其阻抗值的质量要求为 15±2Ω，现从其制造过程中按时间顺序取 $n=5$ 的 20 组子样，测得其阻抗值如下表 12－7 所示，试画出其 $\overline{x}-R$ 控制图。

表 12－7　$\overline{x}-R$ 控制图数据表

序号(i)	测量值					$\overline{x}_i$	R_i	备注
	X_{i1}	X_{i2}	X_{i3}	X_{i4}	X_{i5}			
1	15.3	14.5	16.9	14.0	14.9	15.12	2.9	
2	13.0	15.2	14.2	15.1	14.3	15.12	2.2	
3	16.7	16.0	14.4	14.2	14.3	15.12	2.5	
4	14.2	14.9	13.2	17.0	15.1	14.88	3.8	
5	14.5	15.6	16.9	16.4	15.8	15.84	2.4	
6	14.5	15.9	14.3	15.0	14.2	14.78	1.7	
7	15.9	15.4	15.5	14.4	13.8	15.00	2.1	
8	15.1	15.2	15.0	15.7	13.6	14.92	2.1	
9	15.1	12.7	17.6	16.4	15.2	15.4	4.9	
10	164.	16.4	14.6	14.3	14.3	15.20	2.1	
11	16.0	16.2	15.7	15.6	16.0	15.70	1.6	
12	13.9	13.5	13.3	16.1	16.1	14.58	2.8	
13	15.1	14.2	13.8	16.8	15.7	15.12	3.0	
14	15.3	14.6	17.3	14.2	16.9	15.66	3.1	
15	14.5	15.9	13.9	15.6	13.7	14.72	2.2	
16	13.3	15.6	14.2	14.6	13.7	14.28	2.3	
17	13.6	15.2	15.2	16.5	15.6	15.22	2.9	
18	15.9	14.0	14.2	13.4	15.3	14.56	2.5	
19	14.5	15.8	16.3	14.7	14.2	15.10	2.1	
20	15.1	17.0	15.4	13.1	14.7	15.09	3.9	
合计						300.46	53.1	

解：由表 12－7 可得

$$\overline{\overline{x}}=\frac{\sum \overline{x}_i}{k}=\frac{15.12+15.12+\cdots+15.09}{20}=\frac{300.46}{20}=15.023$$

$$\overline{R}=\frac{\sum R_i}{k}=\frac{2.9+2.2+\cdots+3.9}{20}=\frac{53.1}{20}=2.65$$

计算控制图的中心线与界限：

$\overline{x}$ 控制图：

$$\left.\begin{aligned} &CL=\overline{\overline{x}}=15.023\\ &UCL=\overline{\overline{x}}+A_2\overline{R}=15.023+0.577\times 2.65=16.55\\ &LCL=\overline{\overline{x}}-A_2\overline{R}=15.023-0.577\times 2.65=13.49 \end{aligned}\right\}$$

R 控制图：　$CL=\overline{R}=2.65$

$UCL=D_4\overline{R}=2.115\times 2.65=5.60$

$LCL=D_3\overline{R}$ 无意义，因为从表 12－6 知 $n=5$ 时，D_3 不存在

根据计算结果可作出控制图，如图 12－10 所示。

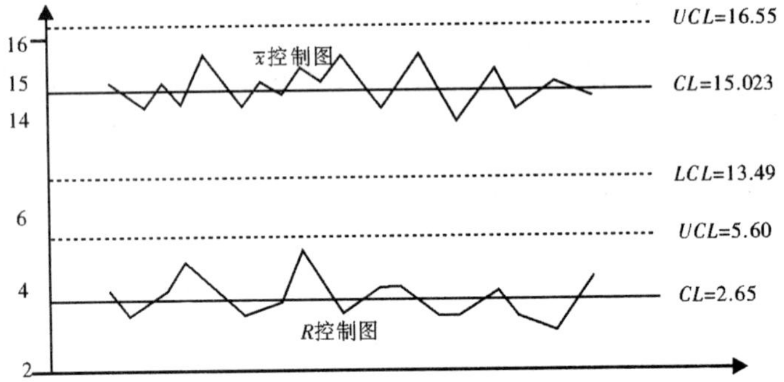

图 12－10　$\overline{x}-R$ 控制图

(2) 计数值控制图——不合格品率控制图(p 图)和不合格品数控制图(pn 图)。在生产过程相当稳定时，产品的不合格品率 p 是一个比较固定的值，若子样的样本数为 n，则子样的不合格品数为 pn。但是，通常情况下，母体的不合格品率 p 是无法求得的，用子样的不合格品率的平均值 $\overline{P}$ 来代替：

$$p\approx\overline{P}=\frac{1}{k}\sum_{i=1}^{k}p_i$$

式中，k 为子样的组数，p_i 为 i 组的不合格品率。

也可以用如下公式计算子样的不合格品率平均值：

$$\overline{P}=\frac{\text{不合格品数}}{\text{被检查产品总数}}=\frac{\sum_{i=1}^{k}np_i}{n\times k}$$

式中，n 为每组(每批)子样的样本数量，k 为测量的组数(或批数)。

不合格品数控制图——pn 控制图：

$$\left.\begin{aligned} &\text{中心线：}CL=\overline{P}n\\ &\text{上限：}UCL=\overline{P}n+3\sqrt{\overline{P}n(1-\overline{P})}\\ &\text{下限：}LCL=\overline{P}n-3\sqrt{\overline{P}n(1-\overline{P})} \end{aligned}\right\}\qquad\text{(公式 12－5)}$$

不合格品率控制图——p 控制图：

$$\left.\begin{aligned}&\text{中心线}:CL=\overline{P}\\&\text{上限}:UCL=\overline{P}+3\sqrt{\frac{\overline{P}(1-\overline{P})}{n}}\\&\text{下限}:LCL=\overline{P}-3\sqrt{\frac{\overline{P}(1-\overline{P})}{n}}\end{aligned}\right\}\qquad\text{(公式 12－6)}$$

【例 12－4】 某厂生产手表，连续检验了 25 次，每次抽 200 只，其检验结果见表 12－8所示。

表 12－8　手表检验结果表

样本序号(i)	样本大小(n)	不合格品数(p_in)	样本序号(i)	样本大小(n)	不合格品数(p_in)
1	200	5	14	200	3
2	200	4	15	200	1
3	200	1	16	200	5
4	200	6	17	200	1
5	200	3	18	200	9
6	200	4	19	200	1
7	200	6	20	200	4
8	200	2	21	200	7
9	200	6	22	200	2
10	200	8	23	200	1
11	200	8	24	200	9
12	200	4	25	200	8
13	200	3	总计	5000	111

计算有关控制参数(pn 控制图)：

解：根据公式 12－5 可得(pn 控制图如图 12－11 所示)：

$$\text{中心线}:CL=\overline{P}n=\frac{\sum_{i=1}^{k}p_in}{k}=\frac{111}{25}=4.44$$

$$\text{上限}:UCL=\overline{P}n+3\sqrt{n\overline{P}(1-\overline{P})}=10.66$$

$$\text{下限}:LCL=\overline{P}n-3\sqrt{n\overline{P}(1-\overline{P})}$$ 结果为负值，无意义

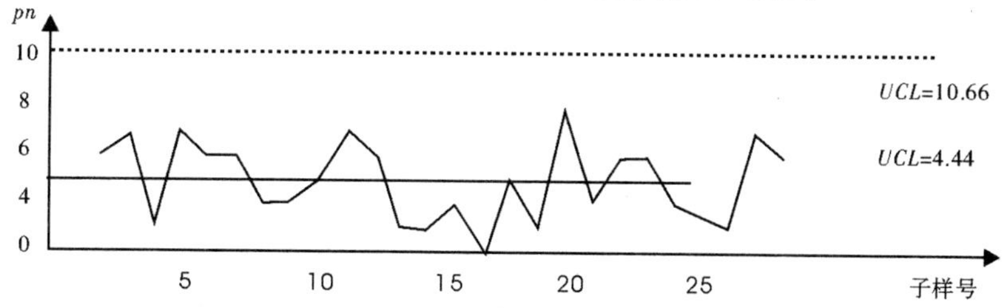

图 12－11　不合格品数 pn 控制图

(3) 控制图的使用与分析。控制图是否正常主要依据两个准则：点是否出界，界内点排列是否异常。

第一条准则是显而易见的，只要控制图中的数据点超出控制的下限就是异常的；第二条准则的判断比较困难，一般情况下主要依靠经验来判断。下面列出几种典型的界内点异常排列的特征：① 连续 7 点出现在中心线一侧；② 点在中心线一侧多次出现，如连续 11 点中有 10 点、连续 14 点有 12 点、连续 17 点中有 14 点等；③ 连续 3 个点中至少有 2 个点在中心线的上方或下方 2σ 线（警戒线）外；④ 点排列呈周期性。

应用控制图进行质量控制，需要考虑如下几个问题：

① 控制地点选择。控制图应该用于关键工序、薄弱环节，它们应该是控制的重点。另外，控制过程的质量指标应该是可以量化的，如果是定性的质量指标，就不太适合用控制图。

② 控制对象选择。一般一个工艺过程有多个质量指标，可以用单指标也可以用多指标作为控制对象，最好选择重要的质量指标作为控制对象。

③ 控制图选择。要根据质量指标的特性决定。如果是计量值指标，应该用均值一极差控制图（$\bar{x}-R$）；如果是计件的指标，则用不合格品数与不合格品率控制图（pn 图和 p 图）；如果是计点的指标，则应用缺陷数与单位缺陷数控制图（U 图和 G 图）。

④ 用控制图进行质量预防。通过控制图，我们可以对质量进行预防，减少质量问题。在利用控制图进行质量的预防性控制时，应贯彻 20 字方针："查出异常，采取措施，保证消除，不再出现，纳入标准。"

⑤ 利用控制图进行质量改进。如果控制图始终保持一种状态就起不到改进质量的作用，因此，要根据质量的改进情况，不断调整质量控制图的界限，要随着质量水平的提高，加严质量控制的上限与下限。

第四节　工序能力分析

一、能力指数定义与计算方法

一个生产工序（或服务过程）的质量好坏可以用一个能力指数来评判，这就是过程能力指数。

制造业的过程能力指数也叫工序能力指数。要理解"工序能力指数"的概念，首先要搞清楚什么是"工序能力"。制造业的工序能力指的是工序处于正常状态下稳定加工某种质量的产品的能力，也叫加工精度，用 B 来表示。通常用加工尺寸的分布密度函数的 3 倍标准差宽度来表示工序能力，即 $B=3\sigma-(-3\sigma)=6\sigma$。

图 12－12 表示不同质量特性分布曲线下的工序能力（精度）。尺寸分布的方差越大，曲线的峰值越低，数据越分散，加工精度就越低，则工序能力越低（B 大）；反之，加工精度

越高，则工序能力越高（B 小）。

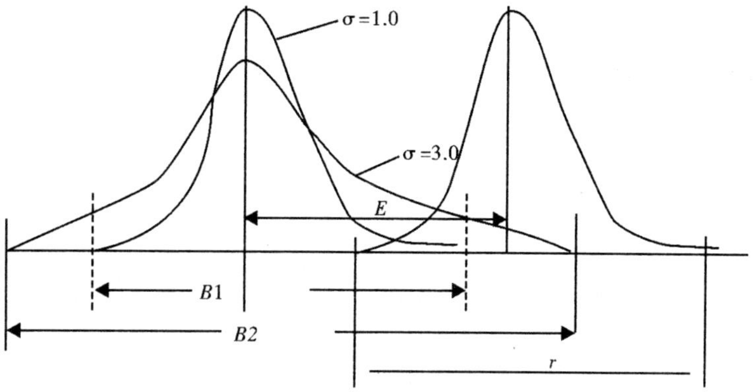

图 12－12　不同质量特性分布曲线下的工序能力

（1）双侧公差要求的工序能力指数计算。工序能力指数是指公差范围 T（质量标准）与工序能力 B 的比值，它表明某工序满足加工精度的程度。

$$C_p=\frac{T}{B}=\frac{T}{6\sigma}=\frac{T}{6s} \quad \text{（公式 12－8）}$$

当实际的分布中心与公差中心有偏差 E 时，则应对 C_p 进行修正，采用修正工序能力指数：

$$C_pk=C_p\cdot k=C_p(1-\frac{|M-\bar{x}|}{T/2})=C_p(1-\frac{|E|}{T/2})$$

$$=C_p(1-\frac{2|E|}{T})=\frac{T}{6s}(1-\frac{2|E|}{T}) \quad \text{（公式 12－9）}$$

式中，M 代表公差的分布中心，$\bar{x}$ 代表实际数据分布中心（均值），E 代表实际分布中心与公差中心的偏差，s 代表测量样本标准差。

（2）单侧公差要求的工序能力指数计算。在有些情况下，质量标准要求只有下限，如电机产品的机械强度、寿命、可靠性等，要求不低于某个值，并且越高越好；而有时产品质量要求只有上限，如噪声、杂质含量，其值要求越小越好，并且不超过某一上限。这种情况下的工序能力指数计算公式如下：

① 只有下限精度要求的情形：

$$C_{PL}=\frac{\bar{x}-T_L}{3\sigma} \quad \text{（公式 12－10）}$$

② 只有上限精度要求的情形：

$$C_{PU}=\frac{T_U-\bar{x}}{3\sigma} \quad \text{（公式 12－11）}$$

二、工序能力分析

（1）工序能力判断。根据工序能力指数水平可以判断工序能力不足或过剩，从而采取相应的措施改进质量。如表 12－9 所示。

表 12－9 工序能力的判断与处理

C_p	工序能力判断	处理	备注
$C_p>1.67$	特级加工 工序能力过剩	应考虑放宽管理或设法降低成本	
$1.67\geqslant C_p\geqslant 1.33$	一级加工 工序能力充裕	如果不是重要工序可放宽检验，减少抽样检验的次数	$C_p=1.67$ 时，不合格率为百万分之六
$1.33\geqslant C_p>1.00$	二级加工 工序能力尚可	工序必须严加管理，否则容易产生不合格品	$C_p=1.33$ 时，不合格率为万分之六
$1.00\geqslant C_p>0.67$	三级加工 工序能力不足	已出现不合格品，需作全数检查，采取措施改进工序控制	$C_p=1.00$ 时，不合格率为千分之三
$C_p\leqslant 0.67$	四级加工 工序能力严重不足	立即停止加工，采取紧急措施提高工序能力	$C_p=0.67$ 时，不合格率为百分之五

(2) 提高工序能力的途径。从工序能力指数的计算公式我们看到，影响工序能力指数的有三个因素：质量标准 T、偏移量 E 和质量特性分布标准差 s。一般质量标准是越来越严格的，因此企业不宜放宽质量标准去提高能力指数，因此提高工序能力指数的主要手段应该是降低质量特性分布的标准差，减少质量特性分布中心与标准分布中心的偏移度。

提高工序能力的途径，也就是通常说的“4M1E”，要从工艺技术、材料的使用、人员操作水平、工作环境、设备等几个方面进行。

第五节 产品抽样检验

一、抽样检验概述

(一) 抽样检验的概念

企业为了保证产品的质量合格，必须进行检验。检验的方式有全数检验和部分检验。全数检验适合于精密、贵重的产品，即产品有不合格品将产生严重的后果，即使费用再大也要进行检验的情形。在多数情况下，全数检验不现实，也不经济，因为检验对产品有破坏性，而且全数检验费用高。因此企业日常进行的产品检验，多数是部分检验，即抽样检验。

抽样检验就是从交验的每批产品中随机抽取预定的样本容量，对照标准逐个检验产品的性能。如果样本中含不合格品数不大于抽样方案中预先规定的最低数目，则判定该批产品合格，予以接收；否则判定该批产品为不合格，拒绝接收。

抽样检验以数理统计原理为依据，适当兼顾了生产者与用户的风险损失，具有科学、可靠、简便的优点，比较适合于破坏性检验以及数量多、希望检验费用少的情形。

(二)抽样检验方案种类

抽样检验有单次、两次及多次抽样检验三种。

(1) 单次抽样检验。单次抽样检验是最简单的抽样检验,其抽样方案用(N,n,c)或(n,c)表示。即从一批数量为N的产品中随机抽取n个产品,预先规定一个合格判定数c,n件产品中的不合格产品数为d,当$d \leqslant c$时,则判定该批产品为合格,当$d > c$时,则判定该批产品为不合格,予以拒绝。如图 12—13 所示。

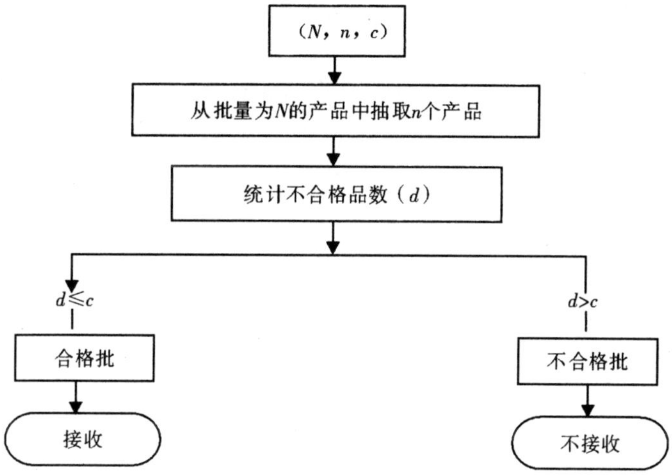

图 12—13 单次抽样检验的程序

(2) 两次抽样检验。两次抽样检验是在单次抽样检验的基础上增加一次检验。抽样方案的参数有五个,即$(N,n_1,n_2;c_1,c_2)$,其中n_1为第一次抽样的样本大小,n_2为第二次抽样的样本大小,c_1为第一次抽样时的合格判定数,c_2为第二次抽样时的合格判定数。两次抽样检验的程序如图 12—14 所示。

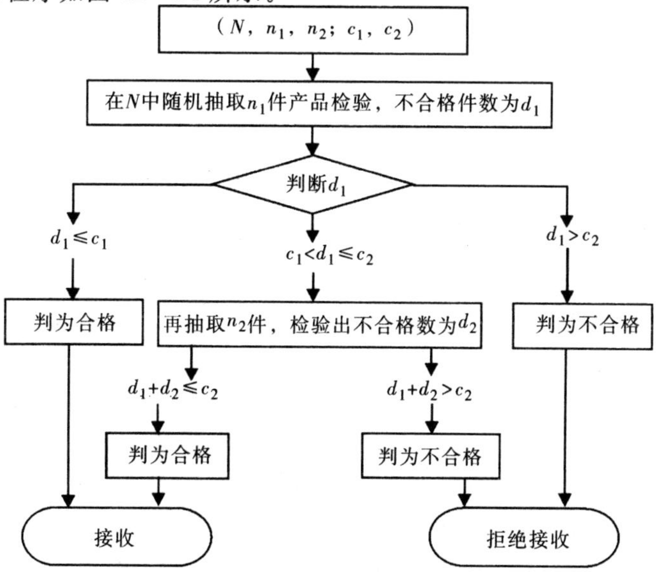

图 12—14 两次抽样检验的程序

(3) 多次抽样检验。多次抽样检验是在两次抽样的基础上,允许通过 3 次以上的抽样,最终对一批产品的合格性进行判断。但是多次抽样检验复杂,费用也高,因此除非特殊要求,一般企业只进行单次或两次抽样检验。

二、抽样方案设计

前面讨论了关于抽样检验的基本原理,现在来讨论如何确定抽样方案的问题。由于实际的抽样检验是通过查表的办法来确定相应的抽样参数,所以熟悉各种抽样检验标准及其特点是非常重要的。目前主要的抽样检验标准有日本的工业标准 JIS—Z—9002、美国军用标准 MIL—STD—105D(E)、国际标准 ISO 2859 和中国国家标准 GB 2828。美国军用标准、国际标准与我国的国家标准基本相同。

(一) 计数标准型抽样检验方案设计

计数标准型抽样检验方案是最基本的抽样方案。标准型抽样就是严格按照控制生产者与使用者的风险,按供需双方共同制定的抽样特性曲线所确定的抽样方案进行抽样。就是使抽样特性曲线通过(p_0,$1-\alpha$)和(p_1,β),保证下式成立:

$$L(p_0)=1-\alpha$$
$$L(p_1)=\beta \qquad \text{(公式 12—12)}$$

也就是当一批交验产品的不合格率小于等于 p_0 时,作为优质批应以 $1-\alpha$ 的概率接收;当交验批产品质量下降,不合格率达到 p_1 时,作为劣质批应以 β 的概率拒收。抽样方案确定过程的基本步骤如下:

(1) 制定标准。制定质量标准,制定合格与不合格的标准。

(2) 商定接受上界 p_0 和拒绝下界 p_1。p_0 和 p_1 的制定要考虑生产能力、制造成本、质量要求、检验费用等。考虑双方的风险损失,一般是取生产者风险 $\alpha=0.05$,接收方风险 $\beta=0.10$,并且 p_1/p_0 最好大于 3,一般取 $p_1=(4\sim10)p_0$,但是也不宜太大,太大将增加接收方风险。

(3) 确定检验批。检验批划分原则是同一批产品的生产条件要相同,批量要适当。批量太小,则检验费用高;批量太大,则发生弃真或存伪错误的可能性大。

(4) 查表确定抽样方案。根据确定的 p_0、p_1、α、β 的大小,即可通过查表确定抽样样本容量 n 和接收数 c 的大小。

(二) 计数调整型抽样检验方案设计

计数调整型抽样检验是目前使用最广泛的一种抽样检验方法。计数调整型抽样检验方案的特点是对具有一定要求的交验批,不是固定采用一种验收方案,而是根据交验产品质量的实际情况,采用一组正常、加严、放宽等三个严格程度不等的方案,并用一套转换规则把它们联系起来。即当供应方提供的产品批质量较好时,可以放宽检验;如果供应方提供的产品质量下降,则加严检验。以下以 GB 2828 为例说明其方法。

(1) 合格质量水平 AQL 的确定。AQL 是抽样体系的核心,它是调整型抽样方案的主要依据。AQL(acceptable quality level)也叫接收上界,即生产者能够接受的最低不合格率，这是企业能够达到的平均质量水平。当产品质量低于 AQL 时，产品不合格。

确定 AQL 主要考虑如下几个因素。

① 按照用户的要求确定。用户有特殊的质量要求必须保证时，应将该质量要求作为 AQL 的标准。

② 根据过去的平均质量水平确定。这种情况适应于品种少、大量生产的情形，对供应方有利。

③ 按照产品等级和不合格类别制定。按照实际需要把不合格区分为 A、B、C 三类。不同类别产品的 AQL 不同，重要的产品不合格造成的损失大，AQL 就应定得小些。

④ 由供需双方共同制定。根据供需双方的风险进行协商，在充分保证用户的质量要求的前提下，照顾生产者能力水平。

(2) 检查水平的确定。GB 2828 规定了七种检查水平：一般检查水平 Ⅰ、Ⅱ、Ⅲ 和特殊检查水平 S－1、S－2、S－3、S－4。检查水平反映了批量与样本大小的关系。如果批量大，样本容量随之增大。

一般检查中，Ⅱ 级检查为正常检查，Ⅰ 级检查适用于检查费用较高的情形，Ⅲ 级检查适用于检查费用较低的情形。特殊检查适用于破坏性检查或费用较高的检查。因为特殊检查样本较小，所以也叫小样本检查。

(3) 抽样方案类型的选择。给定一组质量水平和检查等级，可以使用不同类型抽样方案。一般依据管理费用与平均样本数量来决定采取一次抽样、二次抽样或五次抽样。从管理费用讲，抽样次数越多，费用越大，而从平均样本数量讲，五次抽样小于二次抽样，二次抽样小于一次抽样。

(4) 抽样方案的转移规则考虑。一般情况下，抽样检验采用正常检验，但是根据产品质量的变动，应调整检查的严格程度，以保护双方的权益。这就是调整型抽样检验的思想所在。

GB 2828 规定了三种不同严格程度的抽样方案：正常检查、加严检查、放宽检查。三种抽样方案的转移规则如下：

① 正常检查转为加严检查。当进行正常检查时，连续 5 批有 2 批不合格，或不到 5 批有 2 批不合格，则从下一批开始应转入加严检查。

② 从加严检查转为正常检查。当进行加严检查时，如果连续 5 批初检合格，则从下一批开始恢复正常检查。

③ 正常检查转为放宽检查。当进行正常检查时，如果下面 4 个条件全部得到满足，则可以转为放宽检查：连续 10 批正常检查初检合格；在此连续的 10 批或要求多于连续 10 批所抽取的样本中，不合格总数小于或等于放宽检查的界限表所规定的数目；生产正常；质量部门同意。

④ 放宽检查转为正常检查。在进行放宽检查时，如果出现下列 4 种情形之一，则可从下批开始转入正常检查：有 1 批放宽检验不合格；1 批附加条件合格，即抽样进行到模棱两可时，该批判为合格，但下批必须转为正常检查；生产不正常；质量部门认为有必要回到正常检查。

⑤ 加严检查转为暂停检查。从加严检查开始，如果连续 10 批加严检查仍不能回到

正常检查，则应暂停检查，待生产采取措施，并确认质量得到改善后再转为加严检查。

（5）抽样方案检索。首先，根据批量确定样本字码，如表 12－10 所示。根据字码到所选择的抽样方案类型表（不同的抽样方案都有正常、放宽、加严三种抽样）检索抽样方案。表 12－11 为一次正常抽样部分内容。

表 12－10　样本大小字码（GB 2828－87）

批量范围	一般检查水平			特殊检查水平			
	Ⅰ	Ⅱ	Ⅲ	S－1	S－2	S－3	S－4
1～8	A	A	B	A	A	A	A
9～15	A	B	C	A	A	A	A
16～25	B	C	D	A	A	B	B
26～50	C	D	E	A	B	B	C
51～90	C	E	F	B	B	C	C
91～150	D	F	G	B	B	C	D
151～280	E	G	H	B	C	D	E
281～500	E	H	J	B	C	D	E
501～1200	F	J	K	C	C	E	F
1201～3200	G	K	L	C	D	E	G
3201～10000	G	L	M	C	D	E	G
10001～35000	H	M	N	C	D	E	H
35001～150000	J	N	P	D	E	G	J
150001～500000	J	P	Q	D	E	G	J
≥500001	K	Q	R	D	E	H	K

表 12－11　一次正常抽样方案(GB 2828－87)(节选)

样本容量代码	样本容量	接收水平 AQL(%)						
		0.10	0.25	0.40	1.0	2.5	4.0	10
		A_c R_e	A_c R_e	A_c R_e	A_c R_e	A_c R_e	A_c R_e	A_c R_e
	2					↓	↓	↓
B	3					0 1	0 1	1 2
C	5						↑	
D	8				↓	↑	↓	2 3
E	13			↓	0 1	↓	1 2	3 4
F	20		↓		↑	1 2	2 3	5 6
G	32	↓		0 1	↓	2 3	3 4	7 8
H	50		0 1	↑	1 2	3 4	5 6	10 11
J	80		↑	↓	2 3	5 6	7 8	14 15
K	125	0 1	↓	1 2	3 4	7 8	10 11	21 22
L	200	↑	1 2	2 3	5 6	10 11	14 15	↑
M	315	↓	2 3	3 4	7 8	14 15	21 22	
N	500	1 2	3 4	5 6	10 11	21 22	↑	
P	800	2 3	5 6	7 8	14 15	↑		
Q	1250	3 4	7 8	10 11	21 22			
R	2000	5 6	10 11	14 15	↑			

注:接收水平表只列出部分;A_c 为接收,R_e 为拒绝;↓用箭头下面的第一个方案,↑用箭头上面的第一个方案。

【例 12－5】 交验产品批量为 1000,其合格质量水平 AQL＝1.0%,采用检查水平Ⅱ,试求正常、加严、放宽的一次抽样方案,采用 GB 2828 标准。

解:(1) 正常检查方案。根据批量与检查水平,从表 12－10 查出样本字码为 J。由表 12－11 得知字码为 J 和 AQL＝1.0%的抽样方案为:

$$n=80,A_c=2,R_e=3$$

(2) 加严检查方案。查 GB 2828 一次加严检查抽样方案表(本书省略),得:

$$n=80,A_c=1,R_e=2$$

(3) 放宽检查方案。查 GB 2828 一次放宽检查抽样方案表(本书省略),得:

$$n=32,A_c=1,R_e=3$$

第六节　六西格玛质量改善

一、六西格玛质量的含义

(一) 六西格玛质量的解释

“六西格玛”中的“西格玛”是一个统计学名词,其代表的意义是数据的偏差水平,或者说标准偏差程度，用希腊字母 σ 表示。前面在工序能力指数一节中我们已经讨论了这个概念。

假设图 12－15 表示一个过程质量控制的标准偏差上下限 T_U 和 T_L，如果标准偏差上、下限固定不变，不同标准偏差的 σ 值的不同导致了不同的质量水平。打一比方，如果你从宿舍走到教室的平均时间为 20 分钟（平均值 μ），标准偏差是允许有 2 分钟的迟到时间，也就是你必须在 18～22 分钟内到达教室。假如你到达教室的平均时间是 20 分钟固定不变，但是走到教室的时间标准偏差是 2 分钟，这个时候的质量水平是 1 个 σ。但是如果你走路的标准偏差变为 0.67 分钟，那么质量水平则变成了你的标准偏差的 3 倍，也就是你达到了 3σ 质量水平。进一步，如果你走路到达教室的时间稳定性更高，平均还是 20 分钟，但是标准差进一步缩小到 0.33 分钟，这个时候的质量水平达到 6σ 水平（上下限 2 分钟＝6×0.33 分钟）。这就是六西格玛质量的通俗解释！

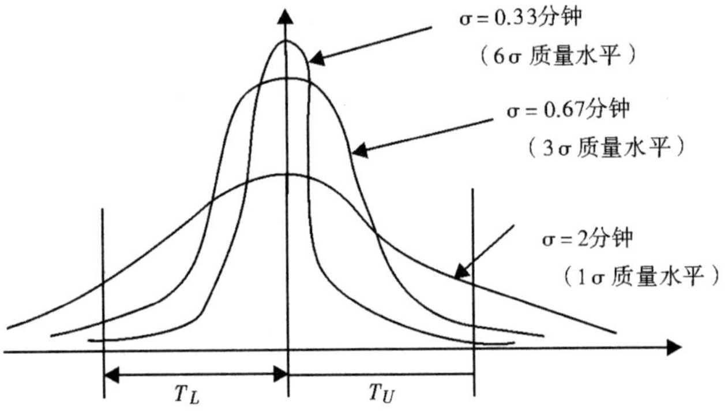

图 12－15 不同西格玛值的质量水平分布图

（二）六西格玛质量与过程能力指数的关系

1987 年美国摩托罗拉公司提出了六西格玛质量管理方法，从过程能力管理的概念理解六西格玛。摩托罗拉公司提出的六西格玛质量控制水平的过程能力指数标准是：

$$C_p \geqslant 2.0 \qquad C_{pk} \geqslant 1.5$$

在这样的过程能力指数下，产品不合格率水平是百万分之三点四，即 3.4ppm，不合格率水平大约是特级加工精度的不合格率的一半左右。不同过程能力指数与产品不合格率的关系如表 12－12 所示。

表 12－12 过程能力指数与不合格率的关系

C_{pk} \ C_p	0.33	0.67	1.00	1.33	1.67	2.00
0.33	68.268%	84.00%	84.134%	84.134%	84.13447%	84.13447%
0.67		95.450%	97.722%	97.724%	97.72499%	97.72499%
1.00			99.730%	99.865%	99.86501%	99.86501%
1.33				99.994%	99.99683%	99.99683%
1.67					99.99994%	99.99997%
2.00						99.9999998%

六西格玛质量控制的出现是工业质量控制标准不断向高精度发展的结果。20 世纪 70 年代，美国的工业控制标准已经达到了 2σ，即 $C_p=0.67$；到 20 世纪 80 年代，达到 3σ。日本则在 20 世纪 80 年代早期达到了 4σ，即 $C_p=1.33$；到了 80 年代中期达到 5σ，即 $C_p\geqslant 1.67$。因此，美国摩托罗拉公司提出的六西格玛质量控制标准反映了日美两个经济强国在质量管理思想上的竞争。

（三）六西格玛管理的广义解释

前面对六西格玛是从统计学意义去理解的，但是目前六西格玛管理不仅仅是一种品质改善的方法，而且已经成为更广泛意义上的管理方法论。下面是一些对六西格玛的不同理解。

(1) 六西格玛管理是一种观念，即通过达到 6σ 的性能水平，向客户提供世界级质量的产品和服务，最大程度使客户得到满意；

(2) 六西格玛管理是一种思想，即通过组织化、系统化的途径，实现突破性的改进，从而达到所有业务零缺陷的最佳状态；

(3) 六西格玛管理是一种管理体系，即一种证明行之有效的、具有强大解决问题能力及提高业务水平作用的系统方法，它是由相关的分析工具、项目管理技术和管理方法所组成的，能使你达到目标、使公司更加成功，并且按照 DMAIC 工作程序（这个程序下面解释）的途径，指定最佳人选，提供足够的支持，解决操作过程中的最大问题；

(4) 六西格玛管理是具有挑战性的目标，产品及服务质量达到 6σ 的水平，也即百万次的机会缺陷数为 3.4，它是一个具有很强挑战性的目标，同时也给所有的员工一种共同的价值观，一个可以接受的缺陷水平；

(5) 六西格玛管理是一种工具，六西格玛 DMAIC 各个阶段都推荐了大量的处理工具，从而保证具有强大的解决问题的能力，同时通过六西格玛的培训，员工将会掌握更多解决问题的方法；

(6) 六西格玛管理是数据驱动的管理过程，可改变以往解决问题仅凭经验，或者仅将数据当成数字的方式，依靠可信的数据收集方式，采用统计方法进行决策。

二、六西格玛运用模式与工作程序

六西格玛的运用有两种模式，一种叫六西格玛质量改善模式，另一种叫六西格玛质量设计模式。改善模式主要是通过六西格玛的改善策略的应用，寻找过程改善的方法，提高业务流程的质量水平；设计模式是把六西格玛的方法论运用到产品设计与流程设计中，提高产品与流程设计可靠性的一种策略。

六西格玛改善模式的工作程序为 DMAIC，其中 D 即定义（define），M 为测量（measurement），A 为分析（analysis），I 为改进（improvement），C 为控制（control）。

六西格玛设计模式的工作程序是 DMADV，其中 D 即定义（define），M 为测量（measurement），A 为分析（analysis），D 为设计（design），V 为验证（verify）。

本书重点介绍六西格玛改善模式的有关方法。

(一) 定义阶段(D)

工作内容:识别重大的问题,然后建立项目团队,最后给予团队职责和资源以解决问题。定义阶段要对流程进行定义(用 SIPOC 工具),确定关键质量指标等。

关键点:定义顾客的质量要求,不一定是重点的问题,只要有改进的必要与可行性就可以,另外目标不应定得太高。

(二) 测量阶段(M)

工作内容:这个阶段要收集并分析数据,精确地描述正在发生的情况——引发问题的过程、目前的业务水平如何。测量阶段的核心是对目前流程的能力与质量水平进行评估。

关键点:测量变量的确定。

(三) 分析阶段(A)

工作内容:分析阶段是六西格玛改善模式的一个重要阶段,该阶段要对引入的问题原因提出设想,然后通过检验来确定根本原因;分析要用到不同的分析工具与方法,如失效模式与影响分析(FMEA)、回归分析与相关分析等。

关键点:如何识别关键原因。分析原因要区别可控因素与非可控因素,改进的目的是减少非可控因素。

(四) 改善阶段(I)

工作内容:该阶段通过对引起问题的过程进行重新设计和实施来解决根本原因,包括评估方案、设计改进、证明有效性与贯彻执行。

关键点:群策群力,改变规则的意愿,创造性思维。

(五) 控制阶段(C)

工作内容:要制定并实施新的控制措施以防止原有问题复发并保持改善所取得的成果,包括制定新的质量控制指标、明确管理责任、建立新的制度、实施有效控制。

关键点:确保改进后的过程文件化,制定控制方法,使用适当控制工具,确保流程不回到原来的状态。

三、六西格玛与其他质量管理方法的比较

六西格玛是质量管理发展到一定历史阶段后出现的一种新的方法,它与全面质量管理 TQM 和国际标准化组织制定的 ISO 9000 质量体系之间是互相补充的,也可以同时应用到一个企业中。

六西格玛的 DMAIC 和全面质量管理的 PDCA 工作方法有相似的地方,但是它们之间也有不同之处。全面质量管理更多的是一种经营哲学思想,强调组织与文化的变革、全员参与,另外全面质量管理需要长期性、系统性与持续性的组织运用才能取得效果。而六西格玛则是强调突出重点、解决关键问题,短期经济效益明显。另外六西格玛的组织形式与运作和全面质量管理也有一定的差异。六西格玛以项目组织形式开展工作,成员要求高;全面质量管理以全员参加,并通过基层的质量小组活动来推动。

关键名词

全面质量管理 ISO 9000 因果图 直方图 相关图 排列图 控制图 抽样检验 过程能力指数 可接收水平

复习思考题

1. 如何理解全面质量管理的含义？

2. 分析质量问题的主次应该用什么统计分析工具？

3. 常用的控制图有哪些？如何选择控制图？

4. 什么叫工序能力指数？工序能力与产品质量之间存在什么关系？提高工序能力的方法有哪些？

5. AQL 代表什么意思？企业一般如何确定 AQL 的大小？

6. 六西格玛质量管理方法的工作程序 DMAIC 和全面质量管理的工作方法 PDCA 循环有什么不同？

7. 某麦片生产企业产品包装重量规定是 10 盎司。以表 12—13 为抽样检验的结果，请作出均值与极差控制图。判断该生产工序是否在控制范围内。如果不在，分析质量部门应该采取何措施。

表 12—13

检验次数	麦片包装重量(盎司)			
	第 1 包	第 2 包	第 3 包	第 4 包
第一次	9.7	10.2	9.9	9.8
第二次	10.2	10.3	9.9	9.7
第三次	10.4	10.1	9.7	10.2
第四次	10.2	10.3	9.7	9.9
第五次	9.8	10.4	9.8	10.1

8. 从某工序中抽样 20 组，每组 50 个样本，得到的废品数如表 12—14，试作出不合格品数的 pn 控制图。

表 12—14

序号	1	2	3	4	5	6	7	8	9	10	11	12	13	14	15	16	17	18	19	20
废品	23	25	32	31	27	34	29	27	37	31	27	23	27	21	23	25	36	32	28	26

9. 处理保险索赔部门的经理正在确定本部门的索赔能力。通常处理索赔最少要花 4 天时间。公司承诺在 10 天内处理完所有的索赔要求。处理索赔的平均时间为 8 天，标准偏差为 1 天。

(1) 计算这个处理索赔部门的过程能力指数 C_p 和 C_{pk}。基于这些过程能力指数，该部门是否应该改进这个处理过程？

(2) 使用相同的数据，但是将处理索赔的平均时间由 8 天改为 7 天，重新计算索赔过程能力指数 C_{pk}。

(3) 使用原来的数据，但是把标准差由 1 天改为 2/3 天，重新计算过程能力指数 C_{pk}。

(4) (2)和(3)的处理哪个更能提高过程能力指数？

10. 某工厂产品质量的不合格率一直保持在 4%，根据表 12—15 的数据绘制控制图。

表 12－15

日期	检验数	不合格数
1	80	3
2	121	6
3	57	2
4	141	7
5	132	6
6	154	9
7	171	13
8	101	4
9	88	3
10	71	1

11. 医院购进一批医疗器具，数额是 10000 件。根据供需双方达成的协议，AQL 水平为 1.5%，采用一般检查水平 I 档，如何确定一次抽样检查方案？

案例分析

某活塞厂活塞环质量改进

某生产活塞环的工厂，由于废品每年要付出质量成本 120 万元，致使该厂难以维持生产，于是，工厂领导决定进行质量改进。从质量成本统计资料可知(见表 12—16)，前 10 类缺陷就占全部报废损失的 78%，而主要缺陷是“砂眼”，它占其内部故障成本的 1/3 以上，占质量成本的 1/4 以上。砂眼率占总缺陷的 14%，有时占 21%。产生砂眼的原因是什么呢？公司有关人员进行了相关分析。

表 12－16

缺陷名称	年度成本(万元)	全部缺陷成本的百分比		三年后的年度成本(万元)
		缺陷	累计	
砂眼	31.5	36	36	5.5
浇注不足	7.8	9	45	3.0
物理性能不足	7.3	8	53	4.0
硬度过高	4.1	5	58	2.0
宽裂缝	3.9	4	62	3.0
壁薄	3.2	4	66	0.8
表面粗糙	3.0	3	69	1.6
裂纹(铸件)	3.0	3	72	1.5
掉砂	2.4	3	75	1.3
裂纹(机加工)	2.3	3	78	1.3
其他	18.6	22	100	14.4
合计	87.1	100		38.4

其生产工艺是铁水从一根管子流到旋转的离心机筒内，于是在内壁铸成一个筒形铸件，然后切成活塞环。

研究人员根据影响铸造质量的因素画出因果图，提出了诸如铁水温度调节不当、离心机转速控制不当、铁水成分不纯、浇注速度不快及熔炼工操作不正确等 40 种因素。由于各方对此争论不休，于是，工厂决定搞清过程中的可变因素与产品质量的关系。工厂派出了几位工程师到生产现场跟班调查，记录了过程中各种因素的变化情况，包括铁水温度、离心机转速、铁水成分、浇注时间及操作方法等，直至取得了几千个铸筒的数据，并给每个铸筒打上标记，以便确定各因素与最终产品质量的关系。

诊断小组主要从以下三个方面的数据找出原因。

(1) 金相实验室对因砂眼报废的活塞环“解剖检查”，发现有“铁水过早冷凝”的迹象，经分析，它与浇注时间有关。

(2) 从过程中收集各种变量数据，画出相关图，发现浇注时间与废品率之间存在正相关，浇注时间越长，废品率越高。

(3) 为了调查工人们的操作要领，听取工人的意见，车间把操作工人分成 9 个小组，每组一人操作，一人当助手，把 9 名操作者生产的铸筒分开存放，并进行检验。结果发现，其中一名操作者生产的活塞环中有砂眼的废品最少。于是，诊断小组的人员就去访问这位操作者，了解到他每天早晨上班干活之前，总要将一根长铁针插进浇铸槽，把槽内残留的金属清除干净。这样可使铁水畅通无阻流过，缩短了浇注时间。这点，与金相实验室发现的“过早冷凝”迹象和过程可变因素相关分析中的结果是一致的。

原因找到了，诊断也就结束了。

接下来，工厂采取的质量改进措施，就是改用大口径的浇铸槽。这样，几个月后砂眼废品率由14%下降到7%,降低了一半。

主要问题解决了,但质量改进并未到此结束,还可对次要原因进行改进。例如,为了精确控制注入槽内的铁水重量,给操作者配上磅秤,又使总的废品率下降到2%。

可是过了一段时间,废品率又上升到10%左右。为什么呢?诊断人员又有一个新发现,就是所采取的改进措施中两种不同的类型。

(1) 不可逆的改进。例如,改用大口径浇铸槽后,就把小口径浇铸槽当废料卖掉了,工人再也不会用小口径浇铸槽了。因此,质量改进结果是能巩固的。

(2) 可逆的改进。例如,配上磅秤,工人们按要求称重,废品率就低。但是,如果工人嫌麻烦,照旧不使用磅秤,仍凭经验估重,那么,废品率自然又上升了。

于是,工厂又采取检查员定时到现场巡回检查工艺纪律的办法,并形成制度,结果又使废品率下降到2%。

这样巩固了3年后,工厂又统计了全厂废品损失,损失降低了一半多,即从87.1万元下降到38.4万元。

从而,质量总成本也由原来的120万元降低到60万元,而且还在继续下降。

工厂为质量改进一次性投资为15万元,而今后5年每年却可获得60万元的改进收益,可见这种投资是十分合算的。

讨论题

1. 该厂产品质量缺陷的主要因素是什么?用排列图分析。

2. 该厂进行的质量改进方法,解决了4M1E中的哪些因素?还可以从哪些因素进行改进?

3. 该厂应该如何持续改进质量?用全面质量管理的原理分析。

第十三章　准时化生产系统(JIT)

【学习目的与要求】

了解 JIT 的概念、浪费的概念，掌握 JIT 的目标，熟悉 JIT 的基本内容。

【教学重点与难点】

教学重点：JIT 的基本内容。教学难点：理解看板控制的拉动式系统。

第一节　准时化生产概述

一、准时化生产的概念

准时化生产(Just in Time,JIT)是一种多品种、小批量混合生产条件下高质量、低消耗的生产方式，最早产生于 20 世纪五六十年代的日本丰田汽车公司，故又被称为“丰田制”。20 世纪 70 年代以后，这种高效的生产方式在日本汽车制造行业得到推广，促进了日本汽车工业的迅速崛起，使得日本汽车凭借高质低价迅速打进欧美市场。

1990 年，美国麻省理工学院国际汽车项目组用时 5 年，耗资 500 万美元，在包括美、日、欧等各国的 50 多位专家的参与下，对世界 17 个国家的 90 个汽车制造厂进行了广泛的考察，并在随后的《国际汽车生产共同研究报告》中，首次将这种以更少投资、更小生产面积、更少人员、更少研发时间和更少库存，生产出更高质量、更多品种轿车的“丰田生产方式”称为精益生产。其中，所谓“精”，主要是指不投入多余的生产要素，在适当的时间生产必要数量的市场亟需产品(或下道工序亟需的产品)；所谓“益”，主要指所有经营活动都要具有经济性。

精益生产的核心是 JIT，现在，这两个术语经常指同一个含义，都用来说明一个生产高度一体化的、重复性的制造或服务系统，该系统能以相对于传统重复系统更少的资源、更灵活的方式获得大量的产出。

二、准时化生产系统的目标

(一) 系统目标

准时化生产系统追求彻底消除无效劳动和浪费。在这里,浪费体现为两层含义:一是指任何只增加成本、不创造价值的活动;二是指那些尽管创造了价值,但是所用资源超过了"绝对最少"的活动。因此,在生产过程中,存在7种典型的浪费:

(1) 过量生产,包括制造资源的过度使用会造成浪费;

(2) 耗费时间而不产生任何增值的等待会造成浪费;

(3) 增加处理成本和在制品存货的不必要的运输会造成浪费;

(4) 占用空间、消耗资源但不能带来增值的产品库存会造成浪费;

(5) 处理不当会产生不必要的生产步骤或废料,造成浪费;

(6) 糟糕的生产布局、糟糕的物料移动模式等低效的工作方式,增加了在制品库存,延长了时间,从而造成浪费;

(7) 产品缺陷会引起返工或顾客不满,由此形成返工增加成本或带来销售损失,造成浪费。

这些浪费说明系统存在改进的可能,寻找生产过程中的浪费可以为企业明确不断改进的潜在目标。

(二) 生产目标

为了做到彻底消除无效劳动与浪费,从而增加企业的整体利润,提升企业的竞争力,还需要建立支持系统目标实现的具体生产目标,主要包括三个方面。

1. 准时生产

准时生产要求实现生产的各个环节、工序只在需要的时候,按需要的量,生产出所需要的产品,每次都刚好及时,不提前,不滞后,不多,不少,不生产运送现在不需要的产品。

2. 确保质量

要根据最终客户需求与公司的制造能力,从产品设计质量、工作质量、过程质量等多个角度提升质量水平。

3. 增加柔性

使整个系统在实现多品种生产的同时,能够更好地面对某些不确定性因素。

第二节 准时化生产系统的基本内容

为了实现上述目标,JIT主要从产品设计、流程设计、人员要素和生产计划与控制四个方面作出努力。

一、JIT 的产品设计

在产品设计方面,JIT 强调通过并行工程以及标准化与模块化思想的应用来实现柔性与高效率的结合。

(一) 并行工程

JIT 采用并行工程开发设计新产品,以缩短开发周期,提高开发质量,降低开发成本。与传统的产品设计方法相比,并行工程要求产品开发者从一开始就要考虑从产品的工艺规划、制造、装配、检验、销售、使用、维修到产品的报废为止的整个产品生命周期的所有环节,站在产品设计、制造全过程的高度,打破传统的部门分割、封闭的组织模式,强调多功能团队的协同工作,重视产品开发过程的重组和优化。

日本汽车制造业采用并行工程开发新产品取得了良好的效果,与同期未采用并行工程进行产品开发的美国汽车公司相比,在每种车型平均设计工时、每种新车型平均开发时间、新车型投产后达到正常品质的时间等指标上都有明显更为优秀的表现。

(二) 标准化与模块化

将标准化的思想应用于产品设计,在提高生产率、降低设计成本和生产成本的同时,可以减少员工的培训时间与成本,使工作安排、存货处理、采购、财务等活动的程序更加常规化。而模块化设计思想的采用,在体现标准化效果的同时,满足了顾客定制化的需求。这两种设计思想的应用,大大推进了产品开发的速度,简化了设计的工作量。

二、JIT 的流程设计

在流程设计方面,JIT 主要通过生产均衡化、小批量生产、减少转换活动时间、智能自动化等手段来增强柔性、降低成本与控制改进质量。

(一) 生产均衡化

在 JIT 系统中,生产均衡化是实现适时适量生产的前提条件。所谓生产均衡化,是指每日平均地使用各种零部件生产所需的各种产品,使物流在各作业之间、生产线之间、工序之间、工厂之间平衡、均衡地流动。在制造阶段,均衡化主要通过专用设备通用化和制定标准作业来实现。所谓专用设备通用化,是指通过在专用设备上增加一些工夹具的方法使之能够加工多种不同的产品。标准作业是指将作业节拍内一个作业人员所应担当的一系列作业内容标准化。

(二) 小批量生产

为达到生产均衡化,JIT 采用月计划、日计划,并根据需求变化及时对计划进行调整。在生产中将一周或一日的生产量按分秒时间进行平均,所有生产流程都按此来组织生产,这样流水线上每个作业环节上单位时间必须完成多少何种作业就有了标准定额,所在环节都按标准定额组织生产,均衡地组织物料的供应、安排物品的流动。因为 JIT 生产方式的生产是按周或按日平均,所以与传统的大生产、按批量生产的方式不同,JIT 的均衡化生产的生产批量与运输批量都很小，通过在尽可能短的周期内生产必要的产品，减少生产变动的影响幅度。

小批量生产的好处在于：

(1) 使生产系统有足够高的柔性；

(2) 能够防止过多的在制品储存；

(3) 当发生质量问题时，检验和返工的成本较少，同时，有助于准确地找出产生质量问题的原因，及时排除。

(三) 减少转换活动的时间

小批量生产、供应和搬运需要频繁的转换活动。所谓转换活动，又称准备与结束时间，是指转换不同批次产品生产所需要花费的时间，如熟悉图纸、领取工夹具、检查机床设备、清洗容器等。由于转换时间在导致生产过程时间延长的同时，对产品却不增加任何价值，而且转换时间的存在要求按一定大小的批量生产，从而影响了系统的柔性，因此，JIT要求采取各种方法缩短各个生产环节的转换时间。基本的方法包括：

(1) 对转换所用工具、设备、程序、方法等进行改进，使转换和调整工作简单化、标准化；

(2) 对工人进行培训，提高工人的技能和熟练程度；

(3) 设计通用、标准零部件；

(4) 应用成组技术，减少不同产品之间的转换。

【阅读材料 13—1】

丰田的 3 分钟更换模具技术

1969 年丰田汽车公司更换 1000 吨级冲床的模具要花 4 个小时，而德国大众汽车公司只用 2 个小时。因此，丰田汽车公司的经理大原太一下令要求赶超德国。

丰田技术组的森口花了 6 个月时间将内部调试从外部调试中分离出来，并逐步改进每一程序中所有相关操作，最后成功地将调试时间缩短到 1 个半小时。接着，太一又指示他将调试时间减少到 3 分钟。一开始，森口觉得根本不可能，但很快就想出来新的方法来缩短调试时间：设备调试分内部调试和外部调试两大部分，内部调试必须关机进行，而外部调试则可在机器运行中操作，如果将大家都认为只能通过内部调试进行的各种程序变为外部调试，就能够大大提高运作效率。这就是森口数分钟更换模具方式的基础。3 个月后，他和丰田的主管们一起实现了目标。

自动换模技术现在已成为丰田生产系统的一项关键技术，被广泛应用于日本的各行各业，极大地促进了生产方式的变革。这种系统后来又被引入到了欧洲和美国。

(四) 智能自动化

准时化生产方式强调“源质量”，为了从根源上保证每一个进入下一个环节、直到最终顾客的产品都是符合质量标准的,JIT 采用了智能自动化,又称"自働化"(带人字旁的自动化),通过在设备上安装加工状态检测装置和各种自动停止装置(如限位开关),使设备或生产线能够自动检测不良品,一旦发现异常,可自动停止运行。这样,不但可以避免产生大量的不良品,防止不良品流入下一道工序,还可以使生产线能够在达到规定产出数量后自动停止运行,实现人机分离状态下的适时、适量生产。

三、JIT 的人员要素

JIT 在对待员工方面有一些独特的做法。

(一) 视员工如资产

JIT 将员工看做是资产,注重对员工的培训,赋予员工更大的决策权,同时要求员工承担更多的责任。因此,受过良好教育、工作积极的员工是 JIT 系统的核心。

(二) 对员工进行交叉培训

JIT 强调"柔性",要求当需求变动时,能力能够相应调整,这在人员方面就表现为作业人数的柔性,即能够灵活地增减作业人数。为此,生产现场的人员在技能方面必须具有柔性,工人能够随着作业时间、作业内容、作业组合、作业顺序等的变更,相应地改变作业的内容。

要做到这一点,就需要通过"工作轮换"等方式对员工进行交叉培训,使工人能够操作多种机器设备,完成多种任务,成为训练有素、多技能的作业者(多面手)。

(三) 双向沟通,持续改进

JIT 关注通过减少库存、减少转换时间、提高质量、消除各种无效劳动与浪费等实现系统的持续改进,为此,员工被赋予更大的决策权,并由此承担更多的责任。

1. 团队合作

组成由工人和管理者参加的常规的问题处理团队,鼓励工人向团队汇报现时问题与潜在问题,强调管理者与工人之间的双向沟通,将管理者视为领导和后勤,而不是命令的发布者。

2. 停线授权

授权工人参与解决生产线问题,要求每个工人自己自动地"把事情做正确"、"如果不正确,就要予以纠正",工人既是正确的作业者,又是严格的检验员。建立工人停线授权管理机制,当生产一线的设备操作人员发现产品或设备有问题时,有权自动停止生产,立即关闭生产过程,迅速查明原因,力求根本解决问题,使之不再发生。同时通过灯光报警系统等,使同一系统中的员工能够互通信息。

四、JIT 的生产计划与控制

在生产计划与控制方面,JIT 主要通过拉动式生产系统的建立和良好的供应商关系等来实现生产的准时性。

(一) 看板控制的拉动式系统

1. 看板及其种类

JIT 系统的物流由“下一环节的需要”来指挥，这种需要通过“看板”来表示。所谓看板，是指生产中移动或加工零部件的指令，它有多种形式，如呼叫、亮灯、变换颜色、计算机终端显示、卡片、容器等。在看板系统中，任何生产环节，如果没有接收到看板这一“需求信号”，就不能移动或加工任何零部件。图 13－1 是一张看板的示例图。

<table>
<tr><td colspan="2" rowspan="3">(零部件示意图)</td><td rowspan="2">工序</td><td colspan="4">前工序——本工序</td></tr>
<tr><td colspan="2">热处理</td><td colspan="2">机加 1#</td></tr>
<tr><td>名称</td><td colspan="4">A233－3670B(联接机芯辅助芯)</td></tr>
<tr><td>管理号</td><td>M－3</td><td>箱内数</td><td>20</td><td colspan="2">发行张数</td><td>2/5</td></tr>
</table>

图 13－1　看板示例图

在看板系统中，主要有三类看板：生产看板、取货看板与紧急（或临时）看板。其中，生产看板标有详细的生产指示信息，用于下订单、传递生产信息；取货看板标有详细的取货信息，用于传递取货指示；紧急（临时）看板则是在出现紧急情况或临时任务时才使用的看板。

2. 通过看板组织生产过程

以下以生产看板与取货看板为例说明如何通过看板组织生产过程。

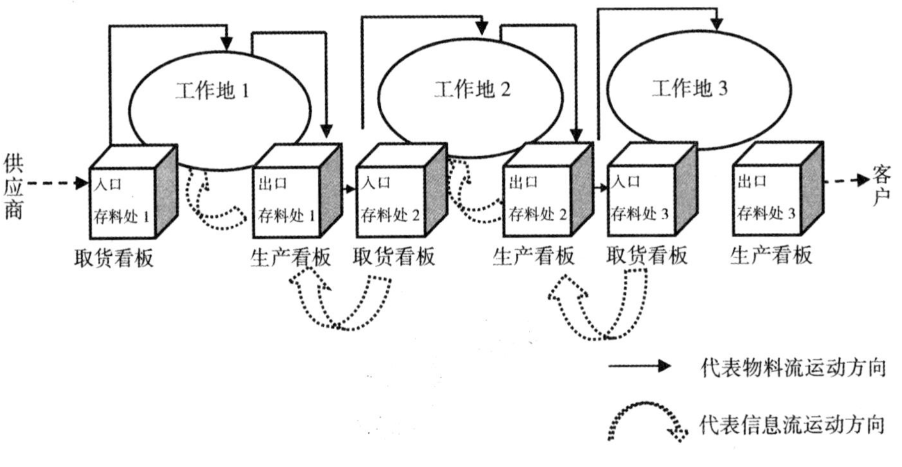

图 13－2　看板组织生产过程示意图

如图 13－2 所示，在每一个工作地，各有一个入口存料处和一个出口存料处。其中，入口存料处存放的是该工作地待加工处理的工件，出口存料处存放的是该工作地已经加工完成、用于下个工作地加工的工件。入口存料处用于存储工件的标准容器上带有取货看板，出口存料处用于存储工件的标准容器上带有生产看板。产品的加工顺序为：供应商（原材料）—工作地 1—工作地 2—工作地 3—……客户（产成品），这也是物料流的流动方向。而引导物料流流动所需要的信息，是通过取货看板或生产看板传递的，其流动方向为：客户……—工作地 3—工作地 2—工作地 1—供应商。下面以工作地 1、2、3 为例，描述用看板传递信息、组织生产的基本过程。

当工作地3根据生产看板的指示,从入口存料处3领取相应的工件组织生产时,入口存料处3原来存放该工件的容器被取空。此时,取货人需要带着空容器和容器上的取货看板到前一个工作地2的出口存料处2领取被工作地3取走用于加工的工件。在出口存料处2,取货人找到存放取货看板上所标注工件的容器,取下上面的生产看板,留下空容器,然后将装有对应工件的容器连同取货看板一起带回入口存料处3,补充被取走加工的工件。此时,出口存料处2的生产看板按紧后工作地的取货顺序下达生产指令,工作地2根据生产指令到入口存料处2领取工件,组织生产,补充被工作地3取走的工件,生产完毕后放入取货人留下的空容器中,系上生产看板。入口存料处2的工件被工作地2取走加工后,需要按照同样的做法,到出口存料处1取货,如此依次逐步向前推进,实现整个生产过程的适时、适量生产。

3. 看板需要量

从上述对看板组织生产过程的描述可知,在看板控制的生产系统中,每一个工作地的在制品数量都是由存放在制品的标准容器数决定的。由于一个标准容器存放的工件数量是一定的,而一个容器又对应一张看板,所以,实际上,各工作地的在制品数量是由投放的看板数量控制的。因此,要想控制生产系统的库存,确定合适的看板数量就十分重要了。看板数量的计算公式如下:

$$k=\frac{dL(1+S)}{C} \qquad \text{(公式 13－1)}$$

其中,k 代表看板数量;d 代表一段时间内的平均需要量;L 代表补充一次订货的提前期;S 代表保险库存量,通常用提前期内的需要量的百分比表示;C 代表标准容器的容量,也即工件最小的生产批量。

准确估计生产一个容器的产品所需的提前期是确定看板需要量的一个关键。

【例13－1】 某种产品的加工需要依次经过工作地1、工作地2和工作地3。其中,工作地2用于存放工件M的标准容器的容量是7个M,每3小时可生产一容器的M。M在工作地2加工完成后,交给工作地3进一步加工。工作地3每小时需要9个M。假设保险库存确定为所需库存的10%。求工作地2工件M的看板数量。

解:由题目可知,$d=9$,$L=3$,$S=10\%$,$C=7$

$$k=\frac{dL(1+S)}{C}=\frac{9\times3\times(1+10\%)}{7}\approx4.24$$

所以,所需的M的看板数量为5张。

4. 看板使用规则

用看板组织生产过程,应该遵循以下几条规则:

(1) 不合格件不交下道工序;

(2) 后道工序来取件——以实现生产的同步化;

(3) 只生产后道工序领取的工件数量;

(4) 均衡化生产;

(5) 利用看板数量来控制库存,通过不断减少看板数量(库存)来提高运作效率。

5. 看板控制的拉动式系统

看板控制系统是实施准时化生产的重要手段，也是JIT系统的最大特色之一。与传统的生产系统不同，看板控制下的生产系统是一种“拉动式”系统(参见图13－3)，其特点在于：

(1) 通过看板传递需求信息，由看板引导物流流动，不见生产看板不生产，不见取货看板不取货，物流与信息流的结合很紧密；

(2) 上游工序只有在后道工序取走工件以后，才根据取走工件的数量进行生产，不早、不晚、不多、不少，做到适时、适量，实现生产的准时化；

(3) 整个生产过程是以下游环节的需求为牵引力的拉动过程。

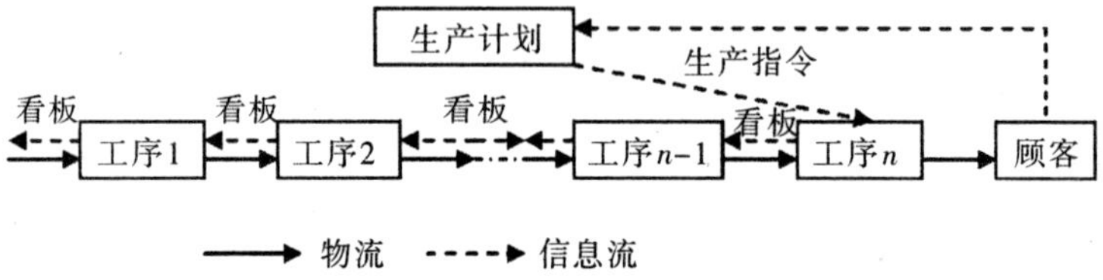

图13－3 看板控制的“拉动式”系统

(二) 良好的供应商关系

按照JIT对于浪费的界定，当外购的物料存在质量不过关、不能按时到达或者数量不够等问题时，会影响到企业的生产，导致生产过程中断，从而造成浪费。为了减少上述问题产生，需要实施到货检验，而到货检验本身是一种浪费，不能产生产品价值的增值，此外，为预防意外情况发生而建立的库存更是一种浪费。要想减少甚至消除上述浪费，使供应商能够做到小批量地、准时地、可靠地物料运送，在保证使用的同时降低库存，就必须与供应商之间建立起良好的合作关系。为此，需要注意三点：

(1) 减少供应商的数量，与有限的供应商建立起一种密切的、长期稳定的、高质量的伙伴关系；

(2) 就近寻找、开发供应厂家，以便能够缩短交货的提前期、减少不确定性，并在出现问题时作出快速反应；

(3) 买方和卖方之间强调协作和利益共享，比如向供应商提供生产技术与管理方面的指导与援助，帮助其建立准时化生产体制等，在保证企业实现适时适量获取所需物料的同时，使供应商也能够从中获益，从而实现共赢。

关键名词

准时化生产(JIT)　生产均衡化　看板　拉动式系统

复习思考题

1. 什么是JIT?
2. 简述JIT的核心思想。

3. JIT 认为生产过程中存在哪些常见的浪费?

4. 简述 JIT 的基本内容。

5. 什么是看板? 简述看板的使用规则。

6. JIT 对待库存的态度是怎样的?

7. 如何理解看板拉动式系统的特点?

8. 某面包房生产的巧克力脆饼销路很好,平均每周可以销售出去 200 筒。用于装巧克力脆饼的箱子的容量是 2 筒/箱。一筒脆饼的生产时间为 4 小时,保险库存为 6%。面包师每周工作 5 天,每天工作 8 小时。由于巧克力脆饼容易融化,不易存放,所以面包房采用了 JIT 生产。试计算:

(1) 面包房需要多少看板用于巧克力脆饼的生产?

(2) 巧克力脆饼最大允许的库存量是多少?

案例分析

东南汽车的生产管理

东南汽车由台湾省内最大的汽车企业裕隆企业集团所属的中华企业公司与福建汽车工业集团所属的福州汽车厂各出资 50%组建而成,30 多家配套厂分布在主厂周围,形成了占地 200 万平方米的东南汽车城。从空中鸟瞰,东南汽车城就像是一艘巨型航空母舰,而东南汽车恰好处在甲板的位置,30 多家配套厂星罗棋布分布在周边,企业间的默契配合形成了航母的超常战斗力。近几年,东南汽车的产销量快速增长,其保持骄人业绩的秘诀何在?

一、看板管理

为降低库存,长期以来东南汽车实行的是“看板”管理。东南汽车每旬都会向配套厂下计划订单,但这些订单并不是要求供应厂商交货的通知依据,而是给厂商做生产物料准备之用。配套厂向总装生产线交货的实际依据是东南汽车给它的一个“看板”。“看板”来源于日语 KanBan,是用于标明生产流水线中每批零部件的品名、数量、上道工序是什么、下道工序是什么的一张指示牌,是对生产需求信息进行实时控制的一种信息载体。东南汽车每小时到装配流水线上收集一次“看板”,收回来后通过条形码扫描的方式采集“看板”上的信息,然后通过信息系统和网络传递给配套厂。同时,配套厂在交货的时候,让货车司机把“看板”带回去,然后依据“看板”生产、交货。这样,生产线用掉多少物料,配套厂就交多少过来。

二、高效的信息传递

2002 年,全兴、泰全等配套厂计划实施 ERP,东南汽车及时出击,邀请台湾省的 IT 专家提供辅导,并选定神州数码的易飞 ERP 作为配套厂统一的 ERP 软件。虽然东南汽车和多数配套厂没有产权关系,但在台湾省内多年稳定的产权关系和相互之间的信任,抵消了配套厂各自的打算,最后东南汽车城 35 家配套厂全部实施了易飞 ERP。此举为 ERP

系统间信息的平滑对接奠定了软件基础。

东南汽车的ERP系统会根据装配流水线上收集的“看板”信息，通过东南汽车城内部的百兆光纤网，自动发送给各个配套厂。几乎在同一时间，配套厂的工作人员登录东南汽车供应链网站，即可下载东南汽车最新的需求计划，包括整车生产顺序、供货时间、供货数量以及配件型号等。

以为东南汽车生产汽车座椅的联泓公司为例。联泓工作人员下载的需求计划自动导入联泓公司的ERP系统，与联泓的库存自动对接后，形成联泓给东南汽车的供货计划和联泓给自己的供货商的物料需求计划，并同步发送给东南汽车和联泓的供货商。从联泓接到东南汽车的需求计划，到联泓的供货商接到联泓的物料需求计划，整个过程几乎同步。东南汽车接到联泓公司的供货回复后，就可以立即着手准备接货，包括填写单据、安排接货人员等。而联泓公司的生产线则根据东南汽车的最新需求计划微调生产顺序，包括调整产品型号、生产数量等。这样，联泓生产的多数座椅几乎在下线的同时，又装上小拖车，送到东南汽车的整车装配线。

东南汽车城的配套厂和东南汽车之间通过百兆光纤城域网构成一个大的作业平台，每天在作业平台上往来的交货笔数上万；而其他城市的配套厂通过Internet远程访问供应链平台。信息系统和网络给了东南汽车的配件厂“一双慧眼”，让它们知道东南汽车现在准备生产什么车型、生产顺序怎样排、什么时间需要多少物料，然后配件厂就根据现有库存安排生产和采购等，并按照这个顺序及时把货交到东南汽车的汽车装配线。

三、两小时库存

近几年，东南汽车在实现产销量快速增长的同时，库存不增反降，而且实现了与配套厂库存同步减少，除了部分核心部件和在其他城市的配套厂提供的配件需要大量库存之外，东南汽车城内的绝大多数配套厂的库存已经降低到2～4小时。原因主要在以下三个方面。

首先是前瞻性的布局规划。20世纪90年代末，东南汽车以前瞻性规划全盘导入35家台湾专业汽车零部件厂，紧密环绕于主机厂周围，组成占地近200万平方米的东南汽车城，为今天的高效供应链奠定了基础。试想，如果东南汽车的配套厂遍布全国各地，即使信息化水平再高恐怕也难以实现两小时库存。

其次是一致的生产顺序。目前汽车装配是小批量、多品种，经常这一台装配的是“得利卡”，后面一台可能就是“富利卡”或者“菱利”，而每个车型展开来都有三四十个零部件品种系列，比如座椅有十几种，车灯也有十几种。以前，配套厂不能准确掌握总装厂的生产计划，只好按批量生产，这个批号生产60台套，下个批号生产40台套，这就难免造成库存积压。现在东南汽车提前3小时把生产顺序提供给配套厂，配套厂按照东南汽车的生产顺序生产零配件，因为双方的生产顺序一致，零配件从配套厂生产线上下线后，直接就送到东南汽车的装配线。

再次是交货时间进一步缩短。以前，配套厂交货的小拖车要在东南汽车停留大约40分钟，包括核对配件型号、清点配件数量、办理相关手续以及排队等候等。如今，小拖车在东南汽车最多停留20分钟甚至不到5分钟。小拖车还没有到厂区，物流人员就已经知道要送哪些配件来，分别是什么型号、数量多少等，从而利用前置时间办理相关手续；小拖车到达厂区后,直接把配件送到装配线上,根本不需要先送到东南汽车的仓库,再从仓库货架搬到装配线。

四、与合作伙伴同呼吸共命运

供应链中许多失败的运作都是由于利益不一致造成的,即便供应链中的伙伴是同一公司中的不同部门,如果有利益分歧存在,也可能酿成恶果。为此,东南汽车将公司自身的利益与合作伙伴的利益紧紧地联系在一起。例如,在配套厂实施ERP的过程中,东南汽车派出指导员给予辅导,并对成功上线的配套厂进行奖励。ERP上线后,每半年东南汽车对配套厂ERP系统和供应链系统的运行情况进行一次评审,督促其保持系统上线的成果。此外,公司通过高效的信息沟通及时将运营过程的需求波动信息传递给合作伙伴,提醒配套厂及时调整各自的生产计划,同时提醒配套厂的供货商也调整供货计划。与合作伙伴同呼吸共命运,将各方利益协调一致,在降低成本的同时,大大增加了企业应对市场变化的反应速度与适应能力。

(资料来源:由管理者论坛 http://www.onlyit.cn/ext_article/at_d_01602_699.htm《东南汽车供应链法宝》资料改编整理。)

讨论题

1. 东南汽车在生产计划与控制上最大的特点是什么?

2. 东南汽车是如何实现两小时库存的?

3. 按照JIT的观点,与供应商建立长期伙伴关系有助于消除浪费,你是怎样理解这一问题的?(优势在哪里?可能会出现什么问题?)

4. "要求供应商小批量、及时、快速地供货以降低本企业的库存,实际上等于增加了供应商的库存,这是一种风险的转嫁",你赞同这一观点吗?为什么?对于这一问题,你认为应该如何处理?

5. JIT与MRP作为两种管理方法,它们在管理思想上的区别主要体现在哪些地方?

第四部分　运营改善

第十四章　运营管理新方法

【学习的目的与要求】

了解计算机集成制造系统的内涵、构成以及计算机集成制造中的集成技术，了解敏捷制造的概念和内涵、基本特征以及实现敏捷制造的措施，了解大规模生产与大规模定制的区别，掌握实现大规模定制的产品和服务的五个基本方法。

【教学重点和难点】

教学重点：计算机集成制造系统的构成，敏捷制造的基本特征。教学难点：面向大规模定制的组织改造。

当今世界企业运作管理，除了 MRPⅡ、ERP、JIT 以及精益生产模式外，还有其他先进的组织生产方式。本章将介绍计算机集成制造系统、敏捷制造系统以及大规模定制系统三种先进生产方式的基本思想和主要内容。

第一节　计算机集成制造系统

一、计算机集成制造的概念与内涵

20 世纪 70 年代以来，随着电子信息技术、自动化技术的发展以及各种先进制造技术的进步，制造系统中的许多以自动化为特征的单元技术得到广泛应用。如 CAD、CAPP、CAM、FMS、工业机器人等单元技术的应用，为企业带来了显著的效益。但人们同时发现，如果局部发展这些自动化单元技术，则会产生“自动化孤岛”的现象，这些“自动化孤岛”具有较大的封闭性，相互之间难以实现信息的传递与共享，从而降低系统运行的整体效率，甚至造成资源的浪费。这些自动化单元如果能够实现信息的集成，那么各种生产要素之间的配置就会得到更好的优化，各种生产要素的潜力可以得到更大的发挥，各种资源浪费就可以减少，从而可以获得更好的整体效益。这正是计算机集成制造系统提出的出发点。

计算机集成制造(computer integrated manufacturing，CIM)的概念是由美国的约瑟夫·哈林顿(Joseph Harrington)博士于 1973 年在其 *Computer Integrated Manufacturing* 一书中

首先提出的。其基本观点是：

系统观——企业生产的各个环节是个不可分割的整体，从市场分析、产品设计、加工制造、经营管理到售后服务的全部生产活动要统一考虑。

信息观——整个制造过程实质上是一个数据的采集、传递和加工处理的过程，最终形成的产品可看作是数据的物质表现。

CIM 概念从提出到现在的 40 多年来，已被越来越多的人所接受，其概念与内涵得以不断地丰富和发展，应用领域也已从典型的离散型机械制造业扩展到化工、冶金等流程型制造业或混合型制造业。

计算机集成制造系统（computer integrated manufacturing system，CIMS）是基于 CIM 哲理而构成的现代制造系统，它首先是一种思想。尽管 CIM 已提出有 40 余年，至今还没有个公认的定义，但人们日趋对这种先进的生产管理模式给予相同的认知。德国自 20 世纪 80 年代初期开始注意探讨 CIM 这一主题，出现了各种不同的概念定义，直至 1985 年（联邦）德国经济生产委员会（AWF）提出了关于 CIM 的推荐性定义。AWF 推荐的定义是："CIM 是指在所有与生产有关的企业部门中集成地采用电子数据处理，CIM 包括了在生产计划和控制（PPC）、计算机辅助设计（CAD）、计算机辅助工艺规划（CAPP）、计算机辅助制造（CAM）、计算机辅助质量管理（CAO）之间信息技术上的协同工作，其中为生产产品所必需的各种技术功能和管理功能应实现集成。"目前，各主要工业发达国家对 CIM 的定义已经趋向一致。例如日本能率协会在 1991 年完成的研究报告中提出 CIM 的定义为："为实现企业适应今后企业环境的经营战略，有必要从销售市场开始，对开发、生产、物流、服务进行整体优化组合。CIM 是以信息作为媒介，用计算机把企业活动中多种业务领域及其职能集成起来，追求整体效率的新型生产系统。"欧共体 CIMOSA（CIM 开放系统结构）课题委员会提出的 CIM 定义，被认为是当前对 CIM 的最权威、最科学的定义："CIM 是信息技术和生产技术的综合应用，由此，企业的所有功能、信息、组织管理方面都是一个集成起来的整体的各个部分。"

我国 863 主题专家组通过对 CIM 哲理、内涵的深刻剖析，近年来提出了一种新的 CIMS 概念，即现代集成制造系统（contemporary integrated manufacturing system，CIMS），也被称为第二代 CIMS。现代集成制造系统拓展了传统计算机集成制造系统的要点，包括：细化了现代市场竞争的内容；提出了 CIMS 的现代化特征——数字化、信息化、智能化、集成优化、绿色化；强调了系统的观点，拓展了系统集成优化的内容——包括信息集成、过程集成和企业间集成优化，企业活动中三要素（人/组织、经营管理和技术）和三流（信息流、物料流、资金流）的集成优化，以及 CIMS 相关技术和各类人员的集成优化；突出了管理与技术的结合以及人在系统中的重要作用——指出了 CIMS 技术是基于传统制造技术、信息技术、管理技术、自动化技术、系统工程技术的一门发展中的综合性技术，其中，特别突出了信息技术的主导作用——扩展了 CIMS 的应用范围，包括离散型、流程型及混合型制造业。基于上述要点，现代集成制造系统必将对增强制造企业的综合竞争力发挥更加重要的作用。

对上述描述可进一步阐述如下：

(1) CIMS 是一种组织、管理与企业生产运行的现代制造系统，其宗旨是使企业的产品质量好、成本低、上市快和服务好，从而提高企业的市场竞争力。

(2) CIMS 强调企业生产的各个环节，即市场分析、经营决策、管理、产品设计、工艺规划、加工制造、销售、售后服务等全部活动过程是一个不可分割的有机整体，要从系统的观点进行协调，进而实现全局优化。

(3) 企业生产的要素包括人、技术、生产设施及经营管理。实施 CIMS 要更加重视发挥人在现代化企业生产中的主导作用。

(4) 企业生产活动中包括信息流(采集、传递和加工处理)、物料流、资金流三大部分。现代企业中尤其要重视信息的管理运行及信息流、物料流、资金流之间的集成。

(5) CIMS 是基于现代管理技术、工业工程技术、制造技术、信息技术、自动化技术、系统工程技术的一门综合性技术。具体地讲，它综合并发展了与企业生产各环节有关的计算机应用技术，包括计算机辅助经营管理与决策技术(MRPⅡ、ERP 等)、计算机辅助设计与制造技术(CAD/CAPP/CAM)、计算机辅助制造过程与控制技术(CNC、DNC、FMC、FMS 等)、自动化物流储运技术(工业机器人、自动导向小车、立体仓库等)、信息集成技术(网络、数据库、标准化等)、计算机仿真和实验技术、计算机辅助质量管理与控制技术等。

二、计算机集成制造的系统构成

一个制造企业通常具备设计、制造和经营管理三项主要功能。此外，由于产品质量对于一个制造企业的竞争和生存越来越重要，所以常常也把质量保证系统作为企业功能的主要方面。为了实现上述企业功能的信息集成，需要一个由计算机网络、数据库所组成的信息集成支撑环境。此外，CIMS 的运行还必须基于系列集成方法，我们将这些集成方法统称为系统技术。这样，可以提出如图 14—1 所示的 CIMS 的系统构成图。

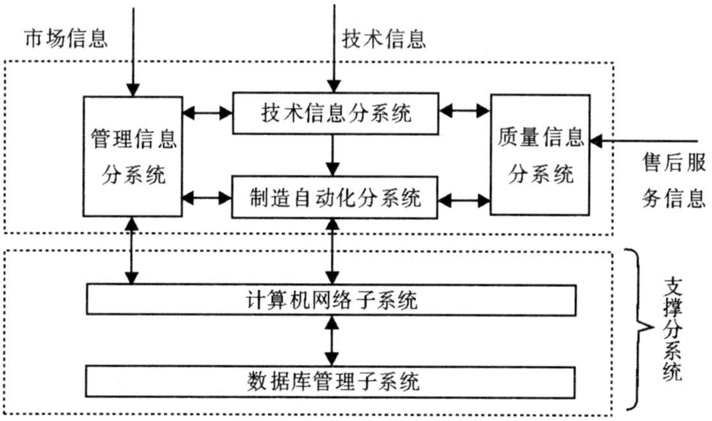

图 14－1　CIMS 的系统构成图

根据 CIMS 的技术构成和系统构成，CIMS 通常由管理信息分系统、技术信息分系统、制造自动化分系统、质量信息分系统以及由计算机网络子系统和数据库管理子系统组成的支撑分系统等部分有机组成，即四个功能分系统和两个支撑分系统。其中，管理信息分系统的输入信息主要为市场信息，技术信息分系统的输入信息为各种技术信息，而制造自动化分系统将原材料转换为产品。信息通过各个分系统的加工、处理和传递，在支撑分系统的支持下实现连续传递与共享，从而使整个制造系统处于一种协调、高效的运行状态。当然，并不是任何一个企业实施 CIMS 都必须实现这几个分系统，而应根据具体需求和条件，在 CIM 思想指导和总体规划下分步实施。每一分系统的具体功能如图 14－2 所示。

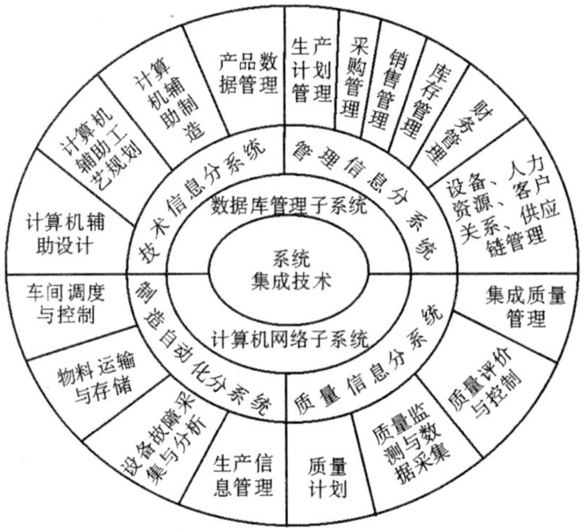

图 14－2 CIMS 各分系统的功能构成

（一）管理信息分系统

管理信息分系统是企业在管理领域中应用计算机系统的总称。CIMS 环境下的管理信息分系统是指以 CIM 为指导思想，并在其制造环境下实现经营管理与决策的系统。对一般离散型制造系统，如机械制造系统，通常以制造资源计划或物料需求计划为核心，从制造资源出发，考虑企业进行经营决策的战略层、中短期生产计划编制的战术层及车间作业计划与生产活动控制的操作层，其功能覆盖市场销售、物料供应、各级生产计划与控制、财务管理、成本、库存和技术管理等内容，是以经营生产计划、主生产计划、物料需求计划、能力需求计划、车间计划、车间调度与控制为主体形成的闭环一体化经营管理与决策系统。它在 CIMS 中相当于神经中枢，指挥与控制各个部分有条不紊地工作。

（二）技术信息分系统

技术信息分系统是在产品开发过程中引入计算机技术而形成的系统，包括计算机辅助的产品概念设计、工程与结构分析、详细设计、工艺设计与数控编程等内容，通常被划分为 CAD、CAPP、CAM、产品数据管理等子系统，这些子系统之间强调信息的连续流动和共享，即通常所说的 CAD/CAPP/CAM 系统集成。技术信息分系统的目的是使产品开发活动更高效优质地进行，同时通过与 CIMS 的其他分系统进行信息交换来实现整个制造系统的信息集成。

（三）制造自动化分系统

CIMS 中的制造自动化分系统是由 CIMS 环境下的制造设备、装置、工具、人员、相应的信息以及相应的系统体系结构和组织管理模式所组成的系统。从 CIMS 的功能系统结构看，制造自动化分系统是 CIMS 中信息流和物料流的结合点，是 CIMS 最终产生效益的聚集地；从 CIMS 的信息流看，制造自动化分系统涉及产品的制造、装配检验等环节的信息处理和集成。制造自动化分系统一般包含四个子系统：制造设备子系统、物料运输与存储子系统、制造信息子系统、制造过程调度与控制子系统。

(四) 质量信息分系统

质量信息分系统主要是采集、存储、评价与处理存在于设计、制造过程中与质量有关的信息，从而进行系列的质量决策和控制，有效地保证质量并促进质量的提高。质量信息分系统包括质量计划、监测与数据采集、质量评价与控制、集成质量信息管理等功能。

(五) 支撑分系统

支撑分系统由数据库管理子系统和计算机网络子系统组成。

数据库管理子系统是以数据库管理系统为核心，由与数据库有关的计算机硬件、软件、数据集合以及应用人员组成的为 CIMS 提供信息服务的系统。信息服务通常包括对数据的定义、组织、存放、查找、维护和传递等功能。数据库管理子系统是 CIMS 的信息管理和控制中心，具体执行着各种制造信息的管理、传递和交换任务。

计算机网络子系统为 CIMS 中信息的传递、交换和共享提供必要的信息通道及控制机制，是信息集成得以实现的载体。计算机网络子系统使整个制造系统实现资源的共享，提高系统的可靠性，并且使各个分系统之间方便、及时地进行信息的交流。

三、计算机集成制造中的集成技术

企业实施 CIMS 的目的在于取得总体效益，而企业能否获得最大的效益，又取决于企业各种功能的协调。因此，实施 CIMS 的关键在于集成。一般来说，企业集成的程度越高，这些功能就越协调，竞争取胜的机会也就越大。因为只有各种功能有机地集成在一起，才可能共享信息，才能在较短的时间里制定出高质量的经营决策，才能提高产品质量，降低成本，缩短交货期，提高企业的竞争能力。

(一) 集成分类

随着计算机集成制造系统的不断发展和应用，集成的内涵也经历了不断拓展和深入的过程。现有研究成果认为，根据集成的目标及深度，集成可以分为信息集成、过程集成、企业间的集成。

(1) 信息集成是指 CIMS 中不同应用系统之间实现数据共享。这些应用系统分布在网络环境下异构计算机系统中，它们所管理和操作的数据格式和存储方式各异，实现信息集成是实现数据的转换(不同数据格式和存储方式之间的转换)、数据源的统一(同一个数据仅有一个数据入口)、数据一致性的维护、异构环境下不同应用系统之间的数据传送。信息集成的理想目标是五个“正确”的实现，即“在正确的时间，将正确的信息以正确的方式传送给正确的人(或机器)，以进行正确的决策或操作”。在企业实施 CIMS 的早期阶段，应用系统的集成首先是信息集成。企业 CAD/CAPP/CAM 系统的信息集成，提高了企业的设计自动化程度和水平；车间控制器和底层制造设备的信息集成，则大大提高了企业的制造自动化水平。企业的信息集成还解决了企业由于各部门之间信息不共享、信息反馈速度慢、信息不全等造成的企业决策困难、计划不正确、库存量大、产品制造周期长、资金积压等问题，提高了企业的现代化管理水平和整体经济效益。我国许多实施 CIMS 的企业通过信息集成，已经取得了显著的成果和经济效益。信息集成是过程集成、企业间集成及其他更高级集成的基础。

（2）过程集成强调的是不同的应用系统之间业务流程的集成和企业经营过程的重组。由于各种业务活动之间的控制流和数据流形成了实现企业经营任务的业务过程，因此优化这些流的路径和时间对企业提高工作效率和降低成本有重要作用。过程集成从另一个角度讲，也是将企业分化的各个职能（如设计、制造、供应、销售、财务等管理职能）整合起来，把条块分割的业务活动连接起来，从而构成了企业内部集成。过程集成通常基于业务过程建模、业务过程仿真和业务过程执行来实现。例如，在产品开发过程中，打破传统的串行设计流程而引入并行的设计流程，可以明显缩短产品开发周期，增强产品开发竞争力。这是并行设计的理念，而其实质则是产品开发过程的集成。过程集成涉及不同的过程之间的交互和协同工作，它比信息集成具有更高的集成度，其集成难度也更高。为了实现过程集成，需要采用过程建模方法来建立企业的业务过程模型。另外，过程集成需要有更先进的软件集成支持工具，如集成平台、集成框架等。

（3）企业间集成强调的是企业之间的相互协作，是在网络经济和全球化制造趋势下的更高层次的集成。企业间的集成要求增强企业间的信息交互、业务协作和组织集成，因此，企业间的集成远比工厂自动化集成要广泛得多。企业间集成的主要观点是集成所有的符合企业目标的过程，它是整个企业间人员、技术和业务过程的集成。为了克服企业数据处理应用的地域性和结构独特性，网络通信、数据库管理系统、组件技术、CORBA 总线等技术得到了广泛的应用。

（二）集成方法

CIMS 各分系统之间的集成通常有以下一些方法。

（1）各分系统的应用之间通过开发一对一的专用集成接口实现数据交互和集成。这种方法的缺点是开发量大，系统可维护性差，任何一个应用系统的修改都会导致一大批相关应用系统的修改。

（2）采用独立于任何具体应用系统的共享信息库或数据标准的方式实现信息共享。这种方式可以避免重复开发功能相同的集成接口。这方面的数据标准包括 STEP、EDI、XML 等。

（3）采用集成平台支持的中间件的方式进行信息共享。这种方式可以实现应用对数据的透明访问，解决应用对于操作系统和数据存储方式的依赖性，是当今应用系统集成的发展趋势。

四、计算机集成制造系统的发展

CIMS 在出现以来的 40 多年间得到了迅速的发展。据美国 Frost & Sullivan 公司的调查报告，制造系统集成产业市场年增长率为 15%，年营业额达到百亿美元。

当前,制造业的许多先进的制造模式与技术正在影响计算机集成制造及其相关技术的发展,如敏捷制造、并行工程、绿色制造及虚拟制造等先进制造模式,以及网络技术、分布式对象技术、智能代理技术、知识集成技术、协同工作技术等。

值得指出的是,在“863 计划”的支持下,以清华大学为主的 11 个承担单位在我国建立了第一个 CIMS 实验研究应用基地,解决了多项关键技术,培养了一支技术队伍,缩短了我国在 CIMS 方面同国外的差距,起到了跟踪国际高技术的发展及对我国工厂自动化的牵引与导向作用,达到了建设实验工程的目标,发挥了总体集成技术研究、单元技术集成测试、人才培训和技术转移等四个中心的作用。经过十余年的努力,计算机集成制造系统在我国已取得较大进展。清华大学 CIMS 实验工程和北京第一机床厂分别获得了美国 1994 年 SME 大学领先奖和 1995 年工业领先奖,这表明我国的 CIMS 技术水平已进入国际先进水平的行列。其他 CIMS 应用工厂(如沈阳鼓风机厂、河北经纬纺织机械厂、成都飞机工业公司等)也都取得了十分显著的经济效益。目前,我国已初步形成了 10 个系列的 CIMS 目标产品,覆盖了 CIMS 工程所需产品的 85%以上;863/CIMS 目标产品已直接应用于 50%的 CIMS 应用示范企业;1999 年 CIMS 主题支持的目标产品销售额约 1.2 亿元,2000 年销售额约 3 亿元。

我国推广 CIMS 的经验是:

(1) 推行 CIMS 是一个企业第一决策者的行为。

(2) 采用自顶向下制定总体规划,自底向上逐步实施。

(3) 当前阶段要特别重视人的作用,牢记 CIMS 的实质是人、机器和管理的集成。

(4) 我国科学家和企业家总结出的实施 CIMS 十六字方针是“效益驱动、总体规划、重点突破、分步实施”。我国两院院士对 863/CIMS 的实施情况进行了考察,认为我国科研人员和企业人员相结合,用少量的投资推广 CIMS 及其单元技术,使企业提高了综合竞争能力和生存能力,是功不可没的。

大学和科研院所还开展了超前性研究,有些成果可望带动我国制造技术的进一步发展,为探索在我国条件下发展高技术及其产业化的道路,提供了可资借鉴的经验。由于 CIMS 的这些成果,国家在第十个五年计划中已将 863 项目列为国家级高技术发展计划,这预示着,我国在未来一段时间内将在高技术研究与应用领域拔得头筹。

【阅读材料 14—1】

沈阳鼓风机公司 CIMS 工程

沈阳鼓风机公司(简称沈鼓)是我国目前最大的开发、设计、研制生产透平压缩机、透平鼓风机、电站轴流风机和各种大型通风机的国家大型骨干企业。沈鼓 1990 年被国家科委批准为 863/CIMS 应用工厂,在 CIMS 工程总体规划下,制定了到 2000 年的目标,分为“八五”和“九五”两个阶段、三期工程。第一期从 1991 年到 1994 年 6 月,第二期从 1994 年 7 月到 1995 年,第三期从 1996 年到 2000 年。公司明确制定了沈鼓 CIMS 总目标与各阶段目标:(1) 建立产品报价系统;(2) 扩大 CAD 应用覆盖面,实现 CAD/CAPP/CAM

初步集成;(3) 完善与扩充现行的生产管理系统。

为实现工厂2000年生产经营战略目标,沈鼓在CIMS总体思想指导下,充分利用原有CAD/CAM和生产管理信息系统的单元技术,在改造与充实的基础上,建立全厂生产管理与经营决策信息系统(production administraion decision information system, PADIS),完善工程设计/制造系统(CAD/CAPP/CAM),建成产品制造的车间自动化系统(SA),在共享的数据库和网络系统(DB/NET)的支持下,吸收ESPPIT计划的CIM—OSA思想,采用了IBM/CIM体系结构,实现了信息的全面集成和关键部位的物流集成,逐步将沈鼓建成了一个经营管理科学化、工程设计制造现代化、功能集成、总体优化、效益显著的计算机集成制造系统,使工厂达到国际同类厂家20世纪90年代先进水平。

沈阳鼓风机公司通过实施CIMS工程,到2000年获得了理想的经济效益和社会效益:

(1) 生产管理与经营决策方面:产品报价周期缩短了66.7%,达到国际标准;产品供货周期从18个月缩短到10~12个月,达到了国际供货期标准;生产指令单与月份生产作业计划编制周期从过去的30天缩短到5天;产品制造周期从5.5个月缩短到4.42个月。

(2) 产品工程设计方面:产品技术准备周期缩短了50%,从过去的10~11个月缩短到5~6个月;产品设计周期缩短了50%,从过去的6个月缩短到3个月;新产品设计能力增长了一倍以上。

(3) 加工制造自动化与柔性化:对自动化车间,通过CAM系统可直接将加工信息传输到DNC及FMC单元,缩短了产品零件制造周期20%以上;按成组技术组成生产单元,通过MRPⅡ系统与递阶段控制,以及车间作业计划优化,并批并量,使机床利用率提高10%~20%,提高了生产能力及制造柔性。

(4) 满足国内市场需求能力增强:通过实施沈阳鼓风机公司CIMS工程,使沈鼓在产品品种、产品质量、产品供货周期、生产能力诸方面满足了国民经济长远发展的需要,为堵住进口、节约外汇、发展我国的风机制造业做出了应有的贡献。

(5) 逐渐形成和发展CIMS产业。沈鼓属单件小批离散型机械制造企业,通过实施CIMS工程,可以为我国的机械工业中通用机械行业发展和开发应用CIMS工程起到带动和示范作用。

(资料来源:摘自沈阳鼓风机(集团)有限公司网站:http://www.shengu.com.cn/cims.html。)

第二节　敏捷制造系统

一、敏捷制造的概念与内涵

从20世纪初开始,以美国为首创建的大规模生产方式得以迅速发展,这种生产模式以大量生产标准产品从而取得规模经济效益为出发点，曾经使得美国的制造业一度辉煌。然而在 20 世纪 80 年代中期，美国的制造业在与日本的竞争中，优势逐渐丧失，1986 年的贸易逆差高达一千多亿美元。为了夺回制造业的优势，1991 年，受美国国会和美国国防部的委托，里海(Lehighs)大学的亚科卡(Iacocca)研究会同众多的企业界和学术界代表，编写了一份《21 世纪制造企业战略》的报告。在此报告中，提出了敏捷制造(agile manufacturing，AM)的概念。该报告的结论性意见是：全球性的竞争使得市场变化太快，单个企业依靠自己的资源进行自我调整的速度赶不上市场变化的速度。为了解决这个影响企业生存和发展的世界性问题，报告提出了以虚拟企业(virtual enterprise)或动态联盟为基础的敏捷制造模式。提出敏捷制造是次战略高度的变革。敏捷制造面对的是全球化激烈竞争的买方市场，采用可以快速重构的生产单元构成的扁平组织结构，以充分自治的、分布式的协同工作代替金字塔式的多层管理结构，注重发挥人的创造性，变企业之间你死我活的竞争关系为既有竞争又有合作的“共赢”(win－win)关系。敏捷制造强调基于互联网的信息开放、共享和集成。

敏捷制造一提出就受到了广泛的重视。1993 年，美国国家自然科学基金会和国防部联合在 New York、Iinoi、Texas 等州建立了三个敏捷制造国家研究中心，分别研究电子工业、机床工业和航天国防工业中的敏捷制造问题。随着研究的深入，美国一些大公司应用敏捷制造哲理取得了显著成效。日本和欧共体也开展了与敏捷制造有关的研究计划。我国“863 计划”从 1993 年就开始了对敏捷制造的跟踪研究，并结合我国企业状况，进行了大量的调查研究。国家自然科学基金委员会(NSFC)自 1995 年起，每年均资助敏捷制造方面的研究项目。目前，敏捷制造已在电脑制造、汽车与航空业等领域有一定的实践基础，理论体系也已初具雏形。

由于敏捷制造是一种哲理，正处于一个不断发展的过程，因此还没有一个关于敏捷制造的公认的定义。按照字面的理解，敏捷(agile)一词是“聪明、机动和快速”的意思。就敏捷制造系统来说，敏捷性(agility)是指制造企业快速满足顾客的高质量、高性能产品和服务的要求，并从急剧变化的市场中击败其他竞争对手，从而盈利获胜的能力。敏捷制造思想的出发点是基于对多元化和个性化市场发展趋势的分析，认为制造系统应尽可能具有高的柔性和快速反应能力(即敏捷性)，从而在变幻莫测、竞争激烈的市场中具有高的竞争能力。因此，敏捷制造是制造系统为了实现快速反应和灵活多变的目标而采取的一种新的制造模式。

近年来，随着研究和应用的不断深入，学术界及企业界对敏捷制造的理解在以下几个方面基本取得了共识。

第一，敏捷制造强调制造系统要快速满足多元化和个人化的市场需求，就要具有足够的柔性，即能够迅速实现自我调整以适应不断的变化。

第二，敏捷制造强调高素质的员工，即要造就一支高度灵活、训练有素、能力强且具有高度责任感的员工队伍，并充分发挥其作用。

第三，敏捷制造的实现需要多个相关企业的协同工作，最终目标是使企业能在无法预测、持续变化的市场环境中保持并不断提高其竞争能力，因此敏捷制造通过动态联盟或虚拟企业来实现。

第四，虚拟制造技术是敏捷制造重要的支持技术，通过在计算机上完成产品从概念设计到最终实现的整个过程，从而加快制造系统对市场的响应速度。

二、敏捷制造系统的基本特征

根据里海大学 Iacocca 研究所的研究，敏捷制造企业具有 18 条企业特征。

(1) 开放的体系结构。敏捷企业的任务、产品、组织、技术系统等都可能变化，所以企业的体系结构不应该是封闭的，而应该是开放的。除了组织机构的重新组合，还应能增减各种工作小组，可以扩展新的技术系统，可以在各种层次上与其他企业合作，形成新的广义企业的架构。

(2) 全企业集成。向工作小组和个人放权绝不意味着各自为政，而应该是在人人都明确为实现企业全局战略目标的前提下，在快速的通信系统支持下，取得更高水平的全局协调。也就是说，要通过整个企业集成，来提高企业的柔性。

(3) 技术的领先作用。为了竞争的成功，企业在寻找合作伙伴时，必然要找技术上最领先的企业。几个各有所长的公司组合在一起，互相取长补短才能互利。每个公司一定要有自己的独占技术，别人才会同你合作。

(4) 技术的敏感。敏捷企业要与用户、供应商有密切联系，企业内部各部门之间要密切联系，一旦发现问题和新的需求，就能进行快速而细致的分析。引进新技术，特别是要了解竞争对手，在各种关键技术方面绝不能落后于竞争对手。

(5) 缩短产品交付周期。从顾客或者设计师提出新的产品概念到最后产品交到顾客手上，这段时间称为交付周期。缩短产品交付周期是竞争获胜的重要指标，不仅涉及从设计到制造过程的快速完成，而且包含整个经营过程各个环节的组织与管理，所以是一个企业的综合指标。

(6) 柔性的重新配置组合。敏捷企业的雇员，应能够根据任务需要灵活地形成各种工作小组，重新组合成各种职能部门。技术系统也应是模块化的，可以根据产品变化在短时间内重新配置，以适应新产品的开发需要。

(7) 产品设计一次成功。必须进一步改善分析、仿真工具，在充分利用先进的计算机辅助设计软件、加快设计速度的同时，保证产品设计一次成功。

(8) 可存取和可使用的信息。在敏捷制造时代，企业往往既是合作伙伴又是竞争对手，为了能制造出高质量的新产品，工作小组要能获取本企业以及合作公司的各种信息。人们已认识到多方合作模式带来的经济效益远远大于信息保密的好处，所以将大力扩展共享信息的通信网络。

(9) 产品终身质量保证。技术的进展导致人们对质量概念理解的变化，"零缺陷"已经成为一种最起码的常识，要更好地做到让顾客满意，必须在产品的整个生命周期中保证让顾客满意。

(10) 基于远景蓝图的管理与领导。描绘一幅既现实又振奋人心的远景蓝图(vision)，给全企业职工指出企业的目标以及达到目标的途径，这样才能使各层人员都发挥最大的主动性、积极性，以最高效率去为企业的成功奋斗。

(11) 根据用户反应建立组织机构。类似于精细生产中牵引的方式,完全按下游的需要来组织上游的生产活动。从对用户需求及市场竞争做出迅速反应出发,牵引出对新的企业组织各方面的要求,根据需求促进新的组织机构的变化。

(12) 并行工作。为了能迅速抓住市场机遇,要求企业内各部门都能并行工作,实现最快的响应。不单是设计部门与制造部门,还应包括市场营销、财务、人力资源管理等部门,相互间保持良好的通信联系,逐渐形成一个并行工作网络。

(13) 动态多方合作。从竞争走向合作,共同抓市场机遇,将是未来制造业的重要特征。这种合作关系可以发生在不同层次上,有不同的紧密程度。因为低层的工作人员也都已被授权,在他本人权力范围内通过各种标准过程进入各种合作,只要这样做对满足顾客需求有利就行。

(14) 继续教育。当今世界知识更新速度越来越快,要保持企业的活力和技术上的先进性,必须不断更新和提高雇员的全面技能。雇员每年要花费几周时间接受教育与培训,接受重点是新技术新思想方面"知其所以然"的"教育",而不是单纯"知其然"的"培训"。

(15) 尊重雇员。在敏捷制造企业中,把雇员的知识和创造性看作是企业最宝贵的财富。每个雇员必须把自己看作是整个企业的一个积极组成部分,运用自己的智慧和技能,参加工作小组,为企业的兴旺发达而奋斗。

(16) 向工作小组及其成员放权。为了快速地响应市场的变化,企业组织结构要减少层次,做到扁平化。要下放部分决策权,使工作小组和个人在必要的时候不必层层请示而可独立做出决策,以实现对变化最敏捷的反应。

(17) 知识面广阔的雇员。雇员们要有渊博的知识,并且要不断更新,才能在新产品中融入各种新鲜内容,去满足顾客多种多样的需求。

(18) 对环境仁慈。人们对环境关注的要求越来越高,制造企业要对生产过程及产品的整个生命周期对环境造成的影响负责任。不是消极防御式的减少污染,而是要求"仁慈",即不仅不要造成危害,而且要主动在生产过程和产品报废处理过程中创造改善环境的条件。

根据上述 18 条企业特征,可以提出敏捷制造企业的基本特征。

第一,产品批量大小与成本关系不大。在今后的市场中,产品需求的多样化和个性化将越来越突出,敏捷制造企业敏捷性的一个突出表现就是可以灵活多变地满足多样化的产品需求,这点通过可重组、重用和扩充的柔性加工设备、动态多变的组织方式等措施来保证。产品批量与成本无关也是另一种先进制造模式——大批量定制(mass customization, MC)所追求的主要目标。

第二,新产品快速上市。制造企业除了能按照用户要求生产出新产品外,还必须快速地占领市场。敏捷制造企业的敏捷性的一个重要含义就是快速响应能力。通过并行工作方式、快速原型制造、虚拟产品制造、动态联盟、创新的技术水平等措施来完成这一目标。

第三,全生命周期顾客满意质量。敏捷制造企业的质量概念强调整个产品生命周期内使顾客满意。通过并行设计、质量功能配置(quality function deployment, QFD)、价值分析、仿真等手段在产品的设计、制造、销售、服务、维修、回收等整个生命周期内的各个环节使顾客满意。

三、实现敏捷制造的主要措施

为实现制造企业敏捷、快速响应的目标，敏捷制造企业通常采取下列措施。

(一) 快速重组生产技术

为了能敏捷地改变生产，对于离散型生产的企业，必须发展由柔性可编程组成的、可重组的模块化单元；对于流程型生产的企业，必须发展智能型的过程控制器和过程检测器，以及能和实际生产过程并行运行的复杂过程的仿真系统，以测定不可测的中间变量，进一步对其实现有效的控制。

(二) 快速响应的组织方式

(1) 企业内部动态的组织方式。敏捷制造要求企业组织结构减少层次、扁平化，权力下放，并能根据市场的需求进行组织机构的设置和任务分配，如人员职能、各部门之间的关系、新的合作小组配置和合作方式等。这种组织形式可以对用户需求和市场竞争作出敏捷的反应，从而达到最佳的工作效果。

(2) 企业外部的动态联盟。敏捷制造企业的组织形式是开放性的，可以根据市场需求快速组成动态联盟和虚拟企业，各组成成员在相互信任的基础上进行技术、资源、经营等方面的合作，各自发挥自己的特长，从而快速、低成本、高质量地生产出市场需要的产品，共同获取利润。一旦市场需求结束，则该联盟也随之解散，各个成员可以根据新的市场需求再组成新的联盟。这种动态的组织方式为企业的发展提供了新的机遇。

(3) 重视人的因素。与精益生产类似，敏捷制造也强调人在制造系统中的地位，但具体措施有所不同。

① 把雇员的知识和创造性看作企业的宝贵财富。雇员是企业中的积极组成部分，企业的竞争力根本程度上依赖于雇员的知识和技能，因此企业应通过奖励和创造良好工作环境等各种方式来珍惜这一宝贵财富。

② 通过继续教育不断更新和提高雇员的全面技能，从而使雇员能够获取最新的信息和知识，并应用这些信息和知识提高企业的竞争力。

(三) 技术的创新

为了缩短新产品的上市时间，必须掌握最新的技术信息，并拥有自己独有的高新技术。这点通过及时掌握新的技术信息、培养具有广博知识和创造性的人才、组成强有力的产品开发小组等方式来实现。

(四) 组织、人、技术的集成

敏捷制造企业还必须通过集成来实现整个企业的全局协调。通过将动态多变的组织、高素质的人才以及高新技术集成起来，组成一个有机的、充满活力的制造系统，才能使整个企业具有敏捷特性，实现敏捷的最终目标。当然，组织、人和技术三者的集成需要以信息的集成作为基础才能实现。

第三节　大规模定制系统

20 世纪 20 年代，以福特创造的大规模流水生产线为代表的追逐规模经济的生产方式，在相当长时间内一直是世界各国多数制造企业所采用的基本模式。自 20 世纪 50 年代以来，以丰田生产方式为代表的满足多样化需求的批量化生产管理模式日益焕发勃勃生机，人们发现现在的竞争形势已与过去的大规模生产时代完全不同。那时的产品是标准化的，市场是统一的，产品生命周期和开发周期也比较长，一切都是有规律的，没有意外发生。今天，多样化的市场从统一市场中迅速成长，多样化和客户化的产品代替了标准化产品，产品的生命周期和开发周期日益缩短，客户（无论是消费者还是企业）的要求也越来越苛刻，他们希望获得他们真正所需要的产品或服务。同时，随着工业的进一步全球化和集中化，竞争日益激烈，要求成本越来越低。过去，企业通常采取的策略不是追求低成本，就是追求高度的产品多样化，围绕着二分法建立大多数模型。以往企业多是大规模生产标准化的产品（或针对该产品的服务），就是以高成本生产多样化的产品。而今天，企业越来越发现，它们必须采用既能提高效率又能实现个性化的策略，它们发现实际上可以采用最佳结合这两种优点的新策略，即大规模定制产品和服务。

一、大规模生产与市场扰动

派恩（B. Joseph Pine）在其著作《大规模定制：企业竞争的新前沿》（*Mass customization: The New Frontier in Business Competition*）中，认为大规模生产（后文称为“旧的竞争模式”）向大规模定制的转变标志是市场扰动。市场扰动是指以市场行为为主体的环境变化，对企业提供生产和服务带来了多方面的不适应性，进而对旧的生产方式产生诸多的影响，从而使其竞争力不断下降。市场扰动主要是两方面的内容：需求因素和结构因素。

需求因素是指企业在其市场中能够协调控制、保证稳定和减少不确定性的程度。需求因素主要通过需求水平的稳定性和可预测性程度，基本必需品与奢侈品的需求程度，客户需求的确定性程度，需求的统一性与多样化程度，客户需求的变化速度，客户对价格、质量和时尚的意识变化，以及对服务水平的认可程度等，对企业提供产品和服务的能力产生多重作用。

结构因素是指市场竞争的构成，反映了一个行业的基本特性，是单个公司难以操纵的。结构因素主要包括：购买力，竞争强度，经济周期的影响程度，价格竞争与产品分化程度，市场饱和度，产品的可替代程度，产品技术变化的速度，产品生命周期的长短与可预测性等。

显然，上述两类扰动因素日趋呈现不确定性和复杂性，使得大规模生产越来越难以满足市场变化的需要。这也是定制化概念产生的基本背景和必然趋势。

二、新旧竞争模式的冲突

在很多行业中，市场扰动已经成为大规模生产向大规模定制转变的主要原因。在20世纪60年代和70年代早期，大量的事件和变化影响着消费者、生产者、市场和社会，改变了行业竞争的本质。比如技术变革的加速，固定汇率模式的结束，石油危机，设备、汽车等耐用消费品的饱和，高通货膨胀率和高失业率等，这些广泛的变化深刻影响着现代社会，摧毁了大规模生产所希望的高效率、稳定性和调控能力，动摇了大规模生产赖以生存的基础。以往人们关注的大规模生产方式的优点，如低成本、节约时间等，在现在社会看来已经产生了众多的负面影响。相对于以满足多样性需求为主的定制化生产方式(这里称为"新的竞争模式")而言，大规模生产与大规模定制这两种模式之间已经产生了很多根本性的冲突。下面以新旧生产方式在生产、研发、市场和财务等基本职能领域的对比分析(如表14－1、表14－2、表14－3、表14－4所示)来表明这一点。

表14－1 新旧竞争模式的对照：生产职能

旧的竞争模式	新的竞争模式
焦点： · 生产或操作效率 主要利益： · 低可变成本和低(可支付得起)价格 负面影响： · 管理费用、官僚作风及实际成本增加 · 生产不灵活 · 库存及搬运成本高 · 变化成本高 · 思想与行为分离 · 对工人技能的投入不足 · 管理者与雇员关系恶化 · 质量相对下降 · 生产率相对下降	焦点： · 整个过程效率 负面影响： · 过分苛求的、压力过大的环境 积极影响： · 减少管理费用和官僚作风 · 总成本低 · 高度的生产灵活性 · 消除消费 · 库存搬运成本低 · 低成本多样化 · 思想与行为相结合 · 持续的过程改进 · 对工人技能的高度投入和利用 · 联盟意识 · 最佳的质量 · 劳动生产率高

表 14－2　新旧竞争模式的对照:研究和开发职能

旧的竞争模式	新的竞争模式
焦点: ·突破性创新 主要利益: ·重大的技术进步 负面影响: ·缺乏持续创新 ·技术述评相对下滑 ·创新与生产分离 ·高成本和长周期 ·忽视客户的兴趣点 ·较少的工艺过程创新	焦点: ·渐进创新 负面影响: ·缺乏突破性创新 积极影响: ·持续改进最后获得技术优势 ·创新与生产相结合 ·低成本和短周期 ·更好地满足客户需求 ·频繁的过程创新 ·与其他公司为互利关系

表 14－3　新旧竞争模式的对照:市场职能

旧的竞争模式	新的竞争模式
焦点: ·向统一大市场销售低成本产品 主要利益: ·稳定的、可预测的需求 负面影响: ·忽视很多客户的需求 ·不满意的、不忠实的客户 ·市场细分的开始 ·部分推出和回避市场 ·缺乏出口	焦点: ·通过满足客户化需求而获得市场份额——首先在国内市场,然后在国外市场 负面影响: ·过于迷信技术 积极影响: ·对客户需求变化的快速响应 ·满足很小的细分市场 ·市场接管 ·通过出口和占领国内市场获得高销售额 ·技术密集型产品

表 14－4　新旧竞争模式的对照:财务/会计职能

旧的竞争模式	新的竞争模式
焦点: ·对外财务报告 主要利益: ·利润 负面影响: ·短期的管理定位 ·误导的信息 ·在资金、人力和技术上缺乏长期的投入 ·与供应商之间关系恶化 ·管理的注意力为多种经营和联合大企业	焦点: ·对管理者和工人有用的信息 负面影响: ·忽略了股东 积极影响: ·合理的长期和短期决策 ·低成本、高利润 ·在资金、人力和技术方面的长期投入 ·与供应商的长期共存关系 ·关注核心能力

上述对比分析，已经清晰地展示了新旧竞争模式在应对多变的社会环境和市场需求过程中的特性。在市场扰动不断加强的未来趋势中，大规模定制模式将以其清晰的市场开发策略和生产经营策略赢得竞争优势。

三、市场扰动的战略响应

由于行业、企业数量的增加，整个世界都处在日益动荡的环境之中，客户需求正在变化和分化，产品生命周期变得越来越短，随着竞争的加剧，对质量和服务水平的基本要求在提高。这些因素以及其他市场扰动的因素不只是在变化着，而且变化的速度还在加快。

如果完全从策略上考虑，不采取任何措施而只是退出部分市场，很明显是下策。退到处于空白和较少扰动的那部分市场，只可以作为权宜之计，竞争模式不会永远放弃它们，这只是个时间问题。

正确的战略响应是进入企业竞争的新前沿，向大规模定制转变。有三种基本转变方式：循序渐进，通过业务改造快速转变，或者创建稳固的根植于新领域的新业务。每种转变方式都有不同的适应场合，如表 14—5 所示。

表 14－5　进入新前沿的转变方式分析

战略响应方式	适应场合	企业举例
循序渐进	· 市场扰动低 · 竞争对手没有向大规模定制转变 · 中、低层管理者和雇员希望改革，但是不能影响整个业务	· 丰田汽车公司 · IBM 罗切斯特 · 百丽工程建筑有限公司
改造业务	· 市场扰动急剧增加 · 竞争对手已经向大规模定制转变 · 由高层管理者发起或完全得到高层管理者的支持	· 摩托罗拉手机部 · SMH 集团
创建新业务	· 基于灵活的新技术的业务 · 大企业的新投机 · 多数新业务	· 法国电信(可视图文终端) · 方位公司 · 波斯尼克斯公司

(一) 循序渐进

对于很多公司，从大规模生产向大规模定制转变是缓慢的、逐步的、不知不觉中进行的。当市场扰动增加并且大规模生产方式显示出其局限性时，成功企业的本能反应是增加多样化和定制化。当公司认识到自己在市场中所经历的和所做的与以往的情况有着内在的、本质的不同时，就开始热切地向大规模定制转变，逐步提供越来越多的多样化和定制化的策略——即使成本较高——通常足以维持公司的局面。如果扰动增加不是特别急剧，竞争转变不是特别快而必须进行改造，公司现在的市场地位依然很牢固，那么逐步改进公司产品和服务的品种、过程和组织，足以在相当长时间内保持其竞争力。

(二) 改造业务

当公司面临着急剧增加的市场扰动，或者竞争对手已经接近大规模定制模式，没有时间等待逐步改进成果时，必须快速转变，摆脱旧的方式，增加整个公司的灵活性和响应能力。在这种情况下，企业必须进行业务改造。

业务改造涉及组织和流程的重大变革，往往要打破原有系统，这必然会在组织内部产生矛盾、冲突甚至骚乱，这是改造过程中不可避免的。实际上，业务改造只适用于面临市场扰动剧烈增加或竞争对手已经转向新前沿的企业。改造只有在高层管理者发起或者至少完全支持下才能发生。

（三）创建新业务

市场扰动日益增强这一事实迫使很多企业在相当短的时间内对自身进行改造，但企业需要以大规模生产来获取多样性定制化产品价格上的优势时，才具有全面的竞争力。这种约束，会迫使很多企业进入到创建新业务领域，一般是以新的信息技术和（或）通信技术为基础，在增加定制化的同时降低成本，以获得新的优势。

新业务在采用大规模定制模式的理念上占有优势，因为它们没有大规模生产模式的历史负担，也没有多层次式机构、职能、障碍、缺乏对客户关注等旧模式的痕迹。新公司可以从零开始，以顾客为中心，通过提供大规模定制产品和服务，充分满足客户的个性化需求。这一明确的远景规划能给新组织带来活力，并能确保这一过程随着需求的转变而具有很好的适应性。

实现大规模定制目标，无论采取上述哪一种应对战略，企业都需要经过下述几个关键过程。

第一，获得转变的知识和变革求新；

第二，建立一个具有激励和活跃作用的远景规划；

第三，研究前进的策略；

第四，很好地执行。

这个过程是从知识和需求开始的，没有它们就不可能取得有意义的进步。在前进过程中，通过远景规划激励和活跃所有与达到目标有关的人，通过策略告诉他们如何前进，如何适应不断变化的环境。能否实现大规模定制的成功，最终还要取决于人们是否很好地执行正确的策略。

四、大规模定制产品和服务

一旦确立了远景规划和策略，就要继续进行一项具体的任务，即确定如何确保个性化定制产品和服务的低成本生产。为达到这个目标，可以提供五个基本方法。

第一，围绕标准化的产品和服务来定制服务；

第二，创建可定制的产品和服务；

第三，提供交货点定制；

第四，提供整个价值链的快速响应；

第五，构建模块化以定制最终产品和服务。

上述五种方法并不互相排斥，往往可以重叠使用。企业可以根据自身的特点将其中的几种方法结合起来使用，也可以将所有的方法综合在一起使用。首先，需要了解企业价值链的关键环节和增值顺序，如图 14－3 所示，企业必须关注产品和服务价值增值的这些关键环节，以确定各环节的资源投入和增值策略。

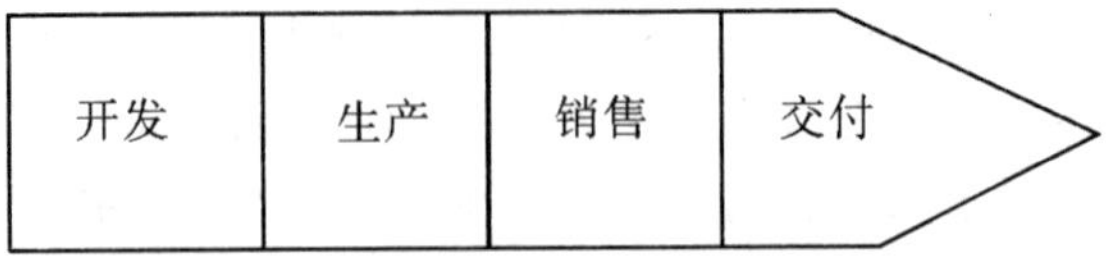

图 14－3　企业价值链的关键环节和增值顺序

（一）围绕标准化的产品和服务来定制服务

完全标准化的产品在被销售或交货人员送到客户那里以前，仍然可以被定制。因为采用这种方法生产的产品是在企业价值链的最后两个环节完成的，并不影响开发和生产，所以这是最简单、最常用的着眼点。销售和分销可以改变产品，增加其特征，与其他的产品（包括与其他企业生产的产品）组合在一起，并提供大量的服务，使每一个客户都能得到他所期望的和应当得到的个别关注。企业围绕标准化的产品或服务来定制服务，可以展示企业在大规模定制方面所拥有的巨大潜力，使企业更能通过其他技术取得进展。

（二）创建可定制的产品和服务

虽然大多数定制化服务可以在价值链的交付环节完成，但是改变产品以适应客户特殊需要的定制不仅是服务收入的来源，还是使企业扩展产品并进一步加强定制化思想的源泉。与在交付功能中定制服务相反的策略是，在开发功能中建立基本上是大规模生产的产品和服务。就生产和交付过程而言，这二者之间没有什么区别，但后者是针对每一个客户并且经常是由客户定制的。创建可定制的产品或服务一般不需要对公司的价值链做剧烈的变革，但它已经开始改变人们关于定制化概念的思想。

（三）提供交货点定制

要确切知道客户想要什么只有一个办法：在销售地点让客户告诉你或让他们说出其真实想法。立即提供客户想要的东西也只有一个办法：在销售或交货点生产产品，或至少在当时当地完成最后的定制生产工序。对于交货点定制，除了生产的最后工序转向客户外，还可以把整个生产过程移到交货点，以此改造整个企业的业务和潜在利润。把所有生产转向客户时，生产与交付必须相结合，而且开发时必须考虑到新产品或服务要在交货点被定制，此时就需要企业有重大创新和经常性的发明。

（四）提供整个价值链的快速响应

对客户需求提供快速甚至即时响应是推动企业走向大规模定制之路的好办法。因为它以尽快满足顾客需要为中心，以较低的成本生产较多的品种。使交付功能快速满足客户需求会引起连锁反应，从交货点开始反过来依次作用于分销和销售过程、生产过程，直至开发过程。整个企业价值链的每个环节本身都将发生巨大的变化：缩短周期时间，增加产品多样性，在客户需要时向他们提供任何想要的产品或服务。而整个价值链的快速响应即基于时间的策略不是孤立的，它是和市场分化、品种增加、个性化定制结合在一起的。在某种程度上，从价值链的哪一个环节开始减少时间并不重要，如果过程中某部分的成功会得到其余部分的支持和模仿，将会使公司开始脱离大规模生产模式并走向大规模定制模式。

（五）构件模块化以定制最终产品和服务

实现大规模定制的最好办法——最低的成本、最高的个性化定制水平——是建立在能配置成多种最终产品或服务的模块化构件之上的。提供标准化零部件实现的定制化不仅能增加产品多样化，同时也能降低制造成本，使得进行全新设计的产品开发和增加品种的变型设计速度更快。利用模块化构件的方法有很多，如共享构件模块化、互换构件模块化、“量体裁衣”模块化、混合模块化、总线模块化、可组合模块化等。通过这些方法，可以将模块化构件组合并匹配成可定制的最终产品或服务。贯穿产品或服务的模块化，可互换零件使整个企业都卷入满足客户个性化的需求之中。

五、面向大规模定制的组织改造

大规模定制模式要求以客户为中心，从满足客户对产品需求的彻底性角度，要求企业重新认识和理解价值流程，消除产品和服务流程的任何不增值环节，以增强组织对客户及市场需求变化的快速响应，消除浪费，降低成本，提高质量，缩短交货周期，增强灵活性。大规模定制模式同时要求组织确认自身在整个价值链中的位置，从产品与服务的价值链的总体性视角判断组织与其他上下游价值链环节组织间的合作与互动，并真正将最有效的价值传递到最终客户。

按照产品与服务的流程观，定制管理首先关注的是产品与服务的形成过程，即过程功能效果。然而，产品与服务形成的过程与组织结构和组织策略直接相关。传统组织的经典结构多是以职能划分为主、多层级的、僵化的组织形式。这种组织结构较适应于大规模生产的结构化、规范化、集权化管理需要，但其突出缺点在于组织决策效率低下、信息传递层次多、员工参与程度低。大规模定制模式要求对传统组织进行系统革新，创建满足对多变需求适时反映的竞争型组织结构和组织管理模式。组织创新并非某个单一职能或活动自身变革的需要和结果，而是多个相关职能或活动间相互作用、共同改进的客观需要。图14－4表明，每一个革新都是由另一个革新引发的，它们的结果将综合到一起，并增强其他环节的创新，从而对组织管理产生强烈的变革动力。

（一）以个性化客户为中心

定制管理遵循满足个性需求的原则，因而要以市场驱动管理为基础，选择细分市场，确定目标客户，进行市场定位，创建满足目标市场细分需求的产品和服务。这是一个相关的连续过程，在此过程中，不仅需要确定所关注的目标市场中的客户现时所需要的，而且要清楚客户的潜在需求，并向他们介绍他们所不知道的但又想要的产品和服务。

以个性化客户为中心，需要向整个组织中的每个成员灌输一种思想：公司的主要风险承担者是客户，必须不放过每个可能的机会来充分地理解、满足和超越客户的个性化需求和愿望。

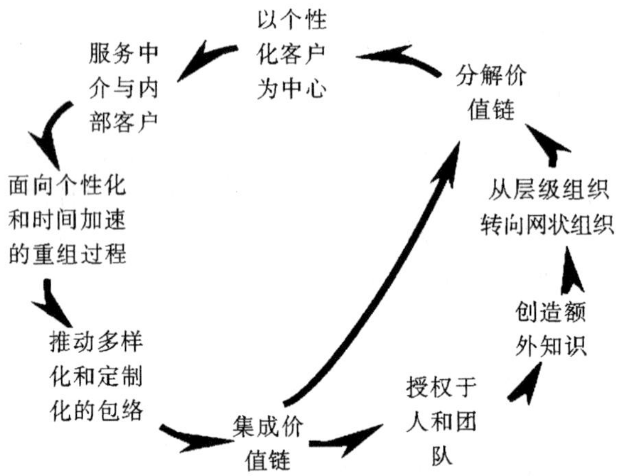

图 14－4　面向大规模定制的组织改造的结构创新

(二) 服务中介和内部客户

企业事实上都有三类客户：最终客户，即购买并使用产品或服务的那些顾客；中间客户，诸如代理商、经销商、分销商等，他们临时买下你的产品，又转而卖给别人；内部客户，即企业内部依次接受产品和服务，使其增值，并使其沿着价值链向中介服务和最终客户移动的那些人。每一类客户的需求与每一个个性化需求一样都需要被满足。由于过程越来越多，内部客户的概念越来越受到重视，他们对提高质量、缩短周期、降低成本、使最终客户感到满意至关重要。

(三) 面向个性化和时间加速的重组过程

思想观念的变化推动组织结构向大规模定制模式转变，这种变化是中心从"产品—市场—细分市场—个性化客户"进行转变的必然结果。为了保持这一过程不停地运转并且使企业有效率，需要重组业务过程，尤其是要使产品和服务流程个性化并加速每一过程的周期时间。

依据流程的系统观，要将企业投入与产出流程这个"黑箱"进行分化和重构，必须消除流程中的浪费和冗余，尽可能缩短周期时间，确保流程是高效和增值的。组织与过程重构的理想状态是：经营活动应该等于增值活动，过程周期时间应该等于增值时间。

(四) 推动多样化和定制化的包络

对重组过并大大缩短周期时间的企业而言，可以通过不断生产新产品和服务并不断更新过程来推动多样化和定制化的包络。当过程能够动态产生产品的时候，企业可以快速开发并销售大量具有不同品种的产品或服务，进而每一次成功都会使产品快速繁殖并形成其他系列衍生或变型产品，从而满足个性化需求而走在竞争的前列。

(五) 集成价值链

向顾客提供产品和服务的价值，并非单纯由最终提供单位所决定，而是由一系列相关价值链中的所有单位的生产与服务过程所决定。美国技术评估办公室的一项研究发现，整个经济部门的价值链是互相高度依赖的。在当今扰动的世界里，灵活性的要求需要的不是垂直的集成，而是价值链集成：开放信息路径，使整个价值链中的每一个环节都以下一个客户为中心，而且多数环节以最终客户为中心；业务活动以并行的方式而不是串行的方式与之结合。垂直集成以产品能力为中心，而价值集成则以过程能力为中心。

当企业被集成了，企业的所有员工就能了解组织的远景规划以及如何为该远景规划贡献自己的力量。同样，价值链被集成了，价值链中的各个环节的员工就能了解价值链的远景规划。价值链集成把孤立的企业转变成了具有竞争优势的动态联盟组织，意味着企业与其供应商以及下游的盟员结成伙伴关系，每一环节（盟员）互相约束，共享远景规划、目标和策略，同时也共享收益和共担风险。

（六）授权于人和团队

负责并实际执行某一任务的人，在决定如何更好地执行任务和如何改进任务方面，比其他任何人都处于更合适的地位。授权意味着决策权下移，允许组织结构相应位置上的员工或团队自行决策并执行活动过程，即敞开道路，让他人放手去做。

建立团队，尤其是建立交叉功能团队并对其授权，是现代先进管理模式中的共同特征。它能够在一个快速变化的环境中，迅速地把完成内部变革所需要的不同技能、知识和经验集中到一起。团队应该以横向任务如一个项目中心或小组为中心，而不是以远景规划为中心。

（七）创造额外知识

思想与行为分离的必然结果是认为额外的知识无用。大规模生产方式中，工人只需要知道自己应完成的任务，而不需要知道别人是如何完成的；职能组织只需要知道自己的职能，而不需关注其他职能部门工作的效率如何。很明显，这种思想和做法已经远远不适合满足变化的需求的基本要求。授权、跨职能团队、虚拟组织或动态联盟等已经使组织内部的边界和组织间的界限日趋模糊，处于组织和过程边界的交叠职责产生了开放的、频繁的沟通，而且又开发出可以通过每一个过程链被应用和传递的额外知识。

（八）从层级组织转向网状组织

定制化思想和产品流程开发过程，以及伴随这一过程不断提升的信息系统和并行系统，使传统组织已经逐步向交叉团队或网状组织转化。团队或群体及网状组织虽然不能完全取消层级组织结构，但是使层级结构扁平化、组织成员自主化，已经是企业在迅速变化环境中长期立于不败之地的必由之路。

（九）分解价值链

可以用于改造组织的最激进的结构改革方案是分解价值链。要分解内部价值链，不仅要把适当的部分分解成为他们自己的组织，而且要分解成为他们自己的公司。这是向网络组织转化的逻辑极点，也是权力分散化、过程重组和外部采办的重要而广泛的趋势。

权力分散化的目的是推动组织中的决策权下放，使其更接近决策点，更接近掌握决策所需知识的人。现在，企业外购各种功能活动已经是简单的事实，它们可以从专门从事某一项活动的企业那里以更低的成本得到更好的产品或服务，可以通过为许多公司提供服务来学习很多东西。分解价值链过程中，企业往往保留关系自身竞争优势的技术部分，或专注于某一技术研发领域，将非涉及市场安全和核心技术以外的服务通过分解过程外包出去。

关键名词

计算机集成制造系统　敏捷制造　大规模生产　大规模定制　模块化

复习思考题

1. 计算机集成制造系统内涵以及系统构成如何？企业如何实施CIMS？

2. 敏捷制造的内涵是什么？敏捷制造企业的特征是什么？在企业中如何实施敏捷制造？

3. 大规模生产与大规模定制的区别与联系如何？比较新旧两种生产模式的各项职能。

4. 在当代日益激烈竞争的环境中，现代企业如何进行面向大规模定制的组织改造？

案例分析

大规模定制还是大规模混乱

二十年来，大规模定制已经成为制造业的未来。从字面上看，它是一个矛盾体。大规模生产意味着统一产品，而定制包含小规模的手工制作的意思。同时拥有两者的优点当然是对消费者和制造商非常有吸引力的战略。消费者以合理的价格得到反映他们个性的定制产品，例如可以选择颜色、功能或样式。而制造商通过大规模定制可以降低库存和制造管理成本、消除供应链中的浪费并且获得更加准确的需求信息。简而言之，这是一个双赢的战略。

戴尔电脑及其他一些高科技公司的成功和互联网的发展进一步推动了大规模定制的发展。现在，戴尔的故事人们已经耳熟能详了。通过电话或互联网，顾客根据自己的需求选择零部件，戴尔拿到订单和钱才开始装配。它让那些按预测生产的从汽车到牙膏的各行各业非常羡慕，这些制造商背负着大量的成品和零件库存，而且缺乏现金流转。互联网的发展给了制造商一个很好的平台，通过它可以低成本地接受大众对定制产品的订单，例如自行车、衣服、化妆品、鞋子和药品等。过去，这些定制活动需要熟练的、昂贵的销售员与顾客紧密协商来进行。

汽车制造公司也对大规模定制有极高的期望，他们坚信大规模定制会给他们节约大量的成本、给顾客带来极大的利益，并且可以克服实施大规模定制的巨大挑战。例如，美国福特和通用等汽车公司已经在一些城市开展了按订单生产（汽车工业主管人员通常认为“大规模定制”这个术语易令人误解，因为按订单生产的产品可能不需要定制，因此倾向于用术语“按单生产”）的试验。其他一些北美和欧洲的公司也向外宣布他们将在两三年内改为按订单生产，但私底下他们说此转变可能需要五六年。

然而大规模定制并不是对所有商品都适用。目前的技术只能为一些产品的一些属性以合理的价格和合理的响应时间提供大规模定制。大规模定制要想为顾客提供真正的价值，这些定制的属性必须最能反映人们的个性，而且非常容易辨认。某些工业满足这些条件，如服装、运动设备和建筑装饰品等。但是，制造汽车比组装电脑复杂得多。而且，大规模生产战略已经在汽车制造业应用了 100 多年，将这个大规模生产的"推式"系统转变成大规模定制的"拉式"系统需要在整条汽车工业价值链上进行巨大的运作和组织变革。更关键的是，这些变革活动的结果并不清楚。豪华型轿车的购买者似乎更加渴望凸显他们的个性，但是主流顾客是否希望定制他们的汽车目前还不确定，更不用说他们是否愿意为定制汽车支付更多、等待更久。

（资料来源：根据 A grawal, Mani, Kumaresh, T. V. and A. Mercer, Glenn. The false promise of mass customization [J], *the Mckinsey Quarterly* 3, 2001, 62～71. 和 Zipkin, Paul. The limits of mass customization [J]. *MIT Sloan Management Review*, Spring 2001, 81～87. 整理。）

讨论题

你同意该案例中大规模定制不适用于汽车制造业的观点吗？如果同意，那么有可以替代的生产模式吗？如果不同意，汽车制造业应该如何迎接大规模定制对它们的挑战？

参考文献

1. 威廉 J. 史蒂文森著. 张群，张杰等译. 运营管理(原书第 8 版)[M]. 北京:机械工业出版社,2008.

2. 张晓松. 揭开"航空巨人"空中客车公司的神秘面纱[N]. 新华网,http://www.xinhuanet.com/fortune,2002.

3. 胡国良. 国外现代服务业与先进制造业融合发展的现状、模式和趋势[N].《新华日报》. http://xh.xhby.net,2009 年 3 月 10 日.

4. 戴维·A. 科利尔,詹姆斯·R. 埃文斯著. 马风才,马俊译. 运营管理——产品、服务和价值链(第 2 版)[M]. 北京:北京大学出版社,2009.

5. 马风才. 运营管理[M]. 北京:机械工业出版社,2011.

6. 杰克·R. 梅雷迪斯,斯科特·M. 谢弗著. 焦叔斌等译. MBA 运营管理[M]. 北京:中国人民大学出版社,2007.

7. 理查德·B. 蔡斯等著. 任建标等译. 运营管理(原书第 11 版)[M]. 北京:机械工业出版社,2007.

8. 杨汉涛等主编. 生产运营管理[M]. 湖北:武汉理工大学出版社,2007.

9. 东南汽车的供应链法宝. 管理者论坛. http://www.onlyit.cn/ext_article/at_d_01602_699.htm.

10. 陈荣秋,马士华. 生产与运作管理[M]. 北京:高等教育出版社,1999.

11. 陈福军. 生产与运作管理[M]第二版. 北京:中国人民大学出版社,2008.

12. 陈荣秋. 现代生产与运作管理[M]. 北京:北京师范大学出版社,2008.

13. 方爱华. 生产与运营管理[M]. 武汉:武汉大学出版社,2005.

14. 曾赛星. 项目管理[M]. 北京:北京师范大学出版社,2009.

15. 孙裕君. 现代项目管理学(第二版)[M]. 北京:科学出版社,2010.

16. 李涛. 项目管理实务[M]. 北京:中国人民大学出版社,2011.

17. 赖一飞. 项目管理概论[M]. 北京:清华大学出版社,2011.

18. 盖国凤. 项目管理实验实训教程[M]. 北京:清华大学出版社,2011.

19. 吴建. 项目管理与实践应用[M]. 北京,机械工业出版社,2011.

20. 马旭晨. 项目管理成功案例精选[M]. 北京,机械工业出版社,2011.

21. 汪小金,雷晓凌. 项目管理实验教程[M]. 北京:中国人民大学出版社,2010.

22. 冯宁. 工程项目管理[M]. 郑州:郑州大学出版社,2010.

23. 杨文士,廖永平等译. 质量管理世界名著——全面质量管理[M]. 北京:机械工业出版社,1991.

24. 雷纳特·桑德霍姆等著. 王晓生,段一鸿,胡欣荣译. 全面质量管理[M]. 北京:

中国经济出版社,1998.

25. 鲍尔等著. 克劳士比中国学院译. 质量改进手册[M]. 北京：中国城市出版社，2003.

26. 钟汉清，戴永久译. 戴明论质量管理[M]. 海口：海南出版社，2003.

27. 杨文士等译. 朱兰论质量策划——产品与服务质量策划的新步骤[M]. 北京：清华大学出版社,1999.

28. 张松绪. 质量工程师手册[M]. 北京：企业管理出版社,2002.

29. 中华人民共和国国家标准质量管理体系基础和术语(GB/1900—2000),2000.

30. The Malcolm Baldrige National Quality Program (2004)——Criteria for Performance Excellence (Business). NIST. 2004.

31. 万寿义. 三友会计论坛第5辑——现代企业成本管理研究[M]. 大连：东北财经大学出版社,2004.

32. 龚益鸣. 现代管理系列教材——现代质量管理学[M]. 北京：清华大学出版社，2003.

33. 孙茂竹，姚岳主编. 21世纪财务管理系列教材——成本管理学[M]. 北京：中国人民大学出版社,2003.

34. 陈国铭主编. SQC—4统计质量控制(控制图)[M]. 北京：中国石化出版社，1995.

35. 福里斯特W. 布雷弗格三世，詹姆斯M. 卡佩罗，贝基梅多斯著. 陈运涛译. 马林主编. 六西格玛实施指南——战略视角与管理方法[M]. 北京：中国人民大学出版社，2003.

36. 罗德里克A. 玛罗著. 李波等译. 何桢校. 六西格玛管理实战篇[M]. 上海：上海人民出版社,2004.

37. 何桢，胡雅琴. 六西格玛方法理论依据研究[J]. 科学学与科学技术管理,2004,25(10).

38. 何桢，周善忠. 六西格玛实施流程. 2004全国六西格玛大会论文集:11～15.

39. 薛劲松，宋宏. CIM的总体设计[M]. 北京：机械工业出版社,1997.

40. 约瑟夫·派恩. 大规模定制[M]. 北京：中国人民大学出版社,2000.

41. Rick Dove. 敏捷制造(上)[J]. 中国机械工程,1996(3).

42. Rick Dove. 敏捷制造(下)[J]. 中国机械工程,1996(4).

43. 陈荣秋，马士华. 生产运作管理[M]. 北京：机械工业出版社,2004.

44. 威廉J. 史蒂文森. 生产与运作管理(第6版)[M]. 北京：机械工业出版社，2000.

45. 刘飞，罗振璧，张晓冬. 先进制造系统[M]. 北京：中国科学技术出版社，2004.

46. James F. Cox, Michael S. Spencer. *The constraints management handbook*. St Lucie Pr,1998.

47. Eliyahu M. Goldratt. *The Goal*. North River Press,1984.

48. Eric Noreen, Debra Smith, James T. Mackey. *The Theory of Constraints and*

Its Implications for Management Accounting. The North River Press,1995.

49. 王玉荣编著. 瓶颈管理[M]. 北京：机械工业出版社，2002.

50. 门田安弘著. 史世民,刘丽文,赵群飞译. 丰田生产方式的新发展[M]. 西安:西安交通大学出版社,1985.

51. B. 约瑟夫·派恩. 大规模定制[M]. 北京:中国人民大学出版社,2000.

52. 杰伊·海泽,巴里·伦德尔著. 陈荣秋,张祥等译. 运作管理[M]. 北京:中国人民大学出版社,2006.

打造学术精品　服务教育事业

河南大学出版社

读者信息反馈表

尊敬的读者：

感谢您购买、阅读和使用河南大学出版社的＿＿＿＿＿＿＿＿＿＿一书，我们希望通过这张小小的反馈表来获得您更多的建议和意见，以改进我们的工作，加强我们双方的沟通和联系。我们期待着能为您和更多的读者提供更多的好书。

请您填妥下表后，寄回或发 E－mail 给我们，对您的支持我们不胜感激！

1. 您是从何种途径得知本书的：

   □书店　□网上　□报刊　□图书馆　□朋友推荐

2. 您为什么决定购买本书：

   □工作需要　□学习参考　□对本书感兴趣　□随便翻翻

3. 您对本书内容的评价是：

   □很好　□好　□一般　□差　□很差

4. 您在阅读本书的过程中有没有发现明显的专业及编校错误？如果有，它们是：

   ＿＿＿＿＿＿＿＿＿＿＿＿＿＿＿＿＿＿＿＿＿＿＿＿＿＿＿＿＿＿

   ＿＿＿＿＿＿＿＿＿＿＿＿＿＿＿＿＿＿＿＿＿＿＿＿＿＿＿＿＿＿

   ＿＿＿＿＿＿＿＿＿＿＿＿＿＿＿＿＿＿＿＿＿＿＿＿＿＿＿＿＿＿

5. 您对哪一类的图书信息比较感兴趣：＿＿＿＿＿＿＿＿＿＿＿＿＿＿

   ＿＿＿＿＿＿＿＿＿＿＿＿＿＿＿＿＿＿＿＿＿＿＿＿＿＿＿＿＿＿

6. 如果方便，请提供您的个人信息，以便于我们和您联系（您的个人资料我们将严格保密）：

   您供职的单位：＿＿＿＿＿＿＿＿＿＿＿＿＿＿＿＿＿＿＿＿＿＿＿＿

   您教授的课程（老师填写）：＿＿＿＿＿＿＿＿＿＿＿＿＿＿＿＿＿＿

   您的通信地址：＿＿＿＿＿＿＿＿＿＿＿＿＿＿＿＿＿＿＿＿＿＿＿＿

   您的电子邮箱：＿＿＿＿＿＿＿＿＿＿＿＿＿＿＿＿＿＿＿＿＿＿＿＿

请联系我们：

电话：0371－86059712　0371－86059713　0371－86059715　0371－86059721

传真：0371－86059713

E－mail：hdgdjyfs@163.com

通信地址：河南省郑州市郑东新区 CBD 商务外环路商务西七街中华大厦 2304 室

河南大学出版社高等教育出版分社